Folgen Sie uns!

Wir informieren Sie gerne und regelmäßig über Neuigkeiten aus der Welt des CONBOOK Verlags. Folgen Sie uns für News, Specials und Informationen zu unseren Büchern, Themen und Autoren.

www.conbook-verlag.de/newsletter

www.facebook.com/conbook

www.twitter.com/conbook

www.pinterest.com/conbook

SCANNEN UND FAN WERDEN

Fritz Schumann hat dem Dalai Lama die Hand geschüttelt, verrückte Erfinder und exzentrische Forscher in Tokyo interviewt und ein Buch über eine Insel & ihr Atomkraftwerk geschrieben. Das alles innerhalb von einem Jahr in Japan. Der gebürtige Berliner (* 1987) arbeitete als Fotograf und Journalist in der deutschen Hauptstadt, bevor er im Sommer 2009 nach Tokyo zog. Bis heute reist er regelmäßig nach Japan, von wo aus er für deutsche und japanische Medien arbeitet. Unter www.fotografritzblog.de lassen sich seine aktuellen Reisen und Recherchen nachlesen.

2014 wurde Fritz Schumann für sein Multimedia-projekt »Im Tal der Puppen« mit dem Nachwuchspreis *dpa news talent* ausgezeichnet.

3. Auflage

www.conbook-verlag.de
www.1-5-1.de

Projektleitung und Lektorat: Birgit Schmidt-Hurtienne
Einbandgestaltung: LNT Design, Köln
Satz: Fotosatz Amann, Aichstetten, bearbeitet von David Janik
Druck und Verarbeitung: Himmer AG, Augsburg

Printed in Germany

ISBN 978-3-943176-27-8

Bildnachweis (genannt sind die Nummern der Momentaufnahmen):
Anika Riedl: 9
Angelina Kogure: 29, 33, 34, 38, 40, 41, 42, 43, 54, 60, 71, 113, 114, 119, 151
Atsuhiro Okada: 87
Gisela von Brünken: 115
Haider Muttaqi: 36, 81, 89, 139
JNTO: 63, 66
Katja Mackuth: 39
pakutaso.com/susi-paku: 142
Yasufumi Nishi/JNTO: 21
© Tomo.Yun (www.yunphoto.net/en): 92

Lesermeinungen gerne an feedback@conbook.de

»Von der Geschichte über Geographie hin zu moderner Gesellschaft und gelebtem Alltag. Eine Sammlung aufschlussreicher Artikel und Erfahrungsberichte, die über 151 Stichworte aus dem gesamten Spektrum japanischer Kultur zu informieren weiß. Die Informationen im hier dargebotenen Querschnitt durch Japan sind leicht nachschlagbar und werden von zahlreichen Fotographien umrahmt. Sie bilden ein ansprechendes und neugierig machendes Porträt Japans, das selbst Japankennern das ein oder andere Neue bieten kann.«

ALEXANDER JATSCHA, BAMBUSBLÄTTER: INFORMATIONEN FÜR DIE MITGLIEDER UND FREUNDE DER DEUTSCH-JAPANISCHEN GESELLSCHAFT BW E.V.

JAPAN 151

Ein Land zwischen Comic und Kaiserreich in 151 Momentaufnahmen

Momentaufnahmen

1 Lage

Viele Inseln – wenig Platz

場所 basho

Japan ist eine Inselgruppe im Meer. Die Distanz zu Europa und dem Westen ist hier im Fernen Osten nicht nur eine geografische. Denn Japan ist anders.

Zwischen dem 20. und 45. Breitengrad erstreckt sich über 2.500 Kilometer die japanische Inselgruppe – wobei Sapporo, die größte Stadt im Norden Japans, auf demselben Breitengrad wie München, die größte Stadt im Süden Deutschlands, liegt. Der Archipel gilt als Land der 3.000 Inseln, die jeweils mindestens einen Durchmesser von einhundert Metern haben. Zählt man die kleineren Inseln hinzu, sind es sogar mehr als 6.500. Allerdings sind nur 430 von ihnen auch bewohnt.

Die mehr als 120 Millionen Einwohner leben auf den vier Hauptinseln Kyushu, Shikoku, Hokkaido und der Hauptinsel Honshu, auf der sich auch die Megastadt Tokyo befindet. In ihrem Einzugsgebiet leben und arbeiten mehr als 30 Millionen Menschen. Somit hat jeder vierte Japaner in Tokyo zu tun.

Dies hat vor allem praktische Gründe: Nur rund 20 % des japanischen Festlands eignen sich zur Besiedelung. Die Menschen drängen sich somit fast alle an den Küstengebieten. Doch der Platz wird eng. Also baut man in Tokyo in die Höhe oder schüttet künstliche Inseln auf. Schon seit mehreren Jahrhunderten wächst Tokyo in Richtung Meer. Wo heute der Kaiserpalast steht, war früher ein Strand. Andere japanische Städte lösen das Platzproblem auf die gleiche Art, doch nirgends so exzessiv wie in Tokyo.

Die Insel wächst – und bleibt doch stets nur eine Insel, abgeschnitten von außen. So konnte Japan über Jahrhunderte seine Kultur bewahren und sich gegen Einflüsse aus dem fernen Westen wehren. Noch heute sagen einige den Bewohnern Japans nach, sie lebten auch mental auf einer Insel. Zieht man als Westler nach Japan, kommt man nie wirklich an. Man bleibt stets der Fremde auf der Insel.

Japan besteht aus tausenden Inseln.
Viele davon befinden sich wie hier im Seto-Binnenmeer.

2 Geschichte

Es war einmal: Japan

歴史 rekishi

12.000 vor Christus – die japanischen Inseln lösen sich vom Festland und werden zum ersten Mal besiedelt. 700 nach Christus – Nara wird Hauptstadt, die kaiserliche Familie tritt zum ersten Mal in Erscheinung. 2010 – Roboter HRP-4C tanzt in einem gelben Kleid und mit Perücke auf einer Bühne.

Zwischen diesen drei zweifellos wichtigen Zeitpunkten in der japanischen Geschichte lagen viele Konflikte und lange Perioden der Isolation, die es dem Inselstaat erlaubten, eine eigene Kultur zu entwickeln.

Die erste Epoche japanischer Geschichte wird als Jomon bezeichnet. Sie begann in der Steinzeit, 40.000 Jahre vor Christus. Japan gehörte damals noch zum asiatischen Festland. Nach dem Ende der zweiten Eiszeit löste sich die Insel, und die Jomon-Kultur gedieh auf ihr bis 300 Jahre vor unserer Zeitrechnung. Töpfereien und Steinskulpturen aus dieser Zeit werden heute noch regelmäßig bei Bauarbeiten in Japan entdeckt.

Wie viel Jomon mit dem modernen Japan zu tun hat, ist umstritten. Einige Forscher gehen von einer direkten Verwandtschaft mit der heutigen Bevölkerung aus. Andere vermuten den Ursprung der Jomon in Sibirien und Polynesien. Sie wurden dann von Siedlern aus China nach und nach verdrängt. Das Land Japan war damals bekannt als »Wa« und erhielt viele Einflüsse aus China, dem es regelmäßig Tribut zahlte. Die chinesische Sprache wurde übernommen, um eigene Alphabete ergänzt, und das japanische Kaiserhaus entstand nach chinesischem Vorbild. Die Kaiserfamilie existiert seit dem Jahr 700. Sie erschuf das feudale System im 12. Jahrhundert, das mit einigen Veränderungen bis ins 19. Jahrhundert Bestand hatte. Der Kaiser stand zwar an der Spitze, doch die tatsächliche Macht hatten die Ritter Japans – die Samurai (siehe Seite 64). Die jüngsten Epochen, die das Japan von heute formten, sind die Edo-Zeit von Tokugawa (1603–1868), die Meiji-Periode (1868–1871, siehe Seite 14) und die Zeit nach dem Zweiten Weltkrieg.

Japan ist konservativ, klebt aber nicht an der eigenen Geschichte. Zwischen Kaisern, Kriegen und Krügen aus Ton war die Insel konstant Änderungen unterworfen – und wird es immer sein.

Die Tempelanlagen von Nikko haben mehrere Jahrhunderte japanischer Geschichte überdauert.

3 Wetter

Heiter bis Taifun

天気 tenki

Im Norden ist es kalt, im Süden ist es warm. An dieser Binsenweisheit ändert sich auch in Japan nichts.

Zwischen den fast tropischen Inseln rund um Okinawa im Süden und dem wilden Hokkaido im Norden, wo durch die Luft aus Sibirien ein eher nordeuropäisches Klima herrscht, gibt es viele Schwankungen. Sie erlauben es, im Sommer dem heißen Tokyo zu entfliehen und im Winter noch Badeurlaub im Süden zu machen.

Grob kann man das Land in sechs verschiedene Zonen einteilen, in denen das Klima von unterschiedlichen Meeresströmungen beeinflusst wird – wenn es auch innerhalb einer Zone je nach Wind und Höhenmeter Unterschiede gibt. Als Maßnahme gegen das natürliche Klima gibt es die Technik: Wenn draußen ein heißer Sommer mit über 90 % Luftfeuchtigkeit herrscht, wird drinnen mit Klimaanlagen auf frische 17 °C heruntergekühlt. Läuft man durch eine beliebige Straße an einem Sommertag, passiert man diverse Geschäfte und Restaurants, deren automatischen Türen sich öffnen und eine kalte Brise auf die Straße atmen. Auf einer Straße durchquert man also mehrere Klimazonen gleichzeitig. Schweiß- und frostresistente Hemden sind zu empfehlen und an jeder Ecke käuflich zu erwerben – allerdings nur in japanischen Größen.

Man sagt, in Japan gibt es vier Jahreszeiten: Kirschblüte (siehe Seite 30), Hitze, Laubfärbung und Schnee. Mit diesen Bezeichnungen kürzt man die jeweilige Saison auf die dominante Eigenschaft ab – auch wenn es in Tokyo vielleicht dreimal im Jahr schneit und man im kalten Norden die vielen Tannen kaum die Farbe wechseln sieht. Eins gilt allerdings für ganz Japan: übers Wetter gemeckert wird überall.

Mehrere Klimazonen sorgen für intensives Wetter

4 Shogun

Von Herrschern und Beherrschten

将軍 shogun

Mehr als tausend Jahre regierten in Japan die Shogune. Zeugnis ihrer Herrschaft sind die heutigen Präfekturen und ihre Schlösser.

Ein Shogun ist ein General, der in einer militärischen Diktatur ein Gebiet kontrolliert, das ihm allerdings nicht gehört. Alles Land und jeder Bewohner Japans war bis zum Zweiten Weltkrieg ausschließlich im Besitz des Kaisers, der die Shogune ernennen konnte. Zwischen den Shogunen gab es fortlaufend Krieg. Shogunate veränderten sich und ihr kultureller Einfluss wurde erweitert oder beschränkt.

Als die Portugiesen im 16. Jahrhundert das erste Mal Japan betraten, verglichen sie das System der Shogunate mit dem europäischer Königshäuser. Jeder Shogun war der Lehnsherr über sein Gebiet und der General über alle seine Samurai (siehe Seite 64). Die Daimyo, Gebieter über ein großes Gebiet, dienten dem Shogun.

Größter und wichtigster Shogun aller Zeiten war Tokugawa Ieyasu. Er beendete die Jahrhunderte der Kleinkriege zwischen den Shogunen, einte Japan und machte sich und seine Familie zu Herrschern. Er gewann den Krieg im 17. Jahrhundert u. a. mit europäischen Kanonen, die er als einziger im Land besaß. Damit das auch so blieb und seine Herrschaft nicht angefochten werden konnte, verhängte er die Isolation über Japan. Mehr als 250 Jahre lang durfte kein Ausländer einreisen. Es war die längste Periode des Friedens in Japan, in der die japanische Kultur, wie wir sie heute kennen, ihre Blütezeit erlebte.

Tokugawa erhielt das feudale Systeme der Shogun-Staaten, kontrollierte aber streng deren Macht. In Edo, einer mittelgroßen Stadt, die hauptsächlich von Fischern bewohnt wurde, errichtete er sein Schloss. Tokugawa und seine Nachfahren verlangten von den Shogunen, dass deren Familien dauerhaft auf dem Gelände seines Palastes lebten – als Sicherheit, damit keiner von ihnen gegen Tokugawa rebelliert. Dieses Zeitalter der japanischen Geschichte ist benannt nach seiner Hauptstadt Edo, die durch Tokugawa zum Zentrum Japans wurde. Die Hauptstadt wurden von Kyoto im Westen nach Osten verlagert und erhielt so auch ihren heutigen Namen: die Haupstadt im Osten – Tokyo.

Der Begriff »Shogun« existiert heute nur als Bezeichnung für ehemalige Premierminister. Als »Schatten-Shogune« haben sie zwar keine politische Macht mehr, üben aber noch starken Einfluss auf ihre Partei und deren Entscheidungen aus.

Die Generäle bauten sich prächtige Schlösser aus Holz, wie diese Rekonstruktion in Hiroshima.

5 Meiji-Restauration

Japan erfindet sich neu

明治維新 Meiji Ishin

Zwei historische Begebenheiten formten Japan, wie wir es heute kennen: Die 250 Jahre dauernde Isolation vom Rest der Welt, in der die japanische Kultur ungestört wachsen konnte, und die Meiji-Restauration, die zwischen 1868 und 1871 das Ende der Abschottung und eine neue Epoche einleitete.

Sie ist das einschneidende Ereignis in der japanischen Geschichte, nach dem nichts mehr so war, wie vorher. Sie bedeutete das Ende der Samurai (siehe Seite 64) und den Beginn einer modernen Nation.

Es gab viele Gründe für den Wandel. Erst 15 Jahre zuvor war das erste amerikanische Militärschiff vor der Küste Japans gelandet. Der Einlass wurde ihm zwar verwehrt, doch das Kriegsschiff war allem überlegen, was das japanische Militär damals kannte. Der amerikanische Kapitän Perry drängte auf eine Öffnung Japans und einen Handelsvertrag mit den USA. Shogun Tokugawa (siehe Seite 12) erkannte die Übermacht seiner Waffen und beugte sich dem Druck von außen. Er konnte auch die Konflikte innerhalb des Landes nicht mehr lösen. Das Land drohte im Bürgerkrieg zu versinken. Seine Zeit war vorbei, eine neue brach heran. Tokugawas Hoffnung lag auf dem Kaiser, der Japan als absolutistischer Monarch durch die Krise führen sollte. Der Tokugawa-Clan, der das Land seit Jahrhunderten regierte, gab die Herrschaft an den Kaiser zurück, der bis dahin nur eine zeremonielle Funktion innehatte.

Der Kaiser schaffte als erstes die Shogunate ab. Keiner sollte neben ihm Anspruch auf Herrschaft haben. Nicht einmal die zwei Millionen Samurai, die alle vom Staat bezahlt wurden und nunmehr als anachronistischer Kostenfaktor galten. Mit einem Schlag wurden alle arbeitslos.

Anschließend begann eine Modernisierung im Rekordtempo. Die Industrialisierung, die in Europa 200 Jahre brauchte, wurde in Japan in nur 40 Jahren umgesetzt. Das Land öffnete sich westlichem Einfluss und versuchte, ihn mit asiatischen Tugenden zu vereinen. Schnell stieg es zur Supermacht in Asien auf.

Die Meiji-Ära setzte den Kurs für ein modernes Japan. Man nahm Konzepte und Technologien aus dem Westen und verband sie mit japanischen Ideen. Bis heute ist das die definierende Kraft in Japan: etwas aus dem Ausland zum Vorbild nehmen und es japanisch verändern. Sei es Brot, Technik oder Design.

Zwischen dem alten und dem neuen Japan

6 Naturkatastrophen

Leben in ständiger Erwartung

自然災害 Shizen saigai

Die Erde bebt, eine große Welle schwappt übers Land, ein Vulkan bricht aus – das ist japanischer Alltag. Seit Jahrhunderten sind Japaner ständig mit Katastrophen konfrontiert, gegen die sie machtlos sind. Dies blieb nicht ohne Einfluss auf gewisse Aspekte der japanischen Kultur.

Der Glaube, dass in Bäumen, Felsen, Bergen und Seen Geister wohnen, die Schutz versprechen oder Gaben verlangen, ist weit verbreitet. Selbst in Tokyo, wo die Natur inzwischen Beton und Straßen gewichen ist, finden sich vielerorts Schreine, die an ehemalige Naturschauplätze erinnern und wo man heute noch um einen Segen bitten kann. Früher war eine Fabel weit verbreitet, nachdem ein riesiger Karpfen für die Erdbeben verantwortlich ist. Fragt man Japaner nach diesem Aberglauben, so bezweifeln die meisten selbst die Existenz der Geister, in deren Schreinen sie um einen Segen beten. Aber, so fügen sie meistens hinzu, schaden kann es auch nicht. Wer weiß, ob es sie nicht vielleicht doch gibt.

Naturkatastrophen sorgen für die Erkenntnis, dass nichts für die Ewigkeit gemacht ist. Japanische Häuser sind meist aus Holz und Papier. Was stets für Horror bei der Heizkostenabrechnung sorgt, hat auch einen entscheidenden Vorteil: Zerstörte Holzhäuser lassen sich leichter wegräumen und aufbauen, als Betonbauten. Tatsächlich ist eine Überlebensdauer von mehr als 50 Jahren für Häuser eine Seltenheit. Selbst Tempel werden regelmäßig abgerissen und neu aufgebaut. Einen Denkmalschutz gibt es nicht. Wozu auch? Kommt das nächste große Erdbeben, ist das Haus wieder weg.

Nordjapan nach der Tsunami-Katastrophe 2011

7 Strände

Land mit Meerblick

浜 hama

Da lag er. Laut Reiseführer der drittschönste Strand in der Nähe von Tokyo. Nun ja. Etwas felsig vielleicht. Und steil war er auch.

Ganz Japan ist von Küste umgeben, doch das Land hat kaum Strände. Auch wenn Reiseführer dies gerne behaupten und Bestenlisten aufstellen – einen klassischen, weißen Sandstrand findet man selten. Japans Strände sind meist eher felsig und grobkörnig. Oft sind sie auch zersetzt mit tonnenschweren Tsunami-Brechern aus grauem Beton. Sie dienen der Sicherheit, denn schon bei mittleren Windstärken türmen sich hohe Wellen auf. Surfing ist ein beliebtes Hobby, und fast an jedem Küstenabschnitt finden sich akzeptable Plätze.

Einige der schönsten Strände liegen bei Okinawa, das auch meistens das schönste Wetter im Land hat. Die Flugpreise dorthin sind allerdings auch schön teuer. Tokyo hat nur zwei Strände, die zudem künstlich angelegt wurden. Baden ist an beiden strengstens verboten – und im Wasser des Tokyoter Hafens auch nicht zu empfehlen. Schön und unbekannt ist der Strand von Shimoda.

Ein Ausflug zum Strand gehört auch in Japan zu den beliebtesten Aktivitäten im Sommer. Der dunkle Sand ist dann mit bunten Badetüchern und weißen Japanern belegt. Sommerbräune wird nämlich mit stumpfer, körperlicher Arbeit assoziiert und ist daher kein Schönheitsideal. Nur wer jeden Tag in einem harten Job unter der Sonne schuftet, ist sonnengebräunt. Bei besser bezahlten Bürojobs sieht man dagegen meistens kein Sonnenlicht. Manche Frauen haben daher im Sommer einen meist schwarzen Sonnenschirm als ständigen Begleiter dabei. Auch lange Handschuhe, die den Unterarm bedecken sind beliebte Mittel, um die Haut so weiß wie möglich zu halten.

Die Westküste Japans grenzt an das Japanische Meer und besitzt größtenteils eine Steilküste. Die Ostküste, an der sich auch Tokyo befindet, ist mit vielen Buchten und Stränden gesegnet. Sie ist daher touristisch besser erschlossen und verfügt über eine weitreichende Infrastruktur.

Das Highlight an der Westküste ist die Insel Sado, die ungefähr so groß ist wie Rügen. Sie ist die fünftgrößte Insel Japans. Da sie abgelegen in der Nähe von Niigata an der ohnehin wenig besuchten Westküste liegt, konnte sich hier über Jahrhunderte ein Naturparadies erhalten. Allerdings ohne Strand.

Das ganze Land liegt am Meer –
hat aber leider wenig schöne Strände.

8 Tsunami

Die zerstörerische Flut

津波 tsunami

Im März 2011 drohte Japan zu versinken. So schien es zumindest, und die Videobilder in Endlosschleife im Fernsehen unterstützten diesen Eindruck. Die Flutwelle des Tsunamis war bis zu 40 Meter hoch und drängte fast zehn Kilometer in das Landesinnere.

Die Welle und das Erdbeben zerstörten mehr als 250.000 Häuser. Der gesamte Schaden beläuft sich auf über 200 Milliarden Euro – die teuerste Naturkatastrophe in der Geschichte.

Dabei wird dieser Tsunami nicht der letzte im Land gewesen sein. Japan lebt schon seit Jahrhunderten mit den mächtigen Flutwellen, die durch vulkanische Aktivitäten oder Erdbeben ausgelöst werden. Der japanische Name bedeutet »Hafenwelle« und stammt von Fischern. Sie fanden nach der Rückkehr in ihr Dorf einen verwüsteten Hafen vor, durch den eine große Welle gepflügt sein musste. Der Name kommt nicht von der Welle an sich, sondern von deren Ergebnis. Ein Tsunami hat auch wenig mit einer Welle gemein. Was ihn gefährlich macht, ist die Flut, die langsam in das Landesinnere drängt und sich nicht stoppen lässt.

Allerdings geht nicht von jeder Welle eine Gefahr aus. Eine Flutwelle von fünf Metern Höhe ist kaum ein Problem für die meisten Küstenbereiche. Verbunden mit Naturkatastrophen, treten sie fast wöchentlich auf.

Seit Jahrzehnten wird in Japan in Forschung und Prävention investiert. Die Schutzmaßnahmen gehören zu den modernsten in der Welt. Sobald auch nur der Verdacht einer großen Welle besteht, werden in das laufende Fernsehprogramm

Warnungen eingeblendet und Küstenbereiche gesperrt. Doch die Vorhersage ist schwierig. Tsunami sind schwer berechenbar, und ihre Entwicklung lässt sich schwer abschätzen.

Japan hat umfassende historische Aufzeichnungen über alle Tsunami, die das Land heimgesucht haben. Sie sind nicht nur schriftlich in Regierungsarchiven festgehalten, auch religiöse Markierungen, wie nach einem Tsunami aufgestellte Statuen, zeugen von ihnen. Sie zeigen an, wie weit die Welle ins Land gedrungen ist. Einige dieser Markierungen sind über tausend Jahre alt. Forscher der Universität von Tokyo versuchen, aus diesen historischen Aufzeichnungen Vorhersagen für neue Wellen zu erarbeiten. Periodisch auftretende Tsunami sollen so rechtzeitig erkannt werden. So sollen mit den Mitteln der Tradition und der Geschichte zukünftige Unglücke vermieden werden.

Lastwagen, der vom Tsunami im März 2011 mitgeschleift wurde.

9 Erdbeben

Alltäglich und dennoch unberechenbar

地震 Jishin

Bei meinem ersten Erdbeben war ich außerhalb von Tokyo in einem Café. Zunächst fühlte es sich so an, als fahre nur ein großer Laster vorbei. Doch die Straßen in dem kleinen Dorf waren leer. Die Glaswände des Cafés fingen an zu zittern. Gleichmäßig, wie ein Pulsschlag.

Als ich meinen Blick wieder vom Fenster nahm und mit meiner japanischen Begleiterin reden wollte, war sie verschwunden. Sie war unter dem Tisch in Deckung gegangen. Scheinbar auch alle anderen im Café. Ich hingegen bewegte mich auf die pulsierenden Fenster zu. Das halbe Café schrie mir noch hinterher: »Nein, mach das nicht!« Doch ehe ich mich dem Fenster nähern konnte, war das Beben schon vorbei. Wie auf ein Signal, kamen alle unter ihren Tischen hervor und machten weiter, als wäre nichts gewesen. Zurück in Tokyo, sprach man dann von einem Erdbeben der Stärke 6, einem der heftigsten seit über einem Jahr.

Unterhalb Japans treffen gleich vier Kontinentalplatten aufeinander, die sich heftig reiben. Pro Tag gibt es zwei spürbare Erdbeben, heißt es. Deutlich spürbar ist ein Erdbeben ab Stärke 4. Bei Stärke 6 haut es die Tassen aus dem Schrank. Und das letzte große Erdbeben am 11. März 2011 hatte die Stärke 8–9 – mit bekannten Folgen.

Schon von klein auf wird in Japan der Ernstfall geprobt. Grundschüler machen Übungen mit, bei denen sie sich unter den Tischen verstecken. Beim Besuch japanischer Wohnhäuser findet man oft einen gepackten Rucksack für den Notfall und Schutzkleidung neben der Tür. Denn Erdbeben kommen immer unerwartet. Man kann sich nur vorbereiten.

Einige Wochen nach dem Erdbeben im Café rief mich morgens eine Freundin an. »Hast du das Erdbeben bemerkt?«, fragte sie hysterisch in den Hörer. Ich musste überlegen. Ach ja, da war was, in der Nacht. Es wackelte kurz, ich habe mich umgedreht und bin wieder eingeschlafen. Stärke 6 war es wohl, sagte sie. Die in den nächsten Monaten folgenden Erdbeben habe ich meistens verschlafen. Ich schätze, für Erdbeben war ich einfach nicht sensibilisiert genug. Es fehlte mir ein lebenslanges Training, wie das der Japaner.

Dieser Statue einer buddhistischen Gottheit ist bei einem Erdbeben das Gesicht abgefallen – und wurde mit einem Stift improvisierend nachgezeichnet. Das praktische Leben mit der ständigen Naturkatastrophe.

10 Wandern

Bis zum Gipfel und ins Reich der Götter

ハイキング　haikingu

Morgens, kurz nachdem die Sonne aufgegangen ist, kommen sie hervor: die Wander-Senioren. In kompletter Montur stehen sie dann in der Bahn neben den Geschäftsleuten und verlassen mit dem Zug die Stadt.

Doch nicht nur die hochgerüsteten Rentner zieht es in die Natur. Japan besteht zu 80 % aus Bergen oder hügeligen Gebieten. Wandern ist da eine beliebte Freizeitbeschäftigung und vor allem eine, die sehr nahe liegt. In weniger als einer Stunde kommt man von jedem Ort in Japan zum Fuße eines Berges und dem Beginn einer Wanderstrecke. Der beschwerliche Aufstieg auf bis zu 3.000 Meter hohe Gipfel hat teilweise spirituelle und religiöse Gründe. Viele Berge in Japan gelten als heilig. Auf ihren Gipfeln oder auf dem Weg dorthin finden sich Schreine für Naturgeister und Shinto-Gottheiten. Man kann sie um einen sicheren Aufstieg bitten, mit Opfergaben für den eigenen Erfolg sorgen oder für eine gute Reise beten. Früher, zu der Zeit als noch nicht halb Japan in Beton gegossen war, galt eine Wanderung durch das unwegsame Berggebiet als einzige Möglichkeit, um von einem Ort in den nächsten zu kommen. Bis heute gehen Mönche diese Wege der Vorfahren ab, um so wie sie zur Erleuchtung zu gelangen. Diejenigen, die sich heute nur der Freizeit wegen auf den Weg in die Berge machen, nehmen allerdings lieber die Seilbahn. Von der jungen Dame in Stöckelschuhen und mit Designertasche, bis zu den fitten Senioren in festen Schuhen und mit Hightech-Wanderstock aus Karbon – oben auf dem Gipfel findet sich ganz Japan. Denn Berge sind heilig, gesund für Körper und Geist – und reichlich vorhanden.

Mit Stock über Stein, Wurzeln und alte Pfade

11 Regensaison

Niederschlagend

梅雨 tsuyu

»Ich hasse es!« Durchnässt stürmte meine Mitbewohnerin durch die Haustür und an mir vorbei. Sie hinterließ eine Spur von Tropfen auf dem Flur. »Ich hasse, hasse, hasse es!« Es war Regensaison in Tokyo – und meine Mitbewohnerin hatte ihren Schirm vergessen.

Zur Regenzeit ist der Schirm ein ständiger Begleiter.

Die Regenzeit setzt in Japan meist im Mai ein und dauert bis Ende Juni oder Anfang Juli. Sie ist gekennzeichnet von vielen Plastikregenschirmen, feuchten Zügen und verschwitzten Hemden. Das »Hassenswerte« an dieser Saison ist nicht unbedingt der Regen mit bis zu 1,7 Litern pro Quadratmeter. Tatsächlich regnet es in Tokyo durchschnittlich nur an 12–15 Tagen in der gesamten Regenzeit. Belastend ist die extrem hohe Luftfeuchtigkeit: Über 30 Tage lang beträgt sie selten weniger als 90 %. Frisch geduscht auf die Straße – kaum ist man am Bahnhof, ist das Hemd schon durchnässt. Die Regenzeit wandert von Süden nach Norden, wobei ihre Stärke abnimmt. Im hohen Norden, auf Hokkaido, findet sie meist gar nicht statt. Die Insel ist daher ein beliebtes Ziel bei der Flucht vor dem Regen.

In Tokyo kann die Zeit besonders schlimm sein. In Japans Hauptstadt ist es generell etwas wärmer und feuchter als im Rest des Landes. In der Regenzeit wird dann der ohnehin schon volle Zug im Nahverkehr zur öffentlichen, rollenden Sauna. Die meisten meiner japanischen Freunde hassen die Regenzeit. Die kollektive Beschwerde ist dabei jedes Jahr so sicher wie der Regen im Juni.

Die Regenzeit gilt als unattraktivste Reisezeit, dicht gefolgt vom Sommer. Wer allerdings einen dichten Schirm hat, der kann in dieser Zeit durchaus Reiseschnäppchen bekommen, da die Flugtickets und Hotelzimmer in diesem Zeitraum meistens am preiswertesten sind. Touristische Ziele sind ruhiger als sonst und Tempel können im Dunst des Regens eine spezielle Wirkung entfalten.

12 Sommer

Heiss, laut, festlich

夏 natsu

Der Sommer ist heiß. Sehr heiß. Meist werden in Tokyo jedes Jahr die höchsten Temperaturen im Land gemessen. Gepaart mit einer hohen Luftfeuchtigkeit entspricht ein japanischer Sommer drei deutschen Sommern auf der Haut. Aber das ist in Japan nicht erst seit der Erderwärmung so. Man hat sich darauf eingestellt.

Japanische Häuser aus Holz und Papier sind mit Schiebetüren so angelegt, dass sie im Sommer möglichst viel Durchzug erlauben und die Wärme nicht speichern. Im Winter, wenn der Hintern an der Reismatte gefriert, bereut man es zwar, aber im Sommer weiß man es zu schätzen. Zudem haben heutzutage selbst traditionelle Häuser und Tempel eine kleine, aber sehr starke Klimaanlage, die per Knopfdruck einen deutschen Sommer (17 °C) zaubern kann.

Der Sommer wird eingeläutet von den Zikaden, deren Zirpen in dieser Jahreszeit das ganze Land begleiten. Teilweise erreicht ihre Lautstärke in einem Park oder unter einem Baum ohrenbetäubende Qualitäten.

Auch wenn die heiße Jahreszeit als unerträglich gilt, es gibt doch einiges zu tun. Nur im Sommer kann der Berg Fuji erklommen werden. Camping in den Bergen ist ebenfalls beliebt, um der Hitze zu entkommen. Zwischen Juli und Anfang September ist außerdem Festivalzeit in Japan. Straßenfeste, meist in oder um einen Schrein oder Tempel, gehören zur lebendigen japanischen Kultur. Bei *obon*-Umzügen (siehe Seite 146) werden in jedem Dorf und jeder Stadt andere Tänze getanzt, die sich teilweise über Jahrhunderte erhalten haben. Überall gibt es kleine Buden mit Spezialitäten oder Spielen. Zu den Festivals geht man traditionell im *yukata*, dem Sommer-Kimono (siehe Seite 136), der mit leichtem Stoff für die heißen Temperaturen gemacht ist. In ganz Japan gibt es im Sommer auch Feuerwerke, viele davon über den Dächern Tokyos.

Brennt heiß auf der Haut und bei 90 % Luftfeuchtigkeit wird die Luft schwül: der Sommer in Japan.

13 Taifun

Viel Wirbel um Regen

台風　taifū

Ein Parkplatz für Regenschirme, inklusive Schlüssel. Während eines Taifuns sind aber stets alle Schirme im Einsatz.

Die Fahrt mit dem Boot war holprig. Schon im Hafen von Tokyo zog sich der Himmel mit grauen Wolken zu. Auf der See peitschte dann der Regen gegen den Bug und der Wind rüttelte an den Fenstern. Wir fuhren durch einen Taifun, einen tropischen Wirbelsturm.

Die Taifunsaison in Japan beginnt im Sommer und geht manchmal noch bis in den Januar. Ein Taifun ist ein heftiger Regen, der mit starken Windböen billige Regenschirme frisst. Solange man nicht als Fischer in einem kleinen Boot vor der Küste ist, sollte man nichts befürchten. Wird ein Taifun angekündigt, herrscht im Büro Ausnahmezustand. Stündlich werden dann die neuesten Infos überprüft. Denn wird der Sturm heftiger, werden einige Zuglinien unterbrochen und man läuft Gefahr, nicht mehr nach Hause zu kommen. Allerdings ist das auch eine beliebte Ausrede, mal früher mit der Arbeit aufzuhören. Das japanische Arbeitsethos, dass keiner früher aufhört, solange nicht jeder fertig ist, der in vielen Firmen noch verbreitet ist, gilt im Taifun nicht mehr. Denn schließlich betrifft ein großer Sturm alle – egal ob sie mit der Arbeit fertig oder nur gelangweilt sind.

Taifune sind im Gegensatz zu den anderen Katastrophen, die das Land regelmäßig ereilen, berechenbar. Sie entstehen meist weit vor der Küste und ziehen dann landeinwärts. So auch der, durch den mein Boot fuhr. Zwei Stunden dauerte die Fahrt durch den Wirbelsturm, dann legten wir im Hafen der Insel an. Mehr als 100 Kilometer südlich der großen Metropole war Tokyo nun durch die grauen Wolken nicht mehr zu erkennen. Die Ausläufer des Taifuns waren aber auch hier zu spüren. Ich spannte meinen Regenschirm, als mir eine Windböe drei Streben durchtrennte. Mit kaputtem Schirm rannte ich zum nächsten Unterstand und wollte ein Foto vom Sturm machen. Doch der Regen hatte sich auch in meine Tasche geschlichen und meine Kamera erwischt. In der Ferne zog der Taifun Richtung Tokyo. Er ließ mich nass und kameralos zurück. Ich könnte schwören, ich habe ihn durch den Regen kichern hören.

14

Guest House

Kleine Zimmer für kleines Geld

ゲストハウス Gesutohausu

Mein Mitbewohner hatte eine neue Freundin. Sie wollte auch bei uns einziehen. Nett, dachte ich mir, endlich eine weibliche Ergänzung für unsere Wohngemeinschaft. Die Sache hatte nur einen Haken: Sie wollte mein Zimmer. Ich musste mir eine neue Bleibe in Tokyo suchen.

Als Ausländer hat man in Japan kaum eine Chance, selbst einen Mietvertrag abzuschließen. Man braucht dazu mindestens zwei japanische Bürgen. Zusätzlich ist ein Arbeitsvertrag erforderlich und man sollte vorzugsweise schon ein bis drei Jahre bei der Firma tätig sein. Und wenn dann der Vermieter auch Ausländer im Haus akzeptiert ohne die übliche Kritik (»Die sind immer so laut, können sich nicht benehmen und haben immer Gäste«) – dann und nur dann bekommt man eine eigene Wohnung.

Für alle anderen gibt es *Guest Houses*. Die Zimmer werden hier monatsweise vermietet und man teilt sich die Wohnung oder das gesamte Haus mit anderen Mietern, die ebenfalls nur monatsweise dort wohnen. Umgangssprachlich werden diese Einrichtungen auch *Gaijin Houses* genannt, nach den Ausländern, die dort vornehmlich wohnen. Allerdings wohnen auch Japaner in *Guest Houses*. Sie müssen nämlich die gleichen strengen Bedingungen erfüllen, wenn sie eine eigene Wohnung mit Mietvertrag haben möchten.

Im Westen Tokyos fand ich ein preiswertes *Guest House*, das von elf Leuten bewohnt wurde und ein begrüntes, begehbares Dach hatte. Wie viele Einrichtungen dieser Art war es in einem etwas älteren Gebäude untergebracht. Mein *Guest House* war früher ein chinesisches Restaurant, doch davon sah und roch man nichts mehr. In den sechs Monaten, die ich dort lebte, wechselten die Mitbewohner häufig.

In großen Städten sind *Guest Houses* eine beliebte und preiswerte Wohnalternative. Zwischen 400 und 1.000 Euro werden für die Zimmer und Nebenkosten pro Monat fällig. Man spart sich auch das sogenannte Schlüsselgeld, eine euphemistische Bezeichnung für Extrakosten ohne Gegenwert.

Ob für kurz oder lang – *Guest Houses* sind die beste Möglichkeit, mit Japanern und anderen Reisenden zusammenzuwohnen.

Mietshäuser in Japan bieten wenig Platz, und meist liegt der Flur außen statt, wie in Deutschland üblich, innen.

15 Kirschblüte

Die Schönheit der Vergänglichkeit

桜 sakura

Die Kirschblüte ist das gewählte Symbol Japans. Es findet sich auf der 100-Yen-Münze, an jeder Straßenecke und im Kopf aller Japaner.

Die japanische Zierkirsche blüht nur einmal im Jahr für einige Wochen und trägt keine Früchte. Dass die Blüte nur für kurze Zeit existiert, macht ihre Faszination aus. Aber was macht die Kirschblüte für Japaner so einzigartig?

Sie ist das Sinnbild für den Frühling und beginnt meist zwischen März und April, kann aber je nach Jahr auch schon mal im Februar oder sogar erst im Mai anfangen. In einer Welle verbreitet sich die Kirschblüte dann über das Land. Angefangen im Süden, wo die ersten Blüten zu sehen sind, wandert sie mit steigender Temperatur Richtung Norden. Fast zeitgleich mit dem Aufblühen der *sakura* endet das Fiskaljahr in Japan und es beginnt ein neues Schuljahr oder Semester an der Universität. Die Blüte ist also verknüpft mit der Idee von Aufbruch und Neubeginn, die sich zu diesem Zeitpunkt in der Gesellschaft widerspiegelt.

Die Schönheit der Kirschblüte währt nur wenige Wochen. Danach ist die Kirsche ein normaler, fruchtloser Baum. Die Vergänglichkeit dieser zerbrechlichen Blütenschönheit sehen die Japaner als Symbol für ihr Land. Es können Tsunamis die Häuser mitreißen, Erdbeben die Straßen verschlingen oder Taifune Regenschirme zerstören – alles ist flüchtig, alles kann wieder aufgebaut werden, nichts ist für die Ewigkeit. Nicht einmal die schöne Kirschblüte.

Jedes Jahr zum *hanami*, wörtlich »Blumen betrachten«, versammeln sich die Japaner mit Freunden, Familie oder Kollegen im Park. Treffpunkt ist am Baum unter der Kirschblüte. Man trinkt und isst zusammen, trinkt noch mehr und feiert die Blüte. Die Schönheit wird in der Gruppe genossen. Sie eint und bringt alle zusammen. Die Blüte macht alles vergessen. Wie auch das eine oder andere Bier, das man beim Betrachten trinkt.

Im Mai ist Japan ein Meer von rosa Kirschblüten. Man muss es sehen, wenn man das Land und seine Bewohner besser verstehen will.

Jedes Jahr versammelt man sich, wenn die Kirschbäume blühen. Ein kräftiger Windstoß brachte sie hier im Inokashira Park in Tokyo zum Regnen.

16 Honshu

Die größte und wichtigste Insel Japans

本州 honshu

Halb Japan besteht aus der Hauptinsel Honshu, auf der sich auch die meisten und größten Städte befinden, darunter Tokyo, Kyoto und Hiroshima.

Auf Honshu leben über 100 Millionen Menschen. Sie macht 60 % der Landmasse Japans aus, weswegen sie übersetzt auch »Hauptinsel« heißt. Honshu gliedert sich in mehrere Regionen, die alle unterschiedlich sind und eigene kulturelle Eigenschaften entwickelt haben. Die größten und bekanntesten sind Tohoku, Kanto und Kansai.

Tohoku, der Nordosten von Honshu, gilt bei einigen im Süden als »Hinterland«. Die Region ist dünn besiedelt und hat bis auf Sendai keine nennenswerten Großstädte. Man könnte es wegen seiner weiten Leere, die nur von Reisfeldern unterbrochen wird, das Brandenburg Japans nennen. Es heißt, wenn man in Tohoku Leute nach dem Weg fragt, neigen sie dazu, Distanzen falsch einzuschätzen. Damit ist gemeint, dass es wenige Punkte zur Orientierung, wie hohe Berge oder andere Landschaftsformationen gibt. Daher können Entfernungen in der weiten Leere schwerer abgeschätzt werden. Tohoku erlangte durch das große Erdbeben vom März 2011 traurige Berühmtheit, weil diese Region am stärksten davon betroffen war.

Kanto, die Bezeichnung für den Großraum Tokyo, schließt auch die umliegenden Präfekturen ein. Jeder in der Nähe von Tokyo hat zwangsläufig mit der Stadt zu tun, sei es beruflich oder privat. So zieht die Metropole Menschen aus der gesamten Region an.

Kansai, die Gegend um Osaka, Kyoto und Kobe, bildet den Gegenpol zu Tokyo – kulturell wie auch mental. Kyoto, die alte Kaiserstadt, ist stolz darauf, mehr Geschichte und Kultur als Tokyo zu haben. Und Osaka sieht sich gern als Anti-Tokyo, was die Setzung von Trends und die wirtschaftliche Kraft angeht. Die Stimmung in Osaka ist entspannter und freier als in der großen Metropole, die 400 Kilometer weiter östlich liegt. Es fehlt der Druck, Hauptstadt sein zu müssen. Bekannt ist der Dialekt der Leute aus Kansai. Er gilt als frech und schnodderig. Vergleichbar ist er mit dem Berliner Dialekt, mit dem der Kansai-Dialekt bei japanischen Filmen oft synchronisiert wird.

Tokyo ist die größte Stadt der Welt und erstreckt sich ohne Grenzen über Japans Hauptinsel Honshu.

17 Fuji

Ein Wahrzeichen, das sich selten zeigt

富士山 fujisan

Der Vulkan Fuji ist mit über 3.770 Metern mit Abstand der höchste Berg in Japan. Er ist das letzte Mal vor 200 Jahren ausgebrochen und kann von vielen Ecken des Landes, unter anderem auch von den Hochhäusern in Tokyo, gesehen werden. Sagt man.

In meiner Zeit in Japan sah ich den Fuji nur einmal. Unter Ausländern in Japan geht auch der Witz um, dass der Fuji nur von der japanischen Tourismusbehörde erfunden wurde, um Reisende anzulocken. Denn ein so absurd hoher Berg in einem Inselreich wie Japan ist doch völlig unmöglich.

Der Fuji versteckt sich gerne hinter Wolken. Eigentlich hat man nur im Winter sehr gute Chancen ihn zu entdecken. Der Berg hat eine starke Bedeutung für die japanische Kultur. Seine imposante Größe, die allen Naturkatastrophen trotzt und sein stets schneebedecktes, weißes Haupt, das als ästhetisch empfunden wird, haben die Japaner über Jahrhunderte bewegt und inspiriert. Sein Name bedeutet übersetzt »reicher Krieger«. Dies ist allerdings eine moderne Bezeichnung. Unterschiedliche regionale Kulturen haben andere Bezeichnung für den Fuji gewählt. Der wahrscheinlichste Ursprung des Namens ist die Bezeichnung der japanischen Ureinwohner Ainu, die ihn *fuchi* nannten – ihr Wort für »Feuer«.

Der Berg kann sogar erklommen werden. Mit dem Bus oder dem Auto fährt man bequem bis zur fünften Station auf 2.300 Metern. Ab da läuft man. Allerdings nur im Sommer. Trotzdem sollte man sich warm einpacken. Jedes Jahr kommen Menschen beim Aufstieg ums Leben, weil sie das Wetter unterschätzen. Das Risiko hat ein erklärtes Ziel: Es soll Glück bringen, wenn man den Sonnenaufgang über Japan vom Fuji aus beobachtet. Dazu steigt man nachmittags auf den Berg und verbringt die Nacht in einer der Hütten.

Ein Sprichwort sagt: »Ein weiser Mann besteigt den Fuji einmal in seinem Leben – nur ein Narr besteigt ihn zweimal.« Damit ist gemeint, dass der Aufstieg weder sonderlich anspruchsvoll ist, noch beim zweiten Mal etwas anderes bietet, als beim ersten Mal.

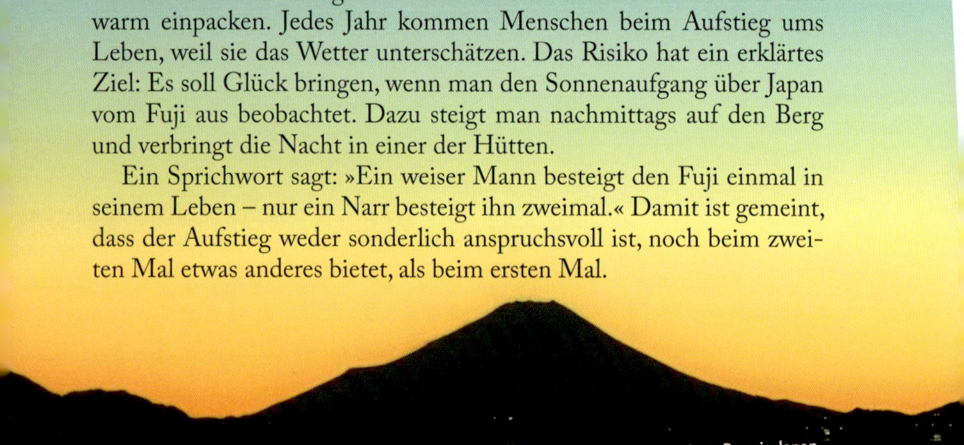

Der Vulkan Fuji ist der höchste Berg in Japan.

18 Getränkeautomaten

Tee, Kaffee, Diät-Bier – alles für ein paar Yen

自動販売機 jidō-hanbaiki

Bereits nach den ersten fünf Minuten auf einer zufällig gewählten Straße fallen sie auf: Getränkeautomaten. Diese Maschinen haben in Japan eine besondere Bedeutung. Es gibt pro 23 Einwohner einen Automaten, im gesamten Land sind es fast sechs Millionen Stück.

Sie stehen an jeder Ecke und achten beim Kauf nicht auf die Kleidung: Getränkeautomaten.

Es gibt sogar einige auf dem Gipfel des Fuji. Alle sind im Sommer gekühlt und im Winter beheizt. Sie ermöglichen den Konsum an jeder Ecke und es ist einfach, viel Geld loszuwerden.

Der Erfolg der Automaten seit den 1960er-Jahren wird ermöglicht durch die geringe Kriminalitäts- und Vandalismusrate. Steht ein Automat erstmal, wird er nur noch von Kunden und dem Betreiber angefasst. Dadurch kann die gleiche Maschine an einer Straßenecke über Jahrzehnte hinweg existierten. Nur der Inhalt wird regelmäßig ausgetauscht. Durch einen Automaten spart man Personalkosten ein, die in Japan sehr hoch sind. Das Wetter und Menschen mit verfügbarem Einkommen bilden die Nährlösung für die allgegenwärtigen Automaten, die wie Pilze aus dem Boden wachsen, denn die allgemein hohe Luftfeuchtigkeit und die Hitze lassen einen schnell schwitzen.

Der Markt ist dabei unter den großen Getränkefirmen Pokka, Suntory, Ito En und Coca-Cola Japan aufgeteilt, die jeweils ihre eigenen Automaten bestücken. Daher ist es auch nicht ungewöhnlich, zwei oder mehrere Automaten direkt nebeneinander zu finden, die jeweils verschiedene Drinks anbieten. Standardpreise sind 120 Yen für 0,5 Liter oder 80–100 Yen für eine Getränkedose.

Es gibt auch Automaten für Schnaps und Bier, sogar für Filme und Bücher. Entgegen landläufiger Meinung gibt es allerdings **keinen** Automaten für gebrauchte Unterwäsche. Die muss man nach wie vor direkt beim Händler kaufen, sofern man das möchte.

19 Hokkaido

Weit und breit und kalt

北海道 hokkaido

Über die nördlichste Insel von Japan denkt der Rest des Landes zwei Dinge: »Da ist es kalt« und »da ist es anders«.

Hokkaido unterliegt Luftströmungen aus Russland, genauer gesagt aus Sibirien. Sie sorgen für ein gemäßigteres und trockeneres Klima, als im Rest des Landes. Das zeigt sich auch an der Vegetation: Während überall im Land Bambus und andere asiatische Pflanzen wuchern, ähnelt die Flora Hokkaidos eher einem nordeuropäischen Nadelwald. Das macht die Insel als Zuflucht im Sommer sehr beliebt. Der Nationalpark Hokkaidos lockt mit einzigartigen Naturformationen auch Wanderer.

Das Leben auf Hokkaido ist ruhiger als im restlichen Japan. Die Wege zwischen den Städten sind länger und unterbrochen von weiten Naturlandschaften. Der Schnellzug Shinkansen (siehe Seite 230) fährt hier nicht. Es gibt nur eine normale Bahnverbindung durch einen Unterwassertunnel, der die Insel mit dem Kernland Honshu verbindet. Die Ruhe wirkt allerdings trügerisch. Auf Hokkaido gibt es die meisten Autounfälle. Da einem auf den Straßen selten Autos begegnen, fahren viele unvorsichtig. Die Nähe zu Russland sorgt ebenfalls für Spannungen. Nördlich von Hokkaido liegen die Kurilen, die im Zweiten Weltkrieg von Russland besetzt wurden. Die Regierung in Tokyo fragt zwar regelmäßig höflich nach, um die kargen aber fischreichen Inseln wieder zurückzuerhalten, doch die japanischen Familien, die damals aus ihren Häusern vertrieben wurden, erwarten die Rückgabe nicht mehr. Erst recht nicht, seitdem vor den Kurilen wertvolle Rohstoffe vermutet werden. Der Wetterbericht der japanischen Nachrichten vermeldet allerdings bis heute, wie der Himmel über den Kurilen aussieht.

Zu Hokkaido gehört auch eine traurige Vergangenheit. Hier ließen sich die Ureinwohner Japans, die Ainu, nieder, die im 19. und 20. Jahrhundert systematisch verdrängt wurden. Es hat lange gedauert, bis man zu dieser Vergangenheit stehen konnte. Heute finden sich zahlreiche Museen und nachgebildete Dörfer der Ainu auf Hokkaido.

Sapporo, die größte Stadt der Insel, war 1972 Austragungsort der olympischen Winterspiele und ist heute bekannt für ihr jährliches Schneefestival.

Hokkaido hat als einzige Region Japans eine lange Geschichte von Molkereiprodukten. Käse aus der Region ist zu empfehlen, da der milde Geschmack und die ungewöhnliche Form mit keiner europäischen Variante zu vergleichen ist.

Der kalte Norden Japans gilt als wild, unberührt und ist dünn besiedelt.

20 Kyushu

Ab in den Süden!

九州 kyūshū

Die südlichste der vier Hauptinseln ist benannt nach den ehemals neun Provinzen, die sich auf ihr befanden.

Inzwischen sind aus ihnen sieben Präfekturen geworden, mit drei bekannten und relevanten Städten: Sucht man Natur, geht man nach Kagoshima, interessiert man sich für Geschichte, geht man nach Nagasaki und die Party steigt in Fukuoka.

Kagoshima

Es ist nicht ungewöhnlich, in Kagoshima aufzuwachen und eine dünne Schicht Asche auf der Straße zu entdecken. In der Nähe befindet sich eine ganze Kette von aktiven Vulkanen. Der mächtigste von ihnen, Sakurajima, hat sogar eine ganze Insel entstehen lassen, die direkt vor Kagoshima liegt. Viele der Vulkane lassen sich auch besteigen und man kann in den Krater schauen. Allerdings nur, wenn er nicht gerade Asche regnet, was sich stundenweise ändern kann.

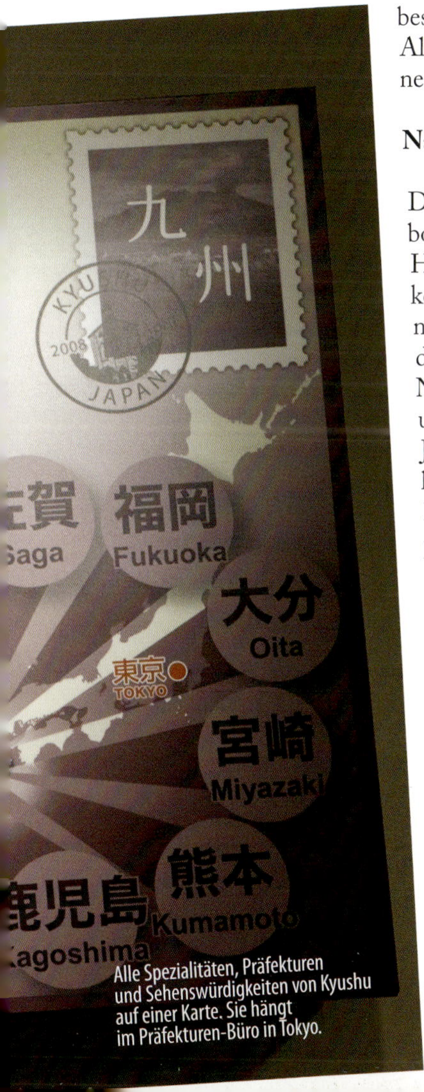

Alle Spezialitäten, Präfekturen und Sehenswürdigkeiten von Kyushu auf einer Karte. Sie hängt im Präfekturen-Büro in Tokyo.

Nagasaki

Die zweite Stadt, die 1945 von einer Atombombe getroffen wurde, hatte im Gegensatz zu Hiroshima schon vor dem Krieg eine sehr komplexe Geschichte. Die Bombe ist daher nur ein Teil ihrer Geschichte, und nicht das dominierende Element, wie in Hiroshima. Nagasaki florierte als Handelsstadt mit Asien und Europa. Denn nur hier durfte während Japans Abschottung mit dem Westen gehandelt werden. Nagasakis Kultur wurde daher von vielen fremden Einflüssen stark geprägt. Es gibt ein sehr lebendiges chinesisches Stadtviertel und sehr viele Kirchen.

Fukuoka

Bekannt ist die Stadt vor allem für ihr Nachtleben und ihre entspannte Attitüde. Besucher beschreiben die Stadt als locker und tolerant. Fukuoka ist heute die wichtigste Handelsstadt auf Kyushu und hat daher einen hohen Anteil an Ausländern. Die vielen Schreine und Tempel der Stadt laden im Sommer, Herbst und Winter zu großen Feierlichkeiten ein, bei der die halbe Stadt in bunten Kostümen tanzt.

21

Shikoku

Ruhe, Tempel, Seelenfrieden

四国 shikoku

Die kleinste der vier japanischen Hauptinseln war lange Zeit vom Rest des Landes isoliert. Nach dem Krieg baute man drei große Autobrücken, die das wirtschaftliche Wachstum beflügeln sollten. Doch Shikoku blieb klein.

Es gibt keine Stadt mit mehr als einer Million Einwohner, keine nennenswerte Industrie – und keinen Stress.

Shikoku ist die wohl besinnlichste Insel Japans. Bekannt ist ihr buddhistischer Pilgerweg der 88 heiligen Orte. Die gesamte Strecke ist mehr als 1.200 Kilometer lang und führt zu 88 buddhistischen Tempeln und 20 »Extra-Tempeln« ohne konkrete Nummer. Es gibt eine feste Reihenfolge, in der die Pilgerreise empfohlen wird, sie ist allerdings keine Pflicht. Es gilt auch als glücks- und segenbringend, die Reihenfolge zu verändern oder umzudrehen.

Die Pilger auf Shikoku sind in weißer Kleidung 30–60 Tage am Stück unterwegs, um die Reise des Mönchs Kūkai nachzugehen. Ob der Mönch die 88 Orte tatsächlich abgegangen ist, mit oder ohne Extra-Tempel als Bonus, ist historisch nicht eindeutig erwiesen.

Die Insel grenzt, zusammen mit Honshu und Kyushu, ein Binnenmeer namens Seto ab. Die Seto-Inlandsee ist bekannt für ihre Tausenden kleinen Inseln, von denen die meisten unbewohnt sind. Die See ist ganzjährig gesegnet mit mildem Klima und reich an Fisch. Es regnet selten, daher ist die Region auch als »Land des schönen Wetters« bekannt.

Mit oder ohne Mönch, Shikoku bleibt die ruhigste Insel Japans, mit reicher kultureller Geschichte.

Pilger auf der Reise zu den Tempeln

22

Religion

Zwischen Diesseits und Jenseits

宗教 Shūkyō

Die beiden Glaubensrichtungen, die Japan geprägt haben und bis heute praktiziert werden, sind Shintoismus (siehe Seite 44) und Buddhismus (siehe Seite 48). Beide ergänzen sich und stehen nicht in Konflikt zueinander.

Der Shintoismus gilt für das jetzige Leben. Man erhofft sich einen Segen für die mittelbare Zukunft. Der Buddhismus gilt für die Existenz nach dem Tod. So findet eine japanische Hochzeit mit einem Shinto-Priester in einem Schrein statt, eine Beerdigung und Weihung übernimmt der buddhistische Mönch.

Japaner definieren sich nicht über ihren Glauben. In unterschiedlichen Umfragen gaben 70–80 % aller Japaner an, sich keiner bestimmten Religion zugehörig zu fühlen. Trotzdem bestätigten 80–90 %, Shintoismus oder Buddhismus zu praktizieren. »Tradition« und »Religion« gelten als austauschbare Begriffe, die verknüpft sind und dasselbe beschreiben. Ob Japaner wirklich an das glauben, was sie in Tempeln oder Schreinen praktizieren, ist nicht klar. Freunde, die ich dazu befragte, waren stets skeptisch. Aber, so fügten sie hinzu, man weiß ja nie ...

Die religiösen Bauwerke in Japan zu unterscheiden, fällt Außenstehenden nicht immer leicht, da sie sich sehr ähneln. Als Eselsbrücke kann man sich merken: Shinto = Schrein, Buddha = Tempel. Ein Schrein hat stets ein geschwungenes Eingangstor (genannt *torii*), das den Übergang von der realen Welt in das Reich der Geister und Götter symbolisiert. Bei buddhistischen Tempeln findet man meist eine oder mehrere Darstellungen von Buddha.

Islam, Hinduismus und Judentum sind nur sporadisch in der japanischen Gesellschaft vertreten und werden größtenteils von Einwanderern praktiziert.

Das Christentum kam im 16. Jahrhundert mit den Europäern ins Land. Missionare begannen bald, den Westen Japans zu missionieren, was von den regierenden Shogunen (siehe Seite 12) zunächst geduldet wurde. Als Gegenleistung erhielten sie Schießpulver und Medizin. Dass die Franzosen im 17. Jahrhundert versuchten, die alte Tempelstadt Kyoto zu ihrem Glauben zu bekehren, ging den Shogunen allerdings zu weit. Sie sprachen ein Verbot aus, was die Christen aber nicht von ihrem Vorhaben abhielt. Zur Strafe wurden 26 Missionare hingerichtet und das Christentum wurde für 200 Jahre formal verboten. In Nagasaki überlebte ein christlicher Untergrund, der Bibeln und reli-

giöse Abbildungen verstecken musste. Mit der Öffnung Japans nach Westen endete das Verbot des Christentums. Man schätzt die Anzahl der Christen heute auf 600.000 bis drei Millionen. Ihr Zentrum befindet sich in Westjapan.

Christliche Kathedrale in Nagasaki

23 Shinto

Die Religion der acht Millionen Götter

神道 shinto

Vor mir lief ein Geschäftsmann. Schlips, Aktenkoffer, Edeltreter. Es war früh am Morgen und wir beide waren auf dem Weg zum Bahnhof. Plötzlich bog er rechts ab und ging zu einem Schrein am Straßenrand, so groß wie ein Einfamilienhaus.

Mit konzentriertem Blick warf er eine Münze in eine Kiste, klatschte zweimal, verbeugte sich und klatschte wieder zweimal. Danach nahm er seinen Aktenkoffer in die Hand und ging Richtung Bahnhof.

Shinto ist der Sammelbegriff für verschiedene spirituelle Riten, Traditionen und Naturgeister. Es gibt kein geschriebenes Manifest wie die Bibel, das als Basis für diese Religion funktioniert. Man muss sich auch nicht als Anhänger der Religion identifizieren oder an organisierten Veranstaltungen teilnehmen. Japanische Tradition und Shinto sind oft ein und dasselbe, die Übergänge sind fließend.

Shinto bedeutet »der Weg der Götter«. Man unterscheidet hierbei Götter, die eine menschliche oder eine tierische Form haben – oder als Fabelwesen eine ganz eigene Gestalt. Zusätzlich gibt es Götter, die in der Natur vorkommen, wie heilige Bäume, Berge oder Höhlen. Dann gibt es noch Gottheiten für abstrakte Konzepte wie Stärke, Gesundheit oder Liebe. Auch die kaiserliche Familie und ihre Vorfahren können als Shinto-Gottheit verehrt werden, da sie früher als direkte Nachfahren des Sonnengöttin Amaterasu galten. Der Kaiser ist gleichzeitig der oberste Shinto-Priester im Land.

Der wichtigste Aspekt der Shinto-Kultur ist die Reinigung des Selbst und der Seele. Bevor man einen Schrein betritt, der als Kanal in die Welt der Götter gilt, muss man sich mit Wasser reinigen und zwar in der Reihenfolge: Mund, Hände und Füße. Der Schrein hat symbolische und physische Grenzen, welche die reale von der Welt der Götter trennen sollen. Beim Passieren der Grenze darf man keinen Schmutz hineintragen. Damit ist auch eine seelische Verunreinigung gemeint. Ist vor Kurzem ein Familienmitglied gestorben oder hat man gar selbst ein Verbrechen begangen, darf man keinen Schrein betreten. Regelmäßig reinigen Shinto-Priester in einer Zeremonie den gesamten Schrein. Auch bei der Errichtung neuer Gebäude innerhalb einer Stadt wird ein Shinto-Priester gebeten, das Fundament und das Grundstück zu reinigen. Mit weißem Papier und klarem Wasser als Mittel zur Reinigung.

Traditionelle Hochzeit im Shinto-Schrein.
Der Priester läuft vorneweg.

24 Schrein

Tor ins Reich der Götter

神社 jinja

In Japan gibt es mehr als 100.000 Schreine, in denen Shinto-Gottheiten leben und verehrt werden. Der größte von ihnen steht in Tokyo und nimmt mehrere Fußballfelder ein. Er ist dem verstorbenen Kaiser Mutsuhito gewidmet, der Japan Ende des 19. Jahrhunderts modernisierte.

Ein Shinto-Schrein hat mehrere Funktionen innerhalb einer Kommune. Traditionell finden hier Hochzeiten statt. Auch Geburten werden hier offiziell verkündet. Das Neugeborene wird in eine Liste im Schrein eingetragen und gilt fortan als »Kind des Schreins«. Dies verpflichtet allerdings zu nichts, und bei einem Umzug kann man sich in einen neuen Schrein eintragen lassen. Verstirbt ein Kind des Schreins, wird es in die Liste der Seelen aufgenommen, für die am Schrein gebetet werden kann. Außer für Geburten und Hochzeiten sind Shinto-Schreine vor allem für das »Hier und Jetzt« zuständig. Man erbittet einen Segen für die Schule, die Arbeit, Gesundheit oder Wohlstand. Dazu spendet man der Gottheit etwas Geld, verbeugt sich tief und läutet eine Glocke. Man kann auch um einen Segen für Dritte bitten. Ein sehr beliebter Brauch von Eltern ist es, vor wichtigen Prüfungen der Kinder am örtlichen Schrein für deren Erfolg zu beten. Während man prinzipiell jede Gottheit um einen Segen bitten kann, sind einige Schreine auf bestimmte Aspekte spezialisiert. So ist die Göttin Benzaiten, die ursprünglich aus Indien stammt und nun in Tokyo am malerischen Inokashira-Teich weilt, speziell für Liebe zuständig.

Im Gewässer vor Miyajima: Großes *torii*, das die reale mit der Welt der Geister verbindet

Zur Unterstützung des Segens kann man auch einen Talisman kaufen. Diesen trägt man am Gegenstand, der für den Segen wichtig ist, bei sich oder hängt ihn im Haus auf. Im Inneren eines Schreins kann man auch *ema* beschriften: kleine Holztafeln, auf die man einen Wunsch für die Zukunft schreibt. Neben Spenden sind Talismane die wichtigsten Einnahmequellen von Schreinen.

25 Buddhismus

Für das Leben nach dem Tod

仏教 bukkyō

Da sitzt er, der große Buddha. Der zweitgrößte in Japan. Seit mehr als 500 Jahren sitzt er in Kamakura unter freiem Himmel und erträgt mit stoischer Ruhe und innerer Gelassenheit die Tauben und Touristen, die sich in Scharen auf den Weg südwestlich von Tokyo machen, um ihn zu sehen. Und für 50 Yen darf man ihn sogar betreten.

Der Buddhismus stammt aus Indien und wurde in Japan offiziell im Jahre 552 eingeführt. Allerdings war er schon vorher aus China und Korea bekannt. Zunächst wurde er nicht als Religion gesehen, sondern als Philosophie und Lebensweg, die exklusiv der kaiserlichen Familie vorbehalten waren. Über die Jahrhunderte entwickelten sich verschiedene Auslegungen und Schulen des Buddhismus in Japan. Die Übersetzung des Namens lautet auch »die Lehren des Buddha«. Die Auffassung von Religion ist in Japan anders als im Westen. Es gibt keinen einzelnen Gott, sondern mehrere, die koexistieren.

Das änderte sich Ende des 19. Jahrhunderts. Als die Lehren offiziell verboten wurden, ging die Bedeutung des Buddhismus zurück. Das Kaiserhaus beschloss, dass der Shintoismus (siehe Seite 44) als »japanische Religion« keine Konkurrenz haben sollte, vor allem keine aus dem Ausland. Nach dem Zweiten Weltkrieg entspannte sich das Verhältnis, und beide Philosophien konnten harmonisch miteinander existieren. Der Stellenwert des Buddhismus in Japan sinkt allerdings, fast 100 Tempel müssen jedes Jahr schließen.

Den großen Buddha in Kamakura stört das alles nicht. Er hat jede Entwicklung des Buddhismus überlebt. Selbst zwei Tsunami, welche die Tempel, in denen er saß, fortspülten, konnten ihm nichts anhaben. Er sitzt unter freiem Himmel und genießt seit Jahrhunderten den Sonnenschein.

Miniatur-Nachbildung des großen Buddha in Kamakura

26 Erleuchtung

Weisheit durch Disziplin

悟り satori

Ein Freund erzählte mir die Geschichte eines Bekannten. Dieser war japanischer Judo-Meister, gewann bei Olympia Gold und trainierte Jahre später die deutsche Mannschaft. Über 40 Jahre lang praktizierte er Disziplin im Sport und galt als erleuchtet. Er hatte den Zustand *satori* erreicht, ein allumfassendes Verständnis der Welt – so wie einst Buddha.

Buddha ist nach japanischer Auffassung kein »Gott«, sondern ein Mensch, der durch Weisheit und Meditation Erleuchtung *(satori)* erlangte. Es ist ein Zustand, in dem man mit sich selbst, der Umwelt und dem Jenseits im Einklang ist. Er kann durch verschiedene Wege erreicht werden. Jede Schule und Sekte legt die Lehren des Buddhas anders aus. »Tue Gutes, sei selbstlos und diszipliniert« sind Kernaspekte der Philosophie. Der Zen-Buddhismus setzt auf Erleuchtung durch Meditation und die Leerung des Geistes. Viele japanische Traditionen, wie die Gartenarchitektur oder die Tee-Zeremonie, entspringen zum großen Teil Elementen des Zen. Schönheitsideale und ästhetische Konzepte wurden ebenfalls von ihm beeinflusst.

Sport ist eine Möglichkeit *satori* zu erlangen, allen voran Kampfsportarten. Mönche praktizieren Kampfkünste, um sich selbst zu reinigen und durch Jahre der Disziplin einen neuen Blick auf die Welt zu erlangen. Auch die Samurai (siehe Seite 64) verbanden die Kunst des Krieges mit spiritueller Erfüllung. Auch wenn diese Auslegung von Erleuchtung aus China stammt, wird sie in Japan noch respektiert.

Ob der bekannte Judo-Kämpfer meines Freundes durch seine Erleuchtung auch Superkräfte hatte, wurde mir nicht erzählt. Trotzdem würde ich es nicht wagen, seine Erleuchtung anzuzweifeln, wenn er im Kampfanzug vor mir steht.

Auch mit Lächeln kommt man irgendwann zur Erleuchtung.

27 Reis

Weißes Gold

米 Kome

Ein japanischer Reisbauer sagte mir einmal: »Haste Reis, haste keine Probleme.«

Alle japanischen Gerichte basieren entweder auf Reis oder auf Nudeln. Reis ist daher der zentrale Bestandteil eines jeden Gerichts. Sei es zum Frühstück, wo er kalt gegessen wird, zum Mittag, wo es ihn kalt oder warm geben kann, oder zum Abendbrot, wo er meist erwärmt verzehrt wird.

Die Reissorten sind dabei so unterschiedlich wie in Deutschland die Weizensorten für das Brot. Japans geografische Lage, mit mehreren unterschiedlichen klimatischen Regionen, ermöglicht den Anbau von verschiedenen Sorten Reis, die sich auch geschmacklich voneinander unterscheiden. Die beliebtesten Sorten sind *sasanishiki* aus Sendai, der seinen Geschmack selbst nach dem Abkühlen beibehält, und *koshihikari* aus Niigata, der vor allem wegen seines reinweißen Aussehens geschätzt wird. Angepflanzt wird der Reis auf überfluteten Terrassen oder Feldern. Wildreis wächst ohne eine konstante Überversorgung mit Wasser, diese Entwicklung ist ein Resultat von Überzüchtung.

Jeder Haushalt in Japan hat einen Reiskocher, in dem der Reis portionsweise und ohne Salz gekocht wird. Es ist üblich, dass Eltern ihren Kindern, wenn sie die Heimat verlassen haben, monatlich einen Sack Reis zukommen lassen. Zehn Kilo reichen für einige Wochen. Gerade bei Studenten ist diese Art der Zuwendung sehr beliebt. Reis galt früher auch als Zahlungsmittel.

So vielfältig wie der Reisanbau in Japan früher war, ist er leider nicht mehr. Wie in Europa machen sich kommerzielle Monokulturen breit. Zudem reicht das japanische Festland als Anbaufläche nicht mehr aus, um die 120 Millionen Bewohner zu ernähren. Viel Reis wird daher aus China oder aus den USA importiert.

28 Nudeln

Durch dick und dünn

麺 men

Die zweite große Säule aller japanischen Gerichte sind Nudeln, die meistens in einer Brühe serviert werden.

Die Weizennudeln kamen aus China ins Land. Ihre fremde Herkunft erkennt man heute noch an der Schreibweise ihres Namens. Die beiden beliebtesten Nudelsorten sind *soba* und *udon*.

Die langen, dünnen *soba*-Nudeln werden aus Buchweizenmehl hergestellt. Sie sind leicht bekömmlich und können kalt wie auch warm verzehrt werden. *Soba* haben auch eine Symbolfunktion. Als letzte Mahlzeit im alten Jahr reicht man einen Teller Nudeln, der noch vor dem neuen Jahr gegessen werden muss. Wer den Teller schafft, hat im kommenden Jahr Glück mit den Finanzen.

Weit verbreitet sind auch die Instant-*soba*, die in einer Styroporpackung mit heißem Wasser aufgegossen und mit abgepackten Gewürzen verfeinert werden. Ein Muss auf jedem Festival ist auch *yakisoba*: gebratene Nudeln mit Ei und Ingwer.

Die dicken, cremefarbenen *udon*-Nudeln werden mit Weizenmehl und Salz hergestellt. Als energiereiche, warme Zwischenmahlzeit gibt es sie häufig an Bahnhöfen zu kaufen. Aber auch Restaurants haben sie in den verschiedensten Varianten im Sortiment. Im Supermarkt kann man sie oft schon vorgekocht kaufen. Sie müssen dann nur noch mit einer Fleisch- oder Fischbrühe übergossen werden und schon hat man ein schnelles Gericht. Meine Empfehlung ist *Curry-udon* mit Mango.

Dicke *udon*-Nudeln aus Weizenmehl

29

Tonkatsu

Aus dem Westen auf den Teller

トンカツ tonkatsu

***Tonkatsu*-Curry, *tonkatsu*-Reis, *katsudon* ...**
Die japanische Variante des Schweineschnitzels findet sich in vielen Gerichten.

Ursprünglich von den Portugiesen im 17. Jahrhundert eingeführt, galt das *tonkatsu* als *yoshoku* – als Essen aus dem Westen, das japanisch interpretiert wurde. Seine konstante Entwicklung unterscheidet es von Brot, Curry und anderen Gerichten, die japanisiert wurden.

Ein *tonkatsu* ist ein relativ dickes, schmales Schweinefilet. Es wird gewürzt und in Mehl und Ei paniert, bevor es eine Schicht aus Brotkrumen erhält und in einem Bad aus Fett frittiert wird. Dazu gibt es eine spezielle Soße. Sie besteht aus pürierten Früchten und Gemüse und wird in einer Flasche mit einer Bulldogge verkauft – eine Anspielung auf ihren vermeintlich britischen Ursprung. *Tonkatsu* ist auch beliebt als Belag auf Sandwiches. Meist ist das Fleisch dicker als das weiche Brot, in dem es verpackt ist.

Tatsächlich überrascht es, wie viel Fleisch in Japan gegessen wird. Vegetarisch lebende Freunde von mir hatten ernsthafte Probleme, in Restaurants Alternativen genannt zu bekommen.

Fleisch war allerdings nicht immer so beliebt. Der Fleischverzehr war sogar mehr als tausend Jahre lang offiziell verboten. Dies lag im Buddhismus (siehe Seite 48) begründet, der damals beim herrschenden Kaiserhaus beliebt wurde. Der Glaube an Reinkarnation war nicht zu vereinbaren mit der Schlachtung von Tieren. Fische als Nahrung waren aber weiterhin akzeptiert. Auch Wale, die als Fische galten, wurden gerne gegessen. Dem Fleischverbot folgte eine allgemeine Ablehnung von tierischen Produkten in der Nahrung. Der Geschmack von Fett galt als störend und unangenehm. Bis heute prägt diese Haltung die japanische Küche, die ohne Öle als Basis des Geschmacks auskommt. So ist das Essen auch gesünder und weniger fettig.

Mit der Industrialisierung und der Entwicklung in Richtung Westen wurde Fleisch wieder erlaubt. Richtig beliebt wurde es allerdings erst in den 1960er-Jahren, als der allgemeine Wohlstand einen erhöhten Fleischkonsum ermöglichte. Heute findet sich Fleisch in fast allen Gerichten, meist roh oder gebraten. Gekocht ist es nur als chinesische Variante bekannt.

30 Spezialitäten

Tentakel, Pferde-Eis und andere Delikatessen

特産品　tokusan-hin

Die japanische Küche kennt sehr viele essbare Zutaten. Das meiste wird direkt roh verzehrt. Eine Schüssel Reis dazu – und fertig ist das Gericht.

Jede Zutat bekommt eine eigene Schüssel und man nimmt sich von allen etwas. Auf dem Teller oder in der Schüssel werden die Zutaten nicht gemischt. Man nimmt stattdessen etwas mit den Stäbchen auf, tunkt es nach Belieben in Sojasoße und isst anschließend Reis.

Zahlreiche Regionen haben eigene Spezialitäten, deren Zutaten meist in den Wäldern oder Gewässern rund um den Ort zu finden sind. Viele Japaner reisen nur wegen der örtlichen Spezialität in eine bestimmte Region. Ein ganzer Tourismuszweig lebt von Gourmetreisen. Essen ist auch ein beliebtes Thema im Fernsehen: Sendungen suchen lokale Spezialitäten und machen sie bekannt. Zumindest für unsere Mägen ist unter ihnen auch Fragwürdiges:

Basashi-Eis: Zerschneidet man Pferdefleisch zu dünnen Scheiben, nennt man das rosige Ergebnis *basashi*. Eine Firma aus Nordjapan, wo Pferdefleisch als Delikatesse gilt, hielt es für eine gute Idee, daraus ein Eis zu machen.

Inago no tsukudani: Kleine gegrillte Grashüpfer, gebraten in einer süßen Sojasoße. Knusprig wie Chips, aber gesünder. Auf den ersten Biss ungewohnt, aber überraschend lecker.

Ika geso age: Frittierte Tintenfisch-Tentakel, die meist ungefragt und kostenlos in japanischen Kneipen als Aperitif gereicht werden. Knusprig, aber etwas zäh.

Natto: Auch unter der treffenden Bezeichnung »Stinkebohnen« bekannt. *Natto* sind fermentierte Sojabohnen, die man mit Essstäbchen als klebrige Masse entweder pur isst oder auf Reis serviert. Ob man es mag oder nicht, riechen wird man es in Japan auf jeden Fall.

Fugu: Der Kugelfisch schmeckt nach nichts und ist nur berühmt wegen des Gifts, das er in sich trägt. Nur ein ungeübter Koch kann dabei wirklich zur Gefahr werden – seit 2012 gelten Unglücke als wahrscheinlicher, denn die Ausbildung für Fugu-Köche wurde von sieben Jahren auf fünf reduziert und seitdem scheint sie als weniger sorgsam. Trotzdem gilt es als Nervenkitzel, im Restaurant Kugelfisch zu bestellen. Oft traut sich dann ein ganzes Büro an einen Tisch, um den Chef mal mit einer Portion *fugu* zu beweisen, was für ein harter Hund man doch ist.

Auch in Japan sind zwar die meisten Spezialitätengerichte bekannt, aber sie stehen nicht auf der täglichen Speiseliste. Bis auf *natto*. Das riecht man überall.

Jede Region hat eigene Spezialitäten. Damit Fremde keine böse Überraschung erleben, helfen Modelle aus Plastik beim Bestellen.

31

Ramen

Die Suppe fürs Volk

ラーメン　ramen

Ramen ist eine japanische Nudelsuppe, die aus China stammt. Auch wenn Sushi (siehe Seite 60) das bekannteste japanische Gericht ist, _ramen_ bestimmt das ganze Land viel mehr.

Ramen kam aus dem Ausland, wurde japanisch interpretiert und populärer als das Original. Diese Entwicklung lässt sich bei vielen Dingen in Japan beobachten, sei es Technik oder Essen.

Ramen wird meist in Schnellrestaurants verkauft. In sogenannten *ramen-ya* wird die schnelle Küche auch für ihren guten Geschmack geschätzt. In Japan gibt es mehr als 200.000 *ramen-ya*. Allein ein Viertel davon verköstigt in Tokyo eilige Geschäftsleute und Schüler für umgerechnet fünf bis neun Euro die Schüssel.

Es gibt verschiedene Sorten *ramen*, die sich vor allem in der Zubereitung und in den Zutaten unterscheiden. Das *miso-ramen* wird in der gleichnamigen Suppe gekocht, das *tonkotsu-ramen* dagegen mit zartem Schweinefilet in einer kräftigen Brühe.

Wie bei jedem bekannten Gericht, dessen Basis simpel ist, gibt es regionale Feinheiten. Diese werden dann teilweise auch über die Grenzen der Region hinweg übernommen. So zum Beispiel das *shoyu-ramen* aus Hokkaido, welches auch in *ramen-ya* in Tokyo angeboten wird.

International bekannt ist *ramen* vor allem als Instant-Mix aus der Tüte. Allein 2007 wurden annähernd 100 Milliarden dieser Trockenpackungen weltweit verkauft.

Um die vielfältige *ramen*-Kultur – instant oder im Restaurant – zu würdigen, gibt es in Yokohama das *ramen*-Museum. Inklusive Restaurant.

NISSIN 日清食品冷凍
NISSIN 日清食品チルド

32 Sushi

Das einfachste und teuerste Gericht

すし sushi

Sushi ist der Beweis dafür, wie erfolgreich eine simple Idee sein kann. Man braucht nur Reis und Fisch. Auch wenn die Geschichte bis zu dieser Erkenntnis etwas komplizierter war.

Die Idee, Fisch und Reis fermentieren zu lassen, um beides länger haltbar zu machen, entstand schon im 8. Jahrhundert in Vietnam. Um diese Zeit muss sie auch nach Japan gelangt sein. Doch es dauerte noch knapp 1.000 Jahre, bis sie sich wirklich durchsetzte. Straßenhändler begannen in der Edo-Zeit damit, Reis mit Reisessig zu versetzen, um den strengen Geschmack und Geruch der Fermentierung zu vermeiden. Dazu gab es dann den frischen Fisch, und fertig war das Gericht, das schnell aus der Hand und auf der Straße gegessen werden konnte. Sushi mit Stäbchen zu essen ist eine moderne Erfindung, die vor allem im Westen verbreitet ist.

Man unterscheidet grob zwei Arten von Sushi:

Nigiri

Eine längliche Portion Klebereis wird mit Fisch, Fleisch oder Gemüse belegt und durch *nori* (Algenblätter) oder *wasabi* (Meerettich) zusammengehalten.

Maki

Fisch, Fleisch oder Gemüse wird in eine Rolle aus Reis und *nori* gepackt und portionsweise zerschnitten.

Sushi gilt in Japan als preiswertes Fast Food. Es wird in *kaiten-zushi*-Restaurants angeboten, in denen im ganzen Restaurant ein Fließband läuft, das Teller mit Sushi transportiert. Am Ende wird entsprechend der Anzahl der leeren Teller bezahlt, die sich durch Markierungen auch preislich unterscheiden. In der Mitte des Fließbands stehen die Köche, denen man Sushi-Wünsche zurufen kann.

Sushi gilt aber auch als erstklassiges, teures Essen, das man sich nur zu einer besonderen Gelegenheiten gönnen sollte. Da bis auf den Reis alle Zutaten roh gereicht werden, wird der Geschmack nur von der Qualität der Lebensmittel bestimmt und nicht von der Zubereitung. Je teurer der Fisch, desto besser der Geschmack. Allerdings ist Sushi in jedem Falle den Preis wert.

Süßigkeiten, gestaltet wie Sushi

33 Family Restaurant

Ein Warteraum mit Essensangebot

ファミリーレストラン famirīresutoran

Schnellrestaurants werden in Japan durch einen cleveren Marketingtrick als »Familienrestaurants« bezeichnet.

Zu den McDonald's, Burger Kings und KFCs, die es in Japan auch massig gibt, existieren aber zwei große Unterschiede. Family Restaurants haben 24 Stunden lang geöffnet. Sie dienen als Ort, in denen man die Zeit herumkriegen kann, während man nachts auf den ersten Zug des Tages wartet. Viele lernen hier auch in Ruhe für die Schule oder die Uni. Ein schneller Internetzugang und ständige Verfügbarkeit von Verpflegung machen sie attraktiver als Bibliotheken. Auch als jederzeit geöffneter Treffpunkt sind sie sehr beliebt. Ein dringendes Gespräch um drei Uhr nachts? Ab zu Wendy's oder McDonald's.

Der zweite Unterschied zu den Fast-Food-Restaurants in anderen Ländern ist aber viel entscheidender: Sie bieten besseres Essen. Auch wenn die Ketten in jeder Filiale weltweit die gleichen Produkte anbieten, in Japan werden sie besser hergestellt und verarbeitet. Sie sind dadurch auch etwas teurer. Doch die Qualität des Essens ist Japanern sehr wichtig – wer billiges, aber dafür schlechtes Essen anbietet, der gewinnt keine Kunden. Da stellt sich mir nur die Frage, warum anderswo öfter der Geldbeutel als der Magen über die Qualität des Essens entscheidet.

Um dem Ruf als Familienrestaurant gerecht zu werden, hat McDonald's in Japan auch Bildungsangebote. So werden Englischkurse für Kinder veranstaltet, bei denen man mit Hamburgern fleissig Amerikanisch lernen kann. Angefangen bei der amerikanischen Nahrungsaufnahme.

Mehr als nur Essen im Angebot

34 Brot

Warum Brot französisch ist

パン pan

Melonpan – das »Melonenbrot«, das nur aufgrund seiner Form so heißt und aus Kuchen- und Brotteig besteht.

Jedes Mal, wenn ich einen Deutschen in Tokyo traf, lautete spätestens die dritte Frage: »He, kennst du 'ne gute Bäckerei?«

Für unsere Zungen gutes Brot zu bekommen, ist in Japan nicht einfach. Der Name für Brot, *pan*, wurde vom portugiesischen Wort *pão* übernommen. Es bezeichnet sowohl Grau- oder Schwarzbrot (sofern es das mal gibt), als auch Toastbrot und Brötchen. Brot hat keine eigene Geschichte in Japan. Die einzigen bekannten Teigwaren wurden aus China übernommen. Sie werden mit heißem Dampf zubereitet.

Die portugiesische Bezeichnung klingt in Japan wie das französische Wort für Brot, *pain*. So muss sich auch irgendwie die Meinung eingebürgert haben, dass das Brot in Frankreich erfunden wurde. Jede zweite Bäckerei auf den japanischen Inseln hat einen französischen Namen. Das verkaufte Brot ist ebenfalls französisch. Allerdings nur vom Namen her. Denn was es in Bäckereien zu kaufen gibt, sind japanische Interpretationen von Brotsorten und Gerichten. Die Konsistenz ist dabei weicher als in Europa, da auch die meisten Gerichte in Japan sehr weich sind. Man ist es nicht gewohnt, harte Sachen wie Schwarzbrot zu kauen, daher verkauft es sich nicht. Zu den beliebtesten Brotsorten in Japan gehört *melonpan*, das »Melonenbrot«. Es heißt aber nur aufgrund seiner Form und nicht wegen seines Geschmacks so und besteht zu 60 % aus Kuchenteig.

Wer europäisches Brot sucht, der geht in eine deutsche Bäckerei. Sie genießen den Ruf, Luxusbrot zu verkaufen. Das Brot, das man dort findet, kommt dem, was wir kennen, schon sehr nahe. Nur die Preise kommen einem nicht bekannt vor. Ähnlich wie Sushi (siehe Seite 60), das in Japan billig sein kann und in Europa teuer ist, hat auch das gute Brot in Japan seinen Preis.

Als Gastgeschenk kann man durchaus Brot mitbringen. Es sollte nur nicht zu hart sein.

35 Samurai

Ein Land regiert von Kriegern

侍 samurai

Es war Frühling und ich hatte einen Nebenjob in einem Restaurant angenommen. In der Pause stand ich draußen und lud Passanten in das Restaurant ein. Höflich winkten die meisten Leute ab und gingen weiter.

Mein Chef nahm mich beiseite und guckte ernst. »Wir sind Japaner«, sagte er, »wir sind alle kleine Samurai. Nix mit Anquatschen auf der Straße!«

Samurai sind Krieger. Sie waren allerdings keine gedankenlosen Kampfmaschinen, sondern galten als gebildet und kultiviert. Das Bild vom Samurai, der in der einen Hand das Schwert, in der anderen die Feder hält, galt als Ideal. Samurai wurden ursprünglich vom Kaiser als eine Art persönliche Garde oder Polizei rekrutiert, um Aufstände gegen ihn zu ersticken. Die Krieger formten aber auch eine eigene Armee zur Verteidigung und Eroberung. Was sie einte, war der ungeschriebene Ehrenkodex namens *bushido* (siehe Seite 66), der die Treue zum Meister bis in den Tod definierte.

Nur wer mit einem Samurai verwandt war, hatte das Recht selbst einer zu werden. Die Kriegerkaste war dadurch dominiert von Familienclans. Im 12. Jahrhundert wurden die Samurai von einer rein militärischen Macht zu Beamten und Beratern. Diese Position nutzten sie so geschickt aus, dass sie de facto die politische Kontrolle über das Land vom Kaiser übernahmen – und sie 700 Jahre lang behielten. Bis zur Industrialisierung war Japan ein Land regiert von Kriegern. Im 15. Jahrhundert brach das System erstmals auf. Die einzelnen Familien waren zu mächtig geworden. Jeder kämpfte gegen jeden.

Anfang des 17. Jahrhunderts leitete das Ende der Kleinkriege die längste Periode des Friedens in Japan ein. Die Samurai übten sich zwar noch im Kampf, jedoch nur als Kunst und Sport. Die Industrialisierung bedeutete das Ende der Samurai. Sie tauschten ihre Schwerter gegen Gewehre, gingen in der neuen Armee auf, wurden zu Generälen oder übernahmen andere Jobs.

Heute basiert vieles in der japanischen Kultur und Gesellschaft auf den Riten der Samurai. Sie waren gebildete Bürger der Mittel- und Oberschicht. Als die Industrialisierung Wohlstand für viele möglich machte, orientierten sich die neuen Bürger am Ideal der gebildeten Elite und übernahm deren Regeln und Umgangsformen.

In Japan existiert bis heute ein Ideal des Samurai, das auch mein Chef im Restaurant übernahm. Er dreht sich um und marschierte betont breitbeinig zur Küche. Jeder Schritt wog schwer, als würde er eine Rüstung tragen. Das Samurai-Schwert ließ er wohl in der Küche.

Zwei Schauspieler in Nagasaki verkörpern Samurai, die früher unter anderem für Ordnung in den Straßen sorgten.

36

Bushido

Eine Anleitung für Krieger

武士道 bushidō

»Der Weg des Kriegers« ist der ungeschriebene Leitfaden für Samurai (siehe Seite 64). Er fasst die Regeln, Werte und Tugenden zusammen, die ein Samurai praktizieren sollte, und hielt die mächtigen Krieger unter Kontrolle.

Der Ehrenkodex hat seine Wurzeln in den Lehren Konfuzius und Buddhas. Der Glaube an das Leben nach dem Tod ließ die Samurai jede Furcht überwinden. Lieder, Märchen und Legenden schufen ein verklärtes Ideal, wie ein Samurai sein sollte: gebildet, kultiviert und ohne Tadel. Die Anzahl derer, die dieses Ideal tatsächlich erreichten, war sehr hoch.

Ziel eines jeden Samurai war es, seinen Meister zu beschützen. Sollte er dabei selbst umkommen, war das Teil des Wegs des Kriegers. Starb der Meister, war der Samurai dazu verdammt, als herrenloser Krieger umherzuirren. Er hatte versagt. Um dieser Schande oder anderen Entehrungen zu entgehen, gab es den rituellen Selbstmord *seppuku* – das Aufschlitzen des eigenen Bauchs. Ursprünglich war dies der letzte Ausweg, wenn der Samurai vom Feind in Gefangenschaft genommen worden war. Häufiger wurde *seppuku* allerdings als Bestrafung praktiziert. In einer rituellen Zeremonie vor Zeugen wurde ein kurzes Schwert in den Bauch gerammt und in einer Zickzackbewegung den Körper hoch gezogen – je höher, desto ehrenvoller. Es galt als Lösung, um sich von Sünden und Verbrechen ehrenvoll zu reinigen.

Als Samurai Tokugawa im 17. Jahrhundert Japan einte, nahm er den Ehrenkodex *bushido* als Basis für die Gesetze in seinem neuen Reich. Die Bedeutung der Samurai erreichte damals ihren Höhepunkt. Wie viel Samurai noch im heutigen Japan steckt, darüber wird gestritten. Früher machten die Mitglieder der Samurai-Clans gerade einmal zehn Prozent der Gesamtbevölkerung aus, es gab ungefähr zwei Millionen Krieger.

Die Suche nach der japanischen Identität, vor allem nach der Niederlage im Zweiten Weltkrieg, löste eine Rückbesinnung auf den alten Ehrenkodex der Samurai aus. Tugenden wie Höflichkeit, Reinheit, Fleiß und Geduld sind heute noch spürbar in der japanischen Kultur. Vor allem die Kampfsportarten Judo und Karate basieren zu großen Teilen auf dem *bushido*. Japan ist stolz auf seine Samurai. Die Krieger formten das Land, vereinten das Ideal von Stärke und Kultiviertheit und galten als ehrenvoll.

Früher Krieger, heute Popkultur: Samurai dienen vor allem als Motive der Kunst und der Werbung.

37

Sake

Tradition im Glas

酒 osake

In Japan werden alle alkoholischen Getränke als Sake bezeichnet. Ist der japanische Reiswein gemeint, spricht man von *nihonshu*.

Seit es Reis in Japan gibt, wird Sake gebraut. Zunächst nur im Zusammenhang mit religiösen Zeremonien. Lange Zeit hatte nur das Kaiserhaus die Lizenz zur Weinherstellung. Nach und nach wurde Klöstern die Erlaubnis zum Brauen erteilt, bis schließlich auch private Brauereien die Erlaubnis erhielten. Darunter auch Gekkeikan, die seit Anfang des 17. Jahrhunderts kontinuierlich Sake brauen und als eines der ältesten Unternehmen der Welt gelten.

Die Sake-Landschaft Japan ist durchaus vielfältig. Fast in jeder Region gibt es lokale Brauereien, die Reiswein mit 15–20 % Alkohol brauen. In kalten Jahreszeiten trinkt man den Sake heiß, in warmen Jahreszeiten hingegen leicht erwärmt. Wobei hochpreisiger, exzellenter Reiswein in jeder Saison bei maximal 7 °C gereicht wird. Wird er im Restaurant bestellt, reicht man ihn in einer Keramik-Flasche und eckigen Bechern aus Holz oder runden Bechern aus Ton. Im Supermarkt findet man Sake aber fast ausschließlich in Flaschen – oder preiswert in Tetrapaks.

Sake hat eine lange Tradition als Opfergabe für die Götter oder als Grabbeigabe. Man gießt den Reiswein zum Beispiel über den Grabstein, um ihn so den Verstorbenen im Jenseits zukommen zu lassen.

Flaschen feinsten Sakes auf dem Tresen. Oft nur zur Deko, da der richtig gute Wein sehr teuer ist und kaum bestellt wird.

38 Sojasoße

Gehört zum Reis wie die Sonne zu Japan

醤油　Shōyu

Die Sojasoße ist das Ketchup Japans. Sie wird genutzt, um Speisen zu verfeinern oder aufzupeppen. Die Sojasoße begann ihren Siegeszug im 16. Jahrhundert, als man feststellte, dass der damals noch recht eintönig schmeckende Reis mit ihr prima gewürzt werden konnte.

Trotz des relativ einfachen Rezepts von Wasser, Sojabohnen, Getreide und Salz, gibt es in japanischen Supermärkten ganze Regale mit verschiedenen Soßen, die sich in Geschmack und Anwendung unterscheiden. Einige passen besser zu dunklen Reissorten, andere besser zu hellen. Manche sind besser für Fisch, andere nur im Verzehr mit Fleisch zu gebrauchen. Beliebt ist die Zweiliterflasche für die ganze Familie. Die Soßen sind sehr lange haltbar und werden schon seit Jahrhunderten als Konservierungsmittel benutzt.

Da auf die Qualität des Essens in Japan sehr geachtet wird, sind auch die Sojasoßen regelmäßigen Kontrollen unterworfen. Die Kriterien für eine gute Soße sind: Farbe, Geschmack, Geruch und Konsistenz. Handelsübliche Sojasoßen werden industriell hergestellt. Traditionell gefertigte Varianten entstehen in einem Reifeprozess, der sechs bis acht Monate dauern kann. Bei hochwertigen Soßen sogar mehrere Jahre.

Anders als im Westen üblich, mischt man Soße und Essen nicht auf einem Teller oder schüttet gar die Flasche über dem Reis aus. Der Reis bleibt unangetastet. Man nimmt sich lediglich mit den Essstäbchen eine bissfertige Portion und tunkt diese in die Soße, die in einem extra Schälchen gereicht wird.

39

Anko

Nur Süßigkeiten im Kopf

餡子 anko

Treffend übersetzt als »Brei aus roten Bohnen«, ist *anko* eine traditionelle Süßspeise aus *azuki*-Bohnen. Man findet sie in Kombination mit Reis, wie zum Beispiel als *daifuku*-Reiskuchen. Oder im Teig als *taiyaki*, einem Kuchen, geformt wie ein Fisch, dem die rote Paste beim Reinbeißen dann appetitlich aus dem Bauch tropft.

»Himbeeren mit Bohnen« beschreibt das Kauvergnügen am besten. Ursprünglich stammt das Gericht aus China, wo es damals, wie heute in Japan, zerstampft, gekocht und mit Zucker oder Honig gesüßt wurde. Bei Kindern ist es sehr beliebt. Das zeigt sich deutlich an der anhaltenden Beliebtheit der Zeichentrickfigur Anpanman.

Anpanman ist, laut eigener Beschreibung, ein Mann mit einem Kopf aus Teig, in den rote Bohnenpaste gefüllt ist. Daher auch sein Name: *an* (rote Bohnen) *pan* (Brot) *man* (Mann). Die Zeichentrickserie läuft wöchentlich seit den 1980er-Jahren und zeigt nun schon seit mehr als 1.000 Folgen, wie Anpanman durch seine Welt fliegt und Bösewichte bekämpft. Sein Gesicht ziert auch diverse Süßigkeiten in Supermärkten der realen Welt.

Die Geschichte von Anpanman ist eine zutiefst japanische. Das namensgebende Brot, *anpan*, entstand Ende des 19. Jahrhunderts, als der westliche Einfluss über Japan fegte. Samurais (siehe Seite 64) waren out, Brot war in. Viele Krieger mussten sich umorientieren, und einer von ihnen, Kimura Yasubei, wurde Bäcker. Der Wechsel vom Schwert zur Teigrolle gelang ihm aber nur schwer, sein Brot war oft zu salzig und bitter. Bis er sich auf die Süßspeise seiner Kindheit besann und die rote Bohnenpaste in sein Brot steckte. Der Erfolg war nun kaum mehr zu bremsen. Andere Bäckereien kopierten sein Rezept, und heute findet man *anpan* in jedem Supermarkt in Japan.

Anpanman selbst basiert auf den Erinnerungen des Zeichners Takashi Yanase, der als Kind im Zweiten Weltkrieg oft hungern musste und sich nach roter Bohnenpaste sehnte. In seiner Serie haben nun alle Charaktere irgendwie mit Essen zu tun.

Anko trifft nicht jeden Geschmack, ist aber echt japanisch. Und Anpanman ist der Held aller Kinder.

Anpanman schaut hungrig auf Spezialitäten aus roter Bohnenpaste.

40

Essstäbchen

»Solange du deine Stäbchen in meinen Reis steckst …«

お箸 ohashi

Meine Japanischlehrerin hatte eine gute Methode, den Schülern das Essen mit Stäbchen beizubringen: Wir sollten mithilfe der Essstäbchen einzelne Bohnen aus einer Flasche herausnehmen. Erst wenn jeder mindestens drei Bohnen nehmen konnte, sollte die Stunde vorbei sein.

Wir nahmen die Stäbchen in die rechte Hand und los ging's. Mittig gegriffen bleibt ein Stäbchen starr, während das andere sich bewegt und so die Öffnung für eine Greifbewegung schließt. Nach der Stunde hatten wir alle verkrampfte Hände – aber wir konnten mit Stäbchen essen. Meine Lehrerin versicherte uns, dass sie es als Kind auch nicht anders gelernt hatte – mit einer roten Bohne in der Reisschale.

Die Essstäbchen kamen aus China nach Japan. Es gibt strenge Regeln, wie man sich bei Tisch mit den Stäbchen verhalten darf. Keinesfalls sollte man mit ihnen spielen oder sie zu lange in der Luft halten. Möchte man die Stäbchen ablegen, gibt es dafür einen extra »Ruheplatz« aus Porzellan. Niemals sollte man die Stäbchen vertikal in den Reis stecken. Die Form erinnert an Weihrauchkerzen und Opfergaben bei Beerdigungen und somit an den Tod. Nach dem letzten Korn die Reisschüssel mit den Stäbchen auszukratzen, ist ebenfalls untersagt, denn das ist gleichbedeutend mit »sein eigenes Grab schaufeln«.

Vor dem Essen schlägt man die Hände zusammen, verbeugt sich leicht und sagt »*Itadakimasu!*«, was so viel bedeutet wie »Danke für das Essen« oder »Ich lege dann mal los«. Die Essstäbchen hat man dabei meist schon in der Hand. Japanische Gerichte haben meist eine sehr weiche Konsistenz. Mit den Essstäbchen kann man daher große Portionen einfach zerteilen, indem man beide Stäbchen übereinander legt und auf das Essen drückt.

Pro Jahr werden in Japan mehr als 24 Milliarden Essstäbchen verbraucht, 90 % davon stammen aus China. Während man zu Hause in der Familie sein eigenes Paar Stäbchen besitzt, das lackiert und fein verziert sein kann, bekommt man im Restaurant nur solche zum Wegwerfen. Der hohe Verbrauch wird zu einem echten Umweltproblem. Daher gibt es Versuche, Essstäbchen aus Kunststoff oder Metall zu etablieren.

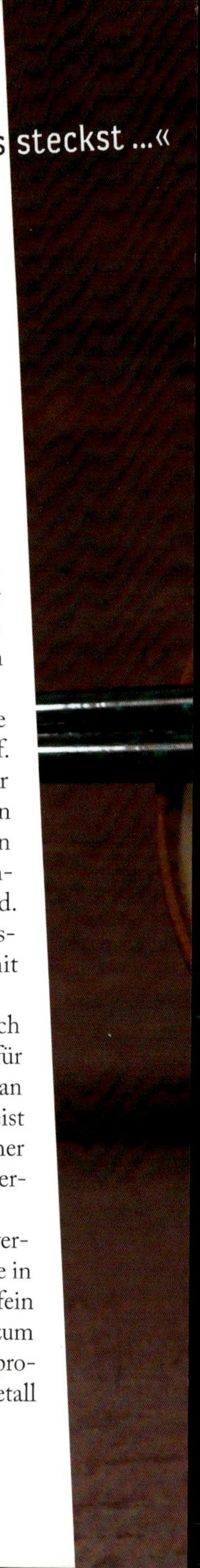

So ist es richtig: Wenn man fertig ist, die Stäbchen auf die Schale legen und niemals in den Reis stecken.

41 Bento
Meine Mahlzeit hat vier Ecken
弁当 bento

Zwei Uhr früh in der Nacht. Ich klickte auf »senden« und die E-Mail ging endlich nach Deutschland. Feierabend. Meinem Magen fiel nun auf, dass ich seit Stunden nichts gegessen hatte. Der Kühlschrank war leer, der Supermarkt zu. Meine letzte Hoffnung: *bento*.

Im weitesten Sinne ist das *bento* eine Lunchbox, eine abgepackte Mahlzeit. Traditionell wird sie in einer eckigen Holzbox gereicht. Ungefähr die Hälfte des Platzes nimmt der gekochte Reis ein. Die anderen Zutaten, wie Fleisch und Gemüse, sind streng voneinander getrennt in einer jeweils anderen Ecke der Box. *Bento* bezeichnet in Japan aber nicht nur die eckigen Boxen mit Reis, sondern auch handliche *onigiri* (Reissnacks) oder runde Schüsseln mit vorgefertigten Essen. Das Arrangement der Zutaten ist dabei eine Kunst. Wenn Mädchen einem Jungen imponieren möchten, machen sie *bento* in einer möglichst kunstfertig angerichteten Portion für ihn. Denn Liebe geht durch den Magen.

Als Verpflegung für Reisende und Wanderer fanden *bento* im 17. Jahrhundert weite Verbreitung. Im 19. Jahrhundert füllten Eltern jeden Tag für ihre Kinder eine Bambusbox mit Reis und Gemüse als Ersatz für die nicht vorhandene Schulspeisung. Nach dem Ersten Weltkrieg wurde dieser Brauch verdrängt, erlangte in den 1980er-Jahren jedoch erneute Popularität. Mit dem Aufkommen von Mikrowellen und chemischen Konservierungsstoffen war es nun leichter, *bento* zu packen und zu verkaufen. In jedem *conbini* (siehe Seite 130) findet sich ein *bento*-Regal und die zusätzliche Option, die Lunchbox kostenlos aufwärmen zu lassen.

Beliebt sind auch die *eki-ben*: abgepackte Mahlzeiten, die in einer Plastik-Box am *eki* (Bahnhof) verkauft werden. Viele Bahnhöfe haben ihr eigenes, individuelles *eki-ben* und nicht selten wird nur für das *bento* der Bahnhof gewechselt.

Spezielle *bento*-Geschäfte *(bento-ya)* verkaufen ein großes Angebot von verschiedenen, frischen Lunchboxen. Die größte Kette ist Orijin Bento, deren Filialen meistens 24 Stunden lang geöffnet sind. Ein Segen für alle, die Überstunden machen müssen. Mein *bento-ya* um die Ecke kannte schon meine nächtlichen Besuche. Ich zeigte nur auf die Plastikkopie meines Lieblings-*bentos* im Schaufenster und man verstand. Fünf Minuten später hielt ich das *norichikintatsuda-bento* in der Hand – und nach weiteren fünf Minuten war es bereits weg. Im Magen verschwunden. »Bis zur nächsten Nacht«, sagte ich dem müden Kassierer, und verabschiedete mich Richtung Bett.

Das Auge isst mit: Lunchboxen zu füllen, ist in Japan eine Kunst für sich.

42 Curry Rice
Passt zu allem
カレーライス kare raisu

Curry ist ein japanisches Nationalgericht. Eingeführt von den Briten um die vorletzte Jahrhundertwende, wurde Curry in Japan sehr schnell beliebt. Es gilt als westliches Essen –allerdings bezogen auf die westlichen Briten und nicht auf Indien, das ja auch westlich von Japan liegt.

Die Zubereitung erfolgt, im Gegensatz zum Rest der japanischen Küche, nicht mit frischen Zutaten, sondern mit einer vorgefertigten Gewürzmischung. Was dazu gereicht wird, ist komplett offen. Curry in Japan kann man vergleichen mit einem kräftigen Eintopf, da alle Fleisch- und Gemüsesorten darin verarbeitet werden können und man nur noch eine Sättigungsbeilage wie Reis oder Nudeln braucht. Es gibt drei Curry-Richtungen in Japan.

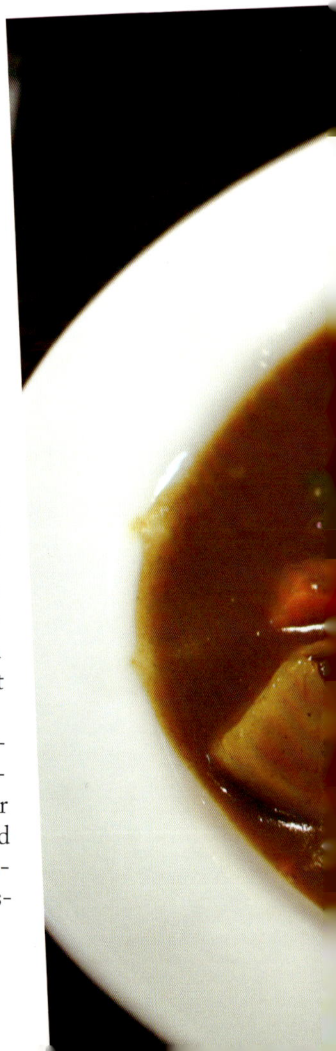

Curry mit Reis: Bei dieser Variante ist so gut wie alles erlaubt. Kartoffeln, Nüsse, Fleisch – ganz egal. Ab in einen Topf, Curry-Gewürzmischung dazu und fertig. Den ausländischen Einfluss erkennt man daran, wie das Gericht serviert wird. In der japanischen Küche werden alle Zutaten getrennt gereicht. Hier wird alles gemischt und über dem Reis verteilt.

Es gibt auch eine Reihe von Schnellrestaurants, deren Curry sich aber vom hausgemachten unterscheidet. Man bestellt die gewünschte Menge Reis, die bevorzugte Soße und die Sorte Fleisch. Beides wird dann säuberlich getrennt auf einem Teller gereicht und mit einem Löffel gegessen. Dazu kann man sich kostenfrei kleine Zwiebeln, saure Gurkenscheiben oder Ingwer nehmen, die auf jedem Tisch bereit stehen. Meine Empfehlung: *tonkatsu*-Curry mit Käse.

Curry mit *udon* (siehe Seite 52)**:** Diese Curry-Nudelsuppe ist eine Weiterentwicklung der japanischen Küche. Wie für Curry-Reis gibt es auch hier spezialisierte Restaurants, die Zutaten und Schärfegrad fein abstimmen. Oft wird die scharfe Suppe mit Früchten gereicht, die durch ihre Süße den Geschmack ausbalancieren sollen.

Curry im Brot: *kare-pan* (Curry-Brot) gibt es an jeder Ecke zu kaufen. Fleisch und Gemüse werden mit einer reichhaltigen Currysoße in eine Brottasche gefüllt. Das Brot wird von außen frittiert und knusprig gereicht. Die richtige Balance aus feuchter Soße und knusprigem Brot ist schwer zu erreichen.

Die Hälfte Curry, die Hälfte Reis – wie Yin und Yang in scharf

43 Calpis

Der beliebteste Softdrink

カルピス karupisu

»Möchten Sie Kuhpisse dazu?«, fragte mich der Kellner auf Englisch. »Bitte was …?!« – »Kuhpisse. Hier, sehen Sie.«

Der Kellner wedelte mit einer Plastikflasche vor meinem Gesicht. Unter dem Pünktchenmuster der Verpackung befand sich eine milchig-weiße Flüssigkeit: »Sehen Sie: Kuhpisse!« Erst als ich den Namen geschrieben sah, verstand ich die Verwirrung. Das Getränk Calpis wird im Japanischen nämlich »karupisu« ausgesprochen – was *»cow piss«* gefährlich ähnlich klingt. Das Molkereigetränk ist äußerst populär. Sein sehr süßer Geschmack ähnelt in Wasser aufgelöstem Joghurt. Die drei beliebtesten Varianten sind Calpis (das Original), Calpis Water (verdünnt mit Wasser, sehr beliebt im Sommer) und Calpis Soda (versetzt mit Kohlensäure).

Inspiration für das Getränk fand sein Erfinder Kaiun Mishima 1904 bei Pferdezüchtern in der inneren Mongolei. Diese nutzten fermentierte Pferdemilch, um einen einzigartigen Geschmack zu erzeugen. Zu Hause experimentierte Mishima dann fünfzehn Jahre lang mit Kuhmilch, bis er die Rezeptur hatte. 1919 erschien die erste Flasche Calpis auf dem Markt. Den Namen setzte der Erfinder aus den Bezeichnungen Calcium und Sarpis zusammen, einer der Geschmacksrichtungen für Molkereiprodukte im Buddhismus (siehe Seite 48).

Da dieser Name im englischsprachigen Ausland jedoch nicht funktioniert, wird er dort in Calpico geändert. Das Getränk ist aber nirgendwo so erfolgreich wie in Japan. Viele traditionelle Restaurants führen keine Coca-Cola, dafür aber oft Calpis als Softdrink.

44 Yen
Warum man Katzen kein Geld anvertrauen sollte

円 en

Sammlung aktueller Münzen

Ein Bekannter von mir machte ein Spiel daraus, beim Einkauf so wenig Rückgeld zu bekommen wie möglich. Je weniger Münzen, desto größer sein Siegesgefühl. Ich hätte mir ein Beispiel daran nehmen sollen.

Bei meinem ersten Umzug hatte sich eine Tüte voll mit Kleingeld angesammelt, darunter viele 1-Yen-Münzen. Ein einzelner Yen ist weniger Wert als ein Cent und fühlt sich durch das leichte Aluminium an wie Spielgeld. Ein Yen wiegt genau ein Gramm und kann sogar schwimmen.

In Zeiten, wo das Geld knapp war, rettete mir das Kleingeld allerdings manchmal das Abendbrot. Mit Bündeln aus 10-Yen-Stücken ging ich in den Laden und bezahlte – vorzugsweise nachts, da das lange Zählen der Münzen den Betrieb aufhielt.

Der Yen ist nach dem Dollar und dem Euro die wichtigste Währung der Welt. Es gibt ihn seit Ende des 19. Jahrhunderts, in der heutigen Form aber erst seit Ende des Zweiten Weltkriegs. Vor der ersten Währung wurde mit Reis gehandelt und bezahlt. Es folgten Jahrhunderte mit Münzen aus Gold, Silber oder Bronze aus China, die Reis als Zahlungsmittel aber nie wirklich ersetzten, sondern nur ergänzten. Im 17. Jahrhundert entwickelten sich eigenständige Münzformate, mit eckigen, runden und ovalen Münzen. Die größte von ihnen war eine ovale Goldmünze mit ungefähr 60 mm Länge namens *koban*. Sie ist noch heute ein beliebtes und traditionelles Symbol für Geld und wird in der japanischen Variante der Redewendung »Perlen vor die Säue werfen« verwendet: »Katzen *koban* geben« bedeutet einen verschwenderischen Umgang mit Geld.

Japan ist ein Bargeld-Land. In den wenigsten Geschäften kann man mit Karten zahlen. Auch das Gehalt wird nicht überwiesen, sondern in einem Umschlag bar ausgehändigt. Der größte Geldschein hat den Gegenwert von 10.000 Yen, das sind je nach Kurs zwischen 80 und 100 Euro. Angaben über Gehalt oder Preise gibt man mit einem Vielfachen von Zehntausend an.

Der Name *en* bedeutet einfach nur »rund« und spielt auf die Form der Münzen an, die oft Blumen und Pflanzen zieren. Auf den Scheinen sind meist Künstler abgebildet, darunter eine Dichterin, eine Autorin, ein Journalist, aber auch ein Arzt. Auf der Rückseite sind Tempelmotive oder der Berg Fuji zu sehen. Die 2.000-Yen-Note gilt als besonders selten, viele Automaten nehmen sie daher nicht an.

45 Fernsehen

Von merkwürdig bis seltsam

テレビ terebi

Für Außenstehende wirkt das japanische Fernsehen zunächst befremdlich. Selbst Japaner schütteln oft über das Programm den Kopf.

Ähnlich wie es im deutschen Fernsehen von Musikantenstadl bis Tagesschau eine weite Bandbreite gibt, existieren auch in Japan verschiedene Arten von Programm.

Es gibt sechs Sender, die im gesamten Land zu empfangen sind. Darunter ist der öffentlich-rechtliche Kanal NHK, der vergleichbar ist mit der deutschen ARD. Allerdings bringt NHK eher positive Meldungen über Japan, statt kritischer Berichterstattung. Jeden Tag um 19 Uhr gibt es eine halbstündige Nachrichtensendung, die simultan übersetzt auch auf Englisch ausgestrahlt wird. Außerdem sendet NHK Hollywood-Produktionen auf Japanisch und Englisch. Bei den meisten Fernsehern kann man die Tonspur während des Empfangs einfach wechseln.

Die Spanne von 19 bis 21 Uhr gilt als goldene Stunde, die Primetime für die quotenstärksten Programme. Zu dieser Zeit laufen Nachrichten und die beliebtesten Anime-Serien (siehe Seite 86). Auch *dorama*, ein Mittelding zwischen Soap und aufwendiger Serienproduktion, laufen dann. Die *dorama* behandeln Themen von Liebe, Schule, Krimi und historische Geschichten. Die Handlung bleibt seicht, das schauspielerische Talent überschaubar, und die Produktionsqualität wechselt mit dem Programm. In den letzten Jahren wird an den *dorama* stark gespart. Eine Serie handelt dann nur an drei verschiedenen Orten oder die »Schauspieler« sind nur hübsche Gesichter, die ihre Zeilen vorlesen. *Dorama* aus Korea, die nach japanischem Vorbild entstanden, werden mit größeren Budgets produziert und gewinnen so an Beliebtheit und wichtigen Sendeplätzen.

Der Grund für die sinkende Qualität bei NHK könnte auch an den Gebühren liegen. Wie in Deutschland muss jeder Haushalt mit einem Fernseher eine Abgabe zahlen, die pro Jahr zwischen 150 und 300 Euro liegen kann. Allerdings gibt es keine GEZ, welche die Eintreibung forciert. Die Aufforderung zur Zahlung kann daher ignoriert werden und wird es auch oft.

Übergroße Fernbedienung im NHK Studio Park, dem Vergnügungspark der öffentlich-rechtlichen Rundfunkgesellschaft

46 Idol

Ruhm und Ruhestand innerhalb kurzer Zeit

アイドル aidoru

Idols sind moderne Geishas. Zumindest nach der Theorie von Hiroshi Aoyagi, außerordentlicher Professor der Kokushikan-Universität in Tokyo.

Wie Geishas werden *Idols* – männlich wie weiblich – primär für ihre Schönheit geschätzt. Sie sind Models, Popsternchen, Synchronsprecher oder »Schauspieler«.

Wie wird man *Idol*? Die Kriterien haben sich mit den Jahren gewandelt. Bis heute sind die meisten *Idols* allerdings junge Frauen zwischen 16 und 24 Jahren, die als besonders *kawaii* (süß) gelten (siehe Seite 140). Früher war noch ein Talent wie Singen oder Schauspielen von Vorteil, heute reicht das Aussehen. Das Schönheitsideal wandelt sich dabei stetig und *Idols* werden gezielt gecastet, um den aktuellen Trends zu entsprechen. Nach dem Casting gibt es eine *Idol*-Ausbildung, in der die weiblichen Anwärterinnen lernen, sich wie süße Mädchen zu benehmen. Tanzen und singen wird ebenfalls gelehrt. Auch Männer können *Idol* werden. Junge Mädchen und Männer träumen davon, auf diese Art zum Star zu werden. Doch die Halbwertszeit der Trendmädchen ist erstaunlich kurz. Zu schnell drängen zu viele neue Sternchen auf den Markt.

Agenturen, wie etwa Hello Project, suchen, trainieren und profitieren von *Idols*. Ungekrönter König der *Idols* ist die Gruppe AKB48, die mehr als 48 singende, tanzende, blutjunge Mitglieder hat. Alle in Schulmädchenuniform und mit individuellen Vorgeschichten, die in der monatlichen Zeitschrift AKB48 erscheinen.

Idols, Pop, Fernsehen und Anime (siehe Seite 86) sind eng verbunden. Ein Anime wird erfolgreich weil ein populäres *Idol* den Eröffnungssong singt. Oder die Sängerin wird bekannt, weil der Anime gut läuft. Andere wiederum versuchen sich als Synchronsprecher und werden so zu *Idols* – oder *Idols* versuchen sich als quietschige Sprecher. Die Fans sind dann meist männlich, *otaku* (siehe Seite 134) und verfügen über genug Einkommen, das sie in die Alben und Arbeiten der hübschesten … ähm … talentiertesten Mädchen investieren.

Ein rückläufiger Trend sind Junior-*Idols*. Als *Idol* darf man nur arbeiten, wenn man über 16 Jahre alt ist. Mit der Bezeichnung Junior-*Idol* wird die Regel umgangen, und so posieren schon 13- und 14-jährige Mädchen in speziellen Magazinen in eindeutigen Posen.

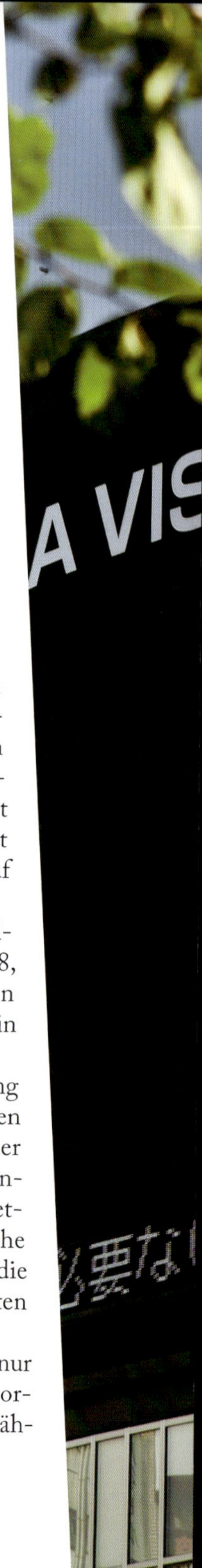

Irgendwann auf den riesigen Bildschirmen der Stadt landen – das ist der Traum vieler Mädchen und Jungs.

47 Manga

Die ganze Welt in kleinen Fenstern

漫画　manga

Übersetzt bedeutet Manga »freies, zwangloses Bild«. Alle Comics in Japan, selbst westliche, werden als Manga bezeichnet. Ihren Ursprung haben Manga in Holz- und Papierzeichnungen aus dem Mittelalter.

Der japanische Zeichenstil, den wir heute kennen, entstand erst nach dem Zweiten Weltkrieg. Erfinder des modernen Manga ist der Zeichner Osamu Tezuka, auch »Gott des Manga« genannt. In seinen Anfängen orientierte er sich stark an Walt Disney. Manga beschäftigen sich mit seichten, aber auch mit ernsten Inhalten. Es gibt Manga für Kinder, Jugendliche, junge Erwachsene, Hausfrauen, Geschäftsleute …

Geschichten für jede Zielgruppe.

Große Geschichten in Schwarz und Weiß

Klassiker der Manga-Welt in der Vitrine

Manga erscheinen in Japan wöchentlich in Sammelmagazinen. Jede Woche ein Kapitel. Das erfolgreichste Magazin, in dem Serien wie *Dragon Ball* oder *One Piece* erscheinen, ist *Shonen Jump*. Es veröffentlicht in einer Millionenauflage neue Kapitel aus 15 Serien. Die Leser stimmen jede Woche über die Popularität der Serien ab und nehmen so Einfluss auf die Entwicklung der Geschichte.

Der Comic in Japan ist weit verbreitet und überall akzeptiert. Auf Straßenschildern oder Warnhinweisen findet man oft eine Mangazeichnung. Es gibt auch eine Manga-Zeitung, in der aktuelle politische Probleme gezeichnet werden. Manga gelten als Wegwerfware und werden auf billigem Papier gedruckt. Einem alten Klischee zufolge, wird in Japan mehr Papier für Manga als für Klopapier verbraucht – was tatsächlich stimmt. Wobei das eher mit dem Rückgang von Klopapier zu erklären ist, das bei modernen japanischen Toiletten durch Wasserstrahler ersetzt wird.

Eine Theorie zur Manga-Begeisterung lautet, dass Japaner aufgrund ihres Schriftsystems, das auf Piktogramme setzt, geübter im Erkennen und Lesen von visuellen Sachverhalten sind. Andere erklären den Erfolg damit, dass Manga preiswerte Unterhaltung bieten und, verglichen mit Kino und Fernsehen, nicht westlich geprägt sind. Große Geschichten, erzählt in simplen Bildern und in zwei Farben. Nicht umsonst ist Manga international erfolgreich – die Sprache der Bilder ist universal.

48

Anime

Die hohe Kunst des Zeichentricks

アニメ anime

Große Augen. Mehr als das kennen die meisten nicht von Anime, den japanischen Zeichentrickfilmen.

Zwischen dem ersten Anime aus dem Jahr 1917, in dem ein Samurai (siehe Seite 64) in Schwarz und Weiß sein neues Schwert ausprobierte, und den oscarprämierten Arbeiten des Regisseurs Hayao Miyazaki *(Chihiro, Prinzessin Mononoke)* zu Beginn des 21. Jahrhunderts, lag eine lange Entwicklung.

Ähnlich wie Manga (siehe Seite 84), decken Anime jede Zielgruppe und Stilrichtung ab, wobei Filme für Kinder auch erwachsene Inhalte bieten können. Unabhängig von der Gattung, kann man drei Sorten von Anime unterscheiden, die sich vor allem in der Produktion unterscheiden: Anime basierend auf Manga, reine Anime-Serien im TV und Anime-Kinoproduktionen.

Anime, die auf populären Manga basieren, sind am weitesten verbreitet. Die originalen Schwarz-Weiß-Zeichnungen bekommen Farbe und beginnen, sich zu Musik und Ton zu bewegen. Die Zeichner sind dabei angehalten, möglichst originalgetreu zu arbeiten, was oft dazu führt, dass die Serien wie eine reine Abfolge von Standbildern wirken. Die Anime-Shows laufen im japanischen Fernsehen im Abendprogramm und gelangen so irgendwann auch ins Ausland. Diese Form der Anime ist den strengsten Grenzen unterworfen und kann sich am wenigstens kreativ entfalten. Daher ist es oft die seichteste Variante.

Die Königsklasse bildet hingegen der Anime im Kino: von preisgekrönten und zauberhaften Produktionen um Hayao Miyazaki aus dem Hause Ghibli, bis hin zu Genre definierenden Projekten wie *Akira* oder *Ghost in the Shell*. Für Kinoproduktionen steht das größte Budget zur Verfügung und es gibt kaum kreative Begrenzungen. Die talentiertesten Zeichner und Kreativen arbeiten auch nur für die Leinwand. Natürlich gibt es auch seichte Produktionen, die auf den schnellen Profit setzen. *Pokémon – Der Film* wird sicherlich keinen Oscar gewinnen, hat dafür aber 15 Fortsetzungen in fast so vielen Jahren erreicht.

Anime-Center in Akihabara, Tokyo

49

Neon Genesis Evangelion

In 26 Folgen die Welt retten

新世紀エヴァンゲリオン shin seiki evangerion

Der junge Shinji sitzt als Pilot im Kopf eines riesigen Roboters. Er kämpft zusammen mit anderen 14-jährigen Jugendlichen in anderen großen Kampfmaschinen gegen gigantische, groteske Monster, genannt Engel.

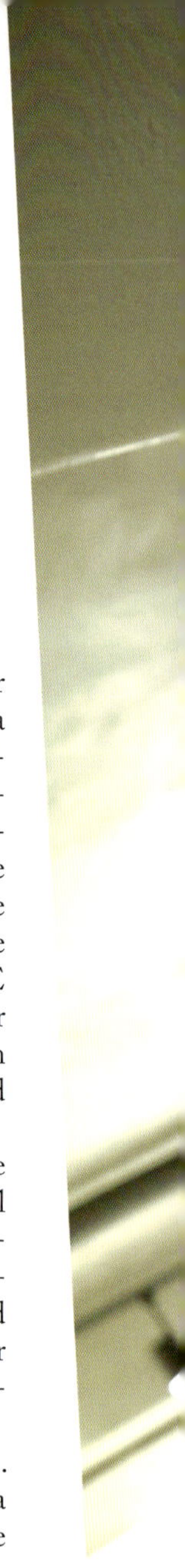

Im Laufe der Serie stellt sich allerdings heraus, dass die Roboter Klone der Monster sind, alle Kinder schwere psychische Probleme haben – und die gesamte Menschheit stirbt.

Die Anime-Serie *Neon Genesis Evangelion*, kurz NGE, lief im Jahr 1995 zum ersten Mal im japanischen Fernsehen. Es gab keinen Manga (siehe Seite 84) als Vorlage, sondern nur das Drehbuch des depressiven Regisseurs. NGE war revolutionär. Es vereinte alles, was in japanischen Anime (siehe Seite 86) als populär gilt: Schulmädchen, Kampfroboter, die Schlacht Gut gegen Böse und Action. Dabei gilt die Serie als tiefergehend, als es ihre Prämisse glauben lässt. Es ist schwer, die Serie heute zu bewerten. Ihren Erfinder, Hideaki Anno, nennen die einen ein Genie, andere einen verrückten Wirrkopf. Fakt ist, dass NGE bis heute beliebt ist. Die Geschichte wird heute in einer Serie von vier Kinofilmen nacherzählt und der Verkauf von Merchandising-Artikeln läuft: Figuren aus der Serie verkaufen Handys und Teeflaschen und bewerben das *pachinko*-Glücksspiel.

Anime-TV-Serien, wie NGE, sind enge Grenzen gesetzt. Eine Folge darf inklusive Werbepause nur eine halbe Stunde dauern. Die Anzahl der Episoden ist vorgegeben und muss stets ein Vielfaches von 13 betragen, da ein Fernsehquartal nur so viele Folgen erlaubt. Populäre Serien wie *Dragonball* bringen es auf 291 Folgen. Die meisten Serien sind 26 Episoden lang und dauern ein ganzes Jahr. Allerdings reicht der Stoff für die Handlung nicht immer für 26 Folgen. So gibt es Füllepisoden, in denen kaum etwas passiert.

Anime in Japan kriselt. Es fehlt, wie auch bei Manga, an Nachwuchs. In den letzten Jahrzehnten wurde die Produktion vermehrt nach Korea verlagert, wo die Arbeitskosten billiger sind. Der scheinbar unwichtige Beruf des *Inbetween*-Zeichners, der die Sekunden zwischen den Einzelbildern animiert, existiert heute fast nur noch in Korea. Früher galt er als Ausbildung zum Anime-Profi. Selbst Oscarpreisträger Hayao Miyazaki ging durch diese harte Schule. Die Koreaner haben inzwischen die japanische Anime-Kunst gelernt und produzieren eigene Filme, die stark auf den internationalen Markt drängen.

Der populäre Anime dient heute dazu, so gut wie alles zu verkaufen.

50

Videospiele

Fantasien in Pixeln

ビデオゲーム　Bideogēmu

Einst dominierte Japan den weltweiten Videospielmarkt. Die großen Hersteller von Heimkonsolen und mobilen Spielgeräten, Nintendo, Sony und Sega, teilten den Markt unter sich auf und japanische Softwarehersteller lieferten die Spiele.

Der internationale Erfolg japanischer Videospiele lässt sich nicht allein durch die Chips der Hardware erklären. Japanische Spieleentwickler trauten sich mehr, und die Anime-Ästhetik (siehe Seite 86) machte sich bei jungen wie erwachsenen Inhalten gleichermaßen gut. Ihr Geheimnis lag in der Welt, die diese Spiele kreierten. Sie basierte zu großen Teilen auf dem japanischen Alltag. Shigeru Miyamoto, der Erfinder von Super Mario, ließ in seine Spiele einfließen, was er in seiner Kindheit rund um Kyoto sah: Schreine, Baustellen, Gärten. Die erfolgreiche Reihe *Final Fantasy*, die mehr als 20 Ableger und Spinoffs zählt, basiert auf den Vorstellungen eines Japaners von Europa. Dadurch wirken japanische Spiele anders, exotischer und interessanter für uns.

Zwischen japanischen Spielen, die im Ausland und denen, die im Inland erfolgreich sind, besteht ein großer Unterschied. Spiele, die Fabelwesen aus dem Shinto (siehe Seite 44), Elemente aus japanischen Sagen oder aus der Geschichte aufgreifen oder die sich zu sehr am japanischen Alltag orientieren, verkaufen sich in Japan niemals so gut, wie im Westen. In Japan erfolgreiche Spiele sind entweder so universal simpel wie Super Mario oder sie sind durch ein hohes Maß an Absurdität und Fantasie losgelöst von jeder Realität.

Generell sind Videospiele sehr beliebt im Land ihrer Entstehung. Spielhallen, in denen man miteinander auf virtuellen Trommeln spielen, große Roboter steuern oder mit dem Computer um die Wette tanzen kann, finden sich in jeder Stadt und gelten als beliebter Ausflugsort für junge Leute und Pärchen.

Heute gelten japanische Spiele in der Spielelandschaft als altbacken und überholt, ihr *Storytelling* ist oft unreif. Der Qualitätsanspruch der Entwickler sorgt für lange und teure Entwicklungszeiten, die mit denen im dem Westen nicht mehr konkurrieren können.

Gespielt wird in Japan gern und viel. Doch die Welt spielt nicht mehr mit Japan.

Spielhallen sind beliebt bei Jung und Alt: Zwei Konsolen mit Bildschirm stehen sich gegenüber, möchte man gegeneinander spielen, wechselt man die Seite.

Nintendo

Wie drei Spieler den Highscore knackten

任天堂 nintendō

Als Familienunternehmen 1889 in Kyoto gegründet, begann schon im 19. Jahrhundert die Geschichte des erfolgreichsten Videospieleunternehmens der Welt.

Bevor die Firma allerdings Super Mario, Donkey Kong und den Gameboy entwickelte, produzierte sie Reiskocher und investierte in *Love Hotels* (siehe Seite 242).

Nintendos Ruhm basiert auf drei Männern, die in unterschiedlichen Jahrzehnten agierten. Alles begann in den 1980er-Jahren:

Gunpei Yoko fährt mit der Bahn. Er beobachtet Geschäftsleute, die aus Langeweile mit einem Taschenrechner spielen. Kurze Zeit später entwickelte er aus dieser Beobachtung den ersten »Game & Watch«. Es war eine simple, mobile Spieleplattform, die über eine eingebaute Uhr verfügte und pro Ausführung ein Spiel fest installierte hatte. Durch den Erfolg der kleinen Apparate beflügelt, beauftragte Nintendo Gunpei Yoko 1989 den Gameboy zu entwickeln. Der graue Klotz konnte zwar nur vier Grautöne darstellen, doch die Spiele konnte man austauschen. Mit mehr als 152 Millionen Exemplaren ist er bis heute das meistverkaufte mobile Spielgerät. Yokoi starb acht Jahre nach Erscheinen des Gameboys in einem Autounfall.

Nintendos erfolgreiche Hardware war nichts ohne Super Mario. Sein Erfinder, Shigeru Miyamoto, gilt als einflussreichster Videospielregisseur der Welt. In den 1980er- und 1990er-Jahren entwickelte er Formate, die bis heute Videospiele definieren (siehe Seite 90). Seine Inspiration nimmt er dabei aus seiner Umwelt. Baustellen, die er als Kind auf dem Weg zur Schule in der Nähe von Kyoto sah und bekletterte, führten zu Super Mario. Der Schrein des Fuchsgottes hinter seinem Haus war die Quelle für das Weltraumabenteuer *Star Fox*. Und als Nintendo ihn bat, etwas kürzer zu treten und er zu Hause das Gärtnern begann, führte das zum Spiel *Pikmin*, bei dem kleine Knollenwesen gezüchtet werden. Dass Nintendo heute noch als Firma existiert,

Nintendos großer Erfolg: der Gameboy, hier in der Variante »Gameboy Color« (1998)

ist zu großen Teil Miyamoto zu verdanken. Nintendo weiß das auch und bot ihm an, Partner der Firma zu werden. Doch Miyamoto lehnte ab. Er will nur Spiele machen, sagt er, notfalls sogar ohne Bezahlung.

Über Gunpei Yoko und Shigeru Miyamoto wachte Hiroshi Yamauchi. Er übernahm die Firma 1949 von seinem Vater, der diese von seinem Großvater bekam. Als in den 1980er-Jahren die Videospielsparte so erfolgreich wurde, überraschte das den alten Mann. Diverse Fehlentscheidungen von ihm in den 1990er-Jahren ließen das erfolgreiche Unternehmen erstmals rote Zahlen schreiben. Bis zur Zwangspensionierung im Jahre 2002 behauptete er stolz, in seinem Leben kein einziges Videospiel gespielt zu haben. Seit mehr als zehn Jahren leitet nun Satoru Iwata, Spieleentwickler und Programmierer, die Firma. Er konnte den Verlust ausgleichen und Nintendo neu platzieren. Heute setzt die Firma rund eine Billion Euro jährlich um, auch wenn sie an den Erfolg in den 1980er-Jahren nicht mehr anknüpfen kann.

52 Playstation

Warum runde Scheiben für eckige Bildschirme besser sind

プレイステーション　Pureisutēshon

In den 1990er-Jahren ging ich noch zur Grundschule. Während der Gameboy bei mir und in meiner Klasse nach wie vor das Beste auf der Welt nach Schnitzel mit Pommes war, spielten die höheren Klassen schon mit der Playstation.

Ebenso grau wie der Gameboy, konnte das klobige Gerät an den Fernseher angeschlossen werden und spielte sogar Musik-CDs ab. Mit über 100 Millionen verkauften Konsolen schaffte der japanische Konzern Sony etwas, was sein Konkurrent Nintendo bis heute versucht: Videospiele für Erwachsene interessant zu machen.

Der Controller der Playstation wurde seit seiner Einführung mit jeder Generation stets nur gering verändert.

Dabei fing alles simpel an. Nintendo brachte 1983 in Japan das Famicom heraus, kurz für *family computer*. In Europa und den USA ist es besser bekannt als NES. Das Alibi, eine Spielekonsole als Computer für die ganze Familie zu haben, funktionierte erstaunlich gut und kreierte die Infrastruktur für spätere Konsolen. Ende der 1980er-Jahre hatte Nintendo 90 % Marktanteil an allen Heimkonsolen. Das sollte sich jedoch schnell ändern.

Als die Firma Sega eine leistungsfähigere Konsole ins Rennen schickte, zog Nintendo mit dem Super Famicom, hier bekannt als SNES, nach. Das Wettrüsten von Sega und Nintendo ging danach weiter, als Sega eine CD-Erweiterung Anfang der 1990er-Jahre ankündigte. Nintendo, unerfahren mit den runden Scheiben, wandte sich an Sony. Dort sollte man im Auftrag von Nintendo eine CD-Erweiterung für das Super Famicom entwickeln. Nintendo, in der Position als unangefochtener Marktführer, überschätzte seine Bedeutung dabei aber sehr und wandte sich hinter Sonys Rücken an Panasonic, mit der gleichen Anfrage. Sony kochte vor Wut. Der Konzern verzichtete aber auf eine Klage, die aufgrund der Größe der beiden Unternehmen die japanische Wirtschaft gefährdet hätte. Sony nahm hingegen den Entwicklungsprozess und machte seine eigene Spielekonsole. Sie wurde erfolgreicher als alles, was Nintendo bis dahin auf den Markt geworfen hatte. Heute ist diese Entwicklung bekannt als Playstation. Ihr Erfolg wurde nur noch von dem Nachfolger Playstation 2 übertroffen.

Sega machte das Wettrüsten noch eine Weile mit, musste um die Jahrtausendwende aber kapitulieren und entwickelte von nun an nur noch Software. Als dritte Supermacht ist heute Microsoft mit der Xbox dabei und kämpft mit den beiden Japanern um die Herrschaft im Wohnzimmer.

In Japan selbst herrscht ein gewisser Patriotismus beim Kauf von Konsolen. Die Amerikaner haben kaum eine Chance, während manche Familien sich sogar mehr als eine Playstation zulegen. Videospiele (siehe Seite 90) sind allgemein bei den Generationen akzeptiert, die mit ihr seit den 1980er-Jahren aufwuchsen. Ältere Semester zocken in Japan, um sich geistig fit zu halten.

53 Hentai

Erotik mit Zeichenstift und Joystick

変態 hentai

Jetzt wird's pervers – zumindest dem Wort nach. Denn *hentai* heißt im weitesten Sinne »pervers« oder »andersartig« und beschreibt gezeichnete Pornografie.

Mit dem Sex in Japan ist das so eine Sache. Viele Japaner sind alles andere als verklemmt. Gespräche über Sex sind in einer gut gelaunten Runde an der Tagesordnung.

Pornografie in gezeichneter Form hat ihren Ursprung in Malereien des 19. Jahrhunderts. Heute wird sie überall konsumiert und kann in jedem Supermarkt erworben werden. Es gilt zwar als peinlich, wenn man damit erwischt wird, aber vielen macht es auch nichts aus. Jede Form von Pornografie ist zensiert, allerdings gibt es keine Behörde, welche die Zensur übernimmt. Jeder Zeichner schwärzt höflich selbst die anzüglichen Stellen. *Hentai*-Manga erscheinen als Sammelband monatlich im Kiosk. Über erfolgreiche Serien kann abgestimmt werden und die populärste Reihe erscheint als Buch.

Einen weitaus größeren erotischen Markt bilden aber die *doujinshi*, die selbstgezeichneten Manga (siehe Seite 84). Sie werden von Amateuren oder Hobbyzeichnern geschrieben. *Doujinshi* basieren oft auf urheberrechtlich geschützten Werken. Sie sind Manga, in denen man bekannte Anime- (siehe Seite 86) und Manga-Charaktere in eindeutigen Posen und den verschiedensten Paarungen sehen kann. *Doujinshi* sind von Fans, für Fans. Legal sind sie offiziell nicht, aber die Verlage klagen ihre Rechte nicht ein. Denn *doujinshi*-Zeichner sind gleichzeitig die treuesten Kunden und halten durch ihre Comics Charaktere und Marken populär.

Auch pornografische Videospiele (siehe Seite 90) erfreuen sich großer Beliebtheit. In sogenannten *eroge (erotic games)* kann man selbst den Protagonisten eines durchschnittlichen *hentai*-Plots steuern. Der Übergang zu romantischen Simulationsspielen, in denen man eine virtuelle Freundin finden und halten muss, ist dabei fließend. Durch Gespräche, Geschenke und die richtige Entscheidung in bestimmten Spielsequenzen, kann man die Dame mit dem gezeichneten Herz gewinnen. Doch auch hier lebt die Zensur.

Größter Umschlagplatz für gezeichnete Pornografie ist das Viertel Akihabara in Tokyo. Dort sind sogar einige Ecken für Leute unter 18 Jahren gesperrt.

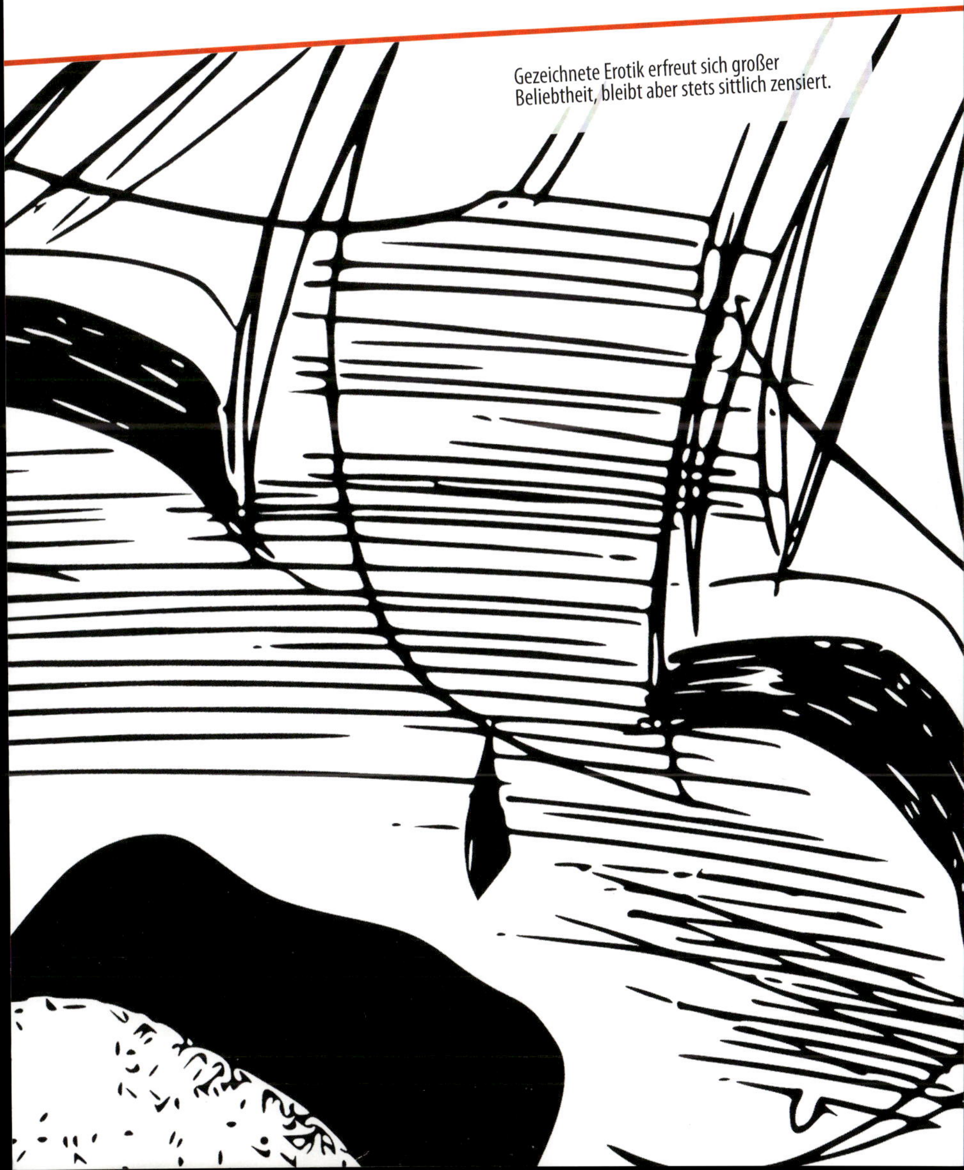

Gezeichnete Erotik erfreut sich großer Beliebtheit, bleibt aber stets sittlich zensiert.

54

Pornografie

Let's talk about sex!

ポルノ poruno

Drei Japaner kommen in die Bar, in der ich arbeite. Sagt der eine: »Oh, du bist aus Deutschland? Du hast bestimmt ein Riesending in der Hose.«

Die direkte Feststellung überrascht mich und ich versuche, das Thema zu wechseln. Ich nehme ihre Bestellung auf und bringe ihnen drei Biere. Einer aus der Gruppe fragt nach: »Na komm, sag schon, sag! So groß wie das Glas hier oder mehr?«

Penisgrößen sind ein beliebtes Gesprächsthema. Über Sex sprechen die Geschlechter untereinander sehr offen (aber selten miteinander). In Japan wurden Sexualität und Nacktheit nie mit Sünde oder Scham gleichgesetzt, da sich die Shinto-Religion (siehe Seite 44) nicht wirklich dazu äußerte. Mehrere Jahrhunderte lang galt es als normal, dass Frauen und Männer zusammen nackt badeten. Und Sex galt als sinnlicher Akt der Glückseligkeit. Die Wende kam erst mit der Öffnung zum Westen. Es heißt, der Kaiser befürchtete, dass ein sexuell so offenes Land wie Japan, verglichen mit dem christlichen Europa und Amerika, »rückständig« wirkt. Pornografische Kunst, die über Jahrhunderte hinweg frei zu erhalten war, wurde verboten, die grafische Darstellung von Geschlechtsteilen untersagt. Erst nach dem Krieg änderte sich die Akzeptanz in der Gesellschaft.

Bis heute gelten zwar die Gesetze zur Pornografie aus dem Kaiserreich des 19. Jahrhunderts, aber trotzdem sind gezeichnete wie auch reale erotische Medien weiterhin beliebt. Die Werke unterliegen einer strengen Zensur der Macher. Verkauft werden darf nur, was geschwärzt oder verpixelt ist. So auch *hentai*-Anime (siehe Seite 96). Rund 10–15 % aller gezeichneten Videoproduktionen sind pornografisch. Sie laufen nicht im Fernsehen und können nur als Video gekauft werden. Das Besondere an diesen Filmen ist, dass es nie nur um die reine Darstellung sexueller Akte geht, sondern auch um die Handlungen. Sie haben sehr häufig mit Science-Fiction- oder Fantasy-Elementen zu tun und erlauben sexuelle Handlungen, die im echten Leben nicht möglich sind. Allgegenwärtig waren früher Tentakel, die Frauen an diversen Stellen stimulierten. Dies hatte den simplen Grund, dass Tentakel nicht der Zensur unterlagen. Das Motiv erscheint schon

Pornografische Medien sind in jedem Supermarkt erhältlich, aber komplett zensiert.

auf dem erotischen Holzschnitt »Der Traum der Fischersfrau« aus dem 19. Jahrhundert. Heute sind vor allem Vergewaltigungen beliebte Inhalte von pornografischen Medien. Dies steht im Kontrast zu einer der geringsten Anzahl von Vergewaltigungsdelikten weltweit.

Da die Definition von erotischen Inhalten und die Grenzwerte der Zensur äußerst schwammig sind, finden sich leicht erotische Inhalte auch in Anime (siehe Seite 86) und Manga-Produktionen (siehe Seite 84). Oft richten sich diese an junge Männer und dienen dazu, die Verkaufszahlen zu erhöhen. Allerdings gelten selbst nackte Brüste oder unbekleidete Jungs in Kinderserien nicht als erotisch, sondern eher als natürlich und schamfrei.

Auch wenn Japaner, vor allem Männer, sich selten davor scheuen, Sex in vertrauten Gesprächen zu thematisieren, selbst ansprechen sollte man das Thema nicht unbedingt, wenn man sich nicht sicher sein kann, wie der andere reagiert. Trotzdem gilt: Über Politik und Religion wird am Tisch nicht gesprochen. Über Sex schon.

55 Sprache

So schwer ist es gar nicht

日本語 nihongo

Das gesprochene Japanisch ist erstaunlich simpel. Silben werden nicht speziell betont, Wörter klingen bis auf den Schluss meist monoton.

Man konjugiert nicht nach Geschlecht, Fall oder Numerus. Auch gibt es nur wenige Zeitformen. Man konjugiert Verben aber nach Höflichkeit. Je nachdem mit wem man spricht und wie man ihm gegenüber gestellt ist, gibt es verschiedene Konjugationen. Über die Hierarchie in der Konversation muss man sich also stets bewusst sein und die Sprache dementsprechend anpassen.

Japanisch ist kontextabhängig. Das heißt, das gleiche Wort kann je nach Zusammenhang eine Tätigkeit beschreiben oder den, der sie ausübt, oder das Produkt, das dabei entsteht. Beispiel: das Wort für Fotografie, *shashin* (写真).

Hanko sind Namensstempel, welche die Gültigkeit einer Unterschrift besitzen und daher angemeldet werden müssen.

Heilige Worte: Gebete und Sprüche, auf Papier gebannt, segnen jede Wand

Es ist ein gutes Beispiel für japanische Lautmalerei, bei der etwas nach dem Geräusch benannt wird, das es ausmacht. »*Sha-shin*« ist der Klang eines Kameraauslösers. Das Öffnen »*sha*« und das Schließen »*shin*«. Es beschreibt sowohl die Fotografie, als auch das Fotografieren. Ein Fotograf ist der *shashin-ka*, der Manga-Zeichner ist der *manga-ka*. Durch Ergänzung einer Silbe, wie zum Beispiel »*ya*«, kann man ein Wort zum Geschäft machen, in dem man es bekommen kann. *Bento* erhält man am besten im *bento-ya* und Schuhe im *kutsu-ya* (*kutsu* = Schuh/e).

Die grammatikalische Funktion eines Worts im Satz wird durch Partikel bestimmt, die man dazwischen sagt: »*Watashi wa shashin-ka desu*« – »Ich Fotograf bin«. Die Struktur ist dabei immer Subjekt – Objekt – Prädikat, wobei »*wa*« das Subjekt definiert.

Wie im Deutschen gibt es verschiedene Dialekte und auch ein Hoch-Japanisch, das unter anderem in Tokyo gesprochen wird. Verfällt man beim Sprechen in seinen Dialekt, kann man je nach Heimat schnell als Landei gelten.

Kanji

So einfach ist es gar nicht

漢字　kanji

Das Japanische kennt drei verschiedene Alphabete. Es sind sogar vier, wenn man das lateinische hinzuzählt. Japanische Schüler lernen alle vier. Dass sich innerhalb eines Satzes alle Alphabete mischen, ist keine Seltenheit.

Man unterscheidet die zwei *kana*, das sind die japanischen Alphabete, mit jeweils 46 Zeichen. Dazu gehören *hiragana*, die für grammatikalische Konstruktionen, simple Wörter oder schnelle Notizen gebraucht werden. Es ist das Silbenalphabet, bei dem jedes Zeichen einem Laut entspricht.

Katakana ist die etwas eckigere Variante. Dieses Alphabet wird dazu benutzt, ausländische Wörter zu schreiben. So wird gleich am Schriftbild erkennbar, dass es sich nicht um ein japanisches Wort handelt. Zusätzlich fungiert *katakana* als Lautschrift, die über ihren Klang hinaus keine Bedeutung hat. Soweit, so ungefährlich.

Schwierigkeiten machen nur *kanji*, die chinesischen Schriftzeichen. Man schätzt ihre gesamte Anzahl auf 5.000–80.000. Um eine Tageszeitung lesen zu können braucht es ungefähr 2.000 Zeichen. Von der ersten Klasse bis zum Abschluss lernen japanische Kinder täglich *kanji*. Jedes der Zeichen hat eine definierte Bedeutung, die sich oft an seiner grafischen Gestaltung ablesen lässt. Manchmal sind Bedeutung und Zeichnung aber zu abstrakt, um sich einfache Eselsbrücken bauen zu können. Zur klar definierten Bedeutung gibt es allerdings unterschiedliche Leseweisen, teilweise bis zu zehn verschiedene pro *kanji*. Im Laufe der Geschichte mischte sich nämlich die chinesische Aussprache mit der japanischen Leseweise. Regionale Unterschiede innerhalb Japans trugen zur heute existierenden unüberschaubaren Vielfalt bei.

Es gibt leider wenige bis keine Regeln, wie etwas gelesen wird. Ein Beispiel ist das Zeichen für Mensch: 人. Es ist die simple Zeichnung einer Person. Oben der Kopf, unten die Beine. Dieses Zeichen kann man auf folgende Arten lesen: *hito*, *nin*, *jin*. Man muss neben der Bedeutung also auch die verschiedenen Arten lernen, wie man sie laut lesen kann. Aber keine Sorge, selbst Japaner wissen nicht zu 100 %, wie jedes *kanji* exakt gelesen wird. Es gehört daher zum guten Ton, eine Visitenkarte nach der Überreichung laut vorzulesen, um sich über die genaue Aussprache zu informieren. Es bricht auch das Eis bei der Konversation.

Nach Überwindung der hohen Lernhürde haben *kanji* enorme Vorteile. Statt ein Wort mit vielen Zeichen zu schreiben, reicht ein einzelnes aus. Durch die verschiedenen Aussprachen einzelner Wörter, klingen viele gleich. In einem normalen Gespräch kann es schon mal zu Verständnisproblemen kommen, wenn der Kontext nicht klar wird. *Kanji* sind eindeutig. Jedes *kanji* hat eine definierte Bedeutung und erleichtert so das Verständnis im Schriftverkehr.

Die Schriftzeichen sind allgegenwärtig auf Werbeschildern und Neonleuchten.

57

2ch.net

Freies Forum für viele

2ちゃんねる ni channeru

Auf 2ch.net findet sich das Internet in seiner pursten Form: frei, aggressiv, dreckig. Es ist ein japanisches Online-Forum, gegründet 1999 von einem Studenten. Jeder kann hier anonym Nachrichten, Texte und Bilder veröffentlichen. Jeder im Land kennt es.

Das Forum hat über 600 Kanäle, die von Kochen über Reisen, Manga (siehe Seite 84) und Sex alles abdecken. Pro Eintrag sind maximal 1.000 Beiträge erlaubt, es können aber unbegrenzt neue Einträge geöffnet werden. In Spitzenzeiten erreicht die Seite mehr als zwei Millionen Beiträge pro Tag. Jeder kann von seinem Handy

aus kostenfrei und anonym Nachrichten posten. Das macht es reizvoll aber auch gefährlich.

Ein Jahr nach der Gründung des Forums zeigte der Neomugicha-Vorfall zum ersten Mal die Gefahren auf. Ein 17-jähriger Jugendlicher kündigte unter dem Pseudonym Neomugicha (eine Teesorte) auf 2ch.net an, er werde einen Bus entführen. Die meisten der anonymen Leser bezweifelten die Aussage, bezeichneten ihn als Lügner und stachelten ihn an. Als er kurze Zeit später wirklich einen Bus entführte und dabei einen Menschen tötete, war der Schock groß. 2ch.net tauchte so das erste Mal in der öffentlichen Wahrnehmung auf. Die Nutzer sind seitdem vorsichtiger geworden, und die Polizei verfolgt solche Ankündigungen aufmerksamer. In letzter Zeit machte das Forum Schlagzeilen als Brutstätte für nationalistisches Gedankengut. Rechte Gruppen können hier zu Aktionen aufrufen. Passiert ist allerdings bisher nichts. Die Nutzer von 2ch.net sind sehr oft soziale Einzelgänger, die sich zu Hause einschließen und das Forum als letzte und einzige Adresse für soziale Kontakte nutzen. Die Anonymität bietet ihnen Schutz. Aufrufe zu Aktionen, die außerhalb des Forums in der realen Welt stattfinden, laufen daher oft ins Leere.

Inzwischen hat 2ch.net auch sein eigenes Märchen. Die Legende von Densha Otoko, dem »Zug-Mann«: Ein unbeholfener Kerl beschützte im Zug eine junge Dame vor einem aufdringlichen Herrn. Sie gingen anschließend miteinander aus und sollen am Ende auch geheiratet haben. Das Besondere an der Geschichte: Der Mann aus dem Zug hatte sich wegen romantischer Fragen immer an die Nutzer von 2ch.net gewandt: Was zieht man zum Rendezvous an? In welches Restaurant kann man gehen? Über welche Themen kann man sprechen? Mit seiner Unbeholfenheit konnten sich viele der einsamen Nutzer identifizieren. Die Geschichte wurde als Fernsehserie, Kinofilm und in mehreren Manga umgesetzt und erreichte große Popularität jenseits des Forums. Ob sie sich tatsächlich so zugetragen hat, konnte nie bewiesen werden. Die Originalbeiträge von Densha Otoko, wie er sich im Forum nannte, kann man heute in jeder Buchhandlung kaufen.

58

Nico Nico Douga

Videos mit Übertiteln

ニコニコ動画 Niko Niko Dōga

Das japanische Youtube: Nico Nico Douga ist eine Videoplattform im Internet, die bis 2007 noch auf Youtube basierte. Heute sind mehr als als 23 Millionen Menschen auf der Plattform registriert, über 90 % von ihnen aus Japan. Jeder sechste Japaner nutzt regelmäßig Nico Nico Douga.

Der Erfolg der Plattform hat drei Gründe. Es gibt mittlerweile viele Anime- (siehe Seite 86) und Lizenzproduktion, die entweder nur über Nico Nico Douga vertrieben werden oder dort einen festen Platz bekommen, wenn sie nicht mehr im Fernsehen ausgestrahlt werden.

Für inoffizielle, nichtlizensierte Videos und Musik gilt die Plattform als Piratenparadies. Der Betreiber hat zwar urheberrechtliche Regeln gesetzt, ist aber bei der Durchsetzung und Löschung weniger konsequent als sein Vorbild Youtube. Diese Freiheit ist ein nicht unerheblicher Faktor für die Beliebtheit.

Eins ist jedoch einzigartig bei Nico Nico Douga: Durch die Verbindung mit dem Online-Forum 2ch.net (siehe Seite 104) ist es möglich, während eines Videos live zu kommentieren. Ferner gibt es die Möglichkeit, direkt in das Video zu schreiben. Die Kommentare laufen synchron zum Video über das Bild. Bei populären Sendungen kann man vor lauter Text nicht mehr sehen, was passiert. Aber man merkt, es macht allen Spaß.

Wenn man Japanisch lernen möchte, gilt Nico Nico Douga als gute Adresse um viele japanische Produktionen zu sehen. Parallel zum Video kann man dann auch die Diskussionen verfolgen und noch etwas Japanisch voller hastiger Rechtschreibfehler lernen.

Das älteste Video auf der Internet-Plattform:
Kommentare laufen über den Film und verdecken seinen Inhalt.

59 Godzilla

Wie ich lernte, das Monster zu lieben

ゴジラ gojira

Seit 50 Jahren stampft die Riesenechse schon auf der Leinwand durch Japan und zertrampelt dabei Tokyo und andere Großstädte.

Seinen Namen verdankt Godzilla seinem Erfinder Ishirō Honda, der 1954 eine Kreatur erschaffen wollte, die so stark ist wie ein Gorilla *(gorira)* und so groß wie ein Wal *(kujira)*. Beides zusammen ergab *gojira*.

Godzilla ist der weltweit bekannteste Vertreter eines ganzen Filmgenres in Japan, genannt *tokusatsu* (»Filme mit Spezialeffekten«). Im Kino wird das Genre regiert von Godzilla, im Fernsehen von Ultraman.

Godzilla: Zwischen der erste Echse, die in den 1950er-Jahren noch in Schwarz-Weiß Tokyo zerstörte, und der modernen Variante, die auch mithilfe des Computers wüten darf, liegen 28 Filme. Damit hat Godzilla mehr Auftritte als James Bond. Filmhistoriker deuten seinen ersten Auftritt als filmische Verarbeitung der Niederlage im Zweiten Weltkrieg: Eine große Gefahr kommt von außerhalb und kann nicht aufgehalten werden. Vom vermeintlichen Anspruch der historischen Aufarbeitung hat sich die Serie inzwischen weit entfernt. Mit jeder neuen Produktion kamen neue Monstergegner hinzu, wie der Flugsaurier Rodan oder der riesige Schmetterling Mosura, die beide im Anschluss ihre eigene Filmreihe erhielten. Godzilla ist in Japan sehr bekannt, gehört aber nicht zu den beliebtesten Filmserien.

Ultraman: Die USA haben Superman, Japan setzt mit Ultraman noch einen drauf. Seit den 1960er-Jahren tritt er im Fernsehen auf. Er ist ein besonderer Mensch, der sich in einen Giganten verwandeln kann, um es mit Monstern in Godzillas Größe aufzunehmen. Allerdings nur für drei Minuten. Danach schrumpft er wieder. Es gibt inzwischen über 36 Version von Ultraman und seinen Brüdern. Alle eint die Fähigkeit, Energiestrahlen mit ihren Händen zu schießen. Die Maske von Ultraman findet man bei jedem Straßenfest und jeder Kostümparty. Kinder spielen seine Folgen nach und verrenken dabei die Arme, um wie der Held Strahlen zu schießen. Die anhaltende Popularität seines Kampfes von Gut gegen Böse erfasst übergreifend mehrere Generationen in Japan.

Statue von Godzilla in der Nähe des Filmstudios, in dem er geboren wurde

60

CM – Commercial Message

Wir unterbrechen dieses Buch für Werbung

コマーシャルメッセージ　komusharumesseji

»Jetzt bitte alle lächeln und Spaß haben – die Kamera läuft!«

Ich war einer von vier Ausländern, die in einem Werbespot für ein japanisches Videospiel den Spaß zeigen sollten, den man damit leider nicht hatte. Doch die Produktionsfirma brauchte blonde Leute, die Englisch sprachen, damit der Spot besser wirkte. Meinen deutschen Akzent bemerkte man zum Glück nicht.

Soll ein Produkt internationaler wirken, castet man in Tokyo Ausländer. Es ist egal, ob sie einem bestimmten Ideal entsprechen oder schauspielern können. Hauptsache sie sehen exotisch aus. Viele Ausländer können damit, und mit Auftritten in Fernsehserien, ihren Lebensunterhalt bestreiten – auch wenn sie in Europa durch jedes Casting fallen würden. Zusätzlich werden in Tokyo Werbeclips für die weltweiten Kampagnen großer Konzerne produziert. Dazu werden Models eingeflogen oder auf der Straße engagiert. Je nach Budget.

Ausländische Prominente, die exklusiv in Japan Werbung machen, sind allerdings viel amüsanter: Arnold Schwarzenegger als Flaschengeist, der Münzen spuckt. Brad Pitt, der einen Sumoringer auf Händen ins Hotelzimmer trägt. Und Oliver Kahn, der einen Schwamm fürs Auto anpreist. Das alles sieht man innerhalb von fünf Minuten in einer Werbepause in Japan.

In Hollywood sprach sich in den 1980er- und 1990er-Jahren schnell herum, dass japanische Firmen viel Geld für Werbespots bezahlen, die für Stars in den USA unter aller Würde wären. Japan ist so weit weg, da sieht's ja keiner, dachte man sich. Dann kam das Internet und mit einem Schlag konnte man das Archiv der Peinlichkeiten begutachten. Heute trauen sich Hollywoodstars weniger in den japanischen Spots. Selbst Oliver Kahn darf Deutsch sprechen, statt in einer Lautschrift Japanisch vorzulesen.

Nach zwei Stunden war der Clip mit mir im Kasten. Das Spiel hatte anschließend nur mäßigen Erfolg. Bis heute möchte ich gern glauben, dass es am langweiligen Spiel und nicht an meiner schauspielerischen Leistung lag.

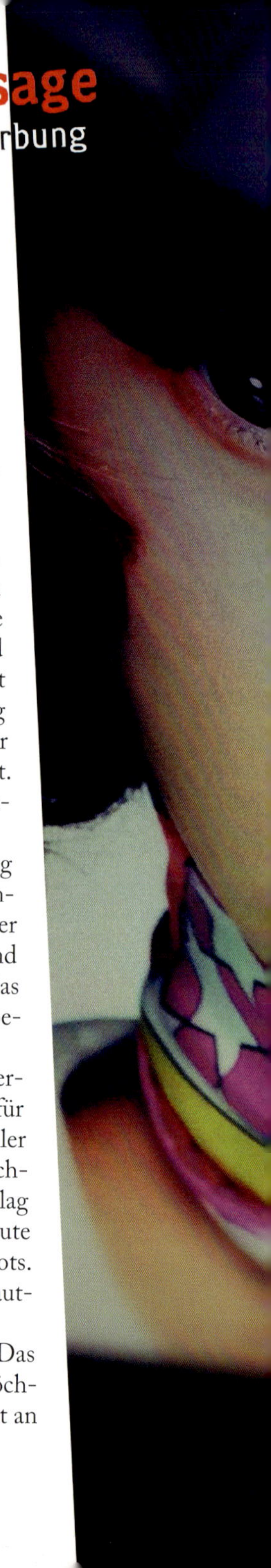

Werbeplakate in der U-Bahn

61 Mama-san

Herrin über Küche und Finanzen

ママさん mamasan

Ich spülte gerade das Geschirr im Restaurant, in dem ich arbeitete, als mich mein Kollege fragte, ob denn die *mama-san* schon da sei. »Meine Mama ist in Deutschland«, sagte ich, und er war etwas irritiert.

Auch wenn Kinder bis zu einem gewissen Alter in Japan ihre Mutter Mama nennen – die *mama-san* ist eine Titelbezeichnung für die Dame, die in einem Restaurant, Club oder einer Bar die Geschäfte leitet. Obwohl die japanische Gesellschaft stark männlich dominiert ist, haben die Frauen die Kontrolle was die Finanzen angeht. Auch zu Hause. In einem Restaurant ist es üblich, dass der Besitzer männlich ist, während die Buchführung der Frau anvertraut wird, der *mama-san*.

Diese Tradition gab es schon bei den Samurai (siehe Seite 64). Während der Mann auf den Schlachtfeldern unterwegs war, musste sich die Frau um den Haushalt kümmern. Sie war auch dafür zuständig, das Personal auszubilden und die Gelder zu verwalten. Zur Not konnte sie das Haus auch mit Waffen verteidigen. Sie war im Kampf mit kleinen Messern und dem Kampfstab geübt, der durch seine Länge die körperliche Unterlegenheit gegenüber männlichen Eindringlingen ausgleichen sollte.

Die Bezeichnung *mama-san* kann mehrere Ursprünge haben: Entweder stammt sie aus der Zeit der Geishas, deren Häuser stets von einer alten Geisha außer Dienst geleitet wurde. Sie kümmerte sich um die Mädchen und war deren Mama. Oder *mama* ist die Abkürzung von Madame, die in französischen Restaurants den Ton angeben kann.

Seine eigene Mutter sollte man also in Japan nicht als *mama* bezeichnen, denn das könnte als »meine Chefin« verstanden werden. Besser ist *haha* (meine Mutter) oder höflicher *okaasan* (Frau Mutter). Die eigenen Eltern spricht man grundsätzlich immer mit dem Titel an. So heißt es dann »Frau Mutter«, wenn man etwas möchte.

Die *mama*, meine Chefin, kam später zu mir an die Spüle und kontrollierte meine Arbeit. Im strengen, aber sorgsamen Tonfall fragte sie mich, ob ich denn schon etwas gegessen hätte. Es steckt wohl doch viel Mama in jeder *mama-san*.

Meist hat die Dame das Sagen
im Restaurant – und daheim.

62 Kamikaze

Einsatz ohne Wiederkehr

神風 kamikaze

Das erste Mal hörte ich von Kamikaze im Geschichtsunterricht. Doch erst, als ich das Tagebuch eines Kamikaze-Piloten gelesen hatte, verstand ich die Bedeutung und das Warum. Ich war damals 15, so alt wie der Pilot, als er zur Armee ging.

Kamikaze bedeutet »göttlicher Wind« und wurde im militärischen Kontext das erste Mal beim Angriff der Mongolen auf Japan unter Kublai Khan benutzt. Zweimal, 1274 und 1281, hatte er versucht, Japan zu erobern und beide Male wurde Japan durch einen heftigen Taifun – den göttlichen Wind – beschützt. Als gegen Ende des Zweiten Weltkriegs Kampfpiloten begannen, Suizidmissionen gegen amerikanische Schiffe zu fliegen, bemühte die Kriegspropaganda den historischen Vergleich. Der Begriff verselbstständigte sich dadurch und beschreibt heute ein Unterfangen, dessen Erfolg aussichtslos erscheint.

Doch so aussichtslos erschienen die Kamikaze-Aktionen damals nicht. Man hatte mehr Flugzeuge als Treibstoff, um sie in der Luft zu halten. Gegen Ende des Krieges wurden die Tanks so gering befüllt, dass es für die Rückkehr zur Basis nicht reichen sollte. Abschuss oder Absturz waren die einzigen Optionen. Beim ersten Kamikaze-Flieger weiß man heute nicht mehr, ob er sein Flugzeug gezielt in das amerikanische Kriegsschiff rammen wollte oder einem technischen Defekt zum Opfer fiel, der ihm das Manövrieren unmöglich machte. Durch Zufall erwischte er einen empfindlichen Punkt und das Schiff ging in Flammen auf. Von da an verbreitete sich diese Taktik der Selbstmordangriffe im gesamten Land.

Wie viele mit Absicht vom Himmel gefallen sind, in der Hoffnung den göttlichen Wind nachzuahmen, der Japan bereits zweimal gerettet hatte, ist heute unklar. Man schätzt, dass nur 14 % aller Flugzeuge überhaupt ein Schiff getroffen haben. Diesen Wahnsinn der letzten Kriegstage führen viele auf den Ehrenkodex *bushido* (siehe Seite 66) zurück, der die Treue zum Herrschenden bis in den Tod und darüber hinaus zu den höchsten Tugenden zählt und demzufolge der Selbstmord einer feindlichen Gefangennahme vorzuziehen ist.

Der Pilot, dessen Tagebuch ich las, überlebte die Himmelfahrtskommandos nur durch sein Talent – die Freunde aus seiner Einheit waren dagegen nicht so glücklich.

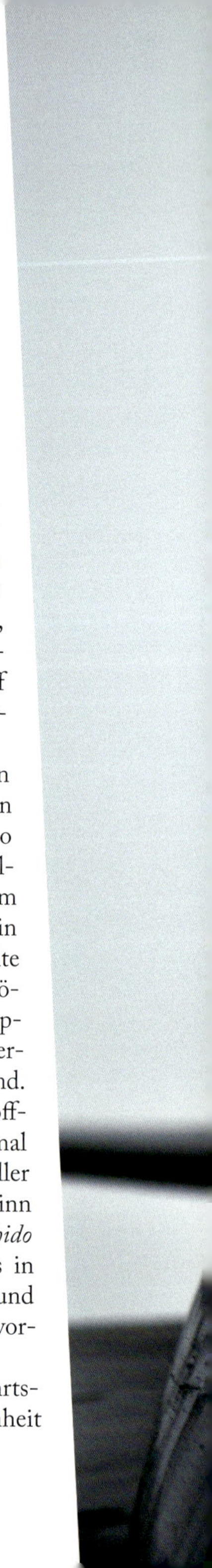

63 -san

Alles eine Frage der Höflichkeit

さん san

In Japan wird man nie direkt mit dem Namen angesprochen, ohne dass ein Höflichkeitssufix angehängt wird, das die Respektsbeziehung mit dem Angesprochenen beschreibt.

Die korrekte Titulierung ist auch unter Freunden wichtig.

Das übliche *-san* ist dabei gefahrlos zu verwenden, es ist neutral und höflich. Vergleichbar ist es mit der Anrede Herr oder Frau. Je nach Vertrautheit wird entweder der Nachname mit *-san* ergänzt oder der Vorname. Auch die eigenen Eltern nennt man *okaasan* (Frau Mutter) und *otoosan* (Herr Vater). Geschwister spricht man selten mit dem Namen, sondern nur mit dem Titel an. Der große Bruder wird *oniisan* gerufen, die kleine Schwester *oneechan*.

Hier eine Auswahl von weiteren Höflichkeitsformen:

-sama: Gilt als höflichste Form. So spricht man Gott an *(kami-sama)*, aber auch Personal den Kunden oder den Gast. Wenn man es allerdings unangebracht verwendet, gilt es als unhöflich.

-sensei: So werden Leute angesprochen, die einen Beruf ausüben, der in einer gewissen Form Respekt verlangt (Arzt, Professor). Gleiches gilt auch für Lehrer. Es kann auch für den Meister gebraucht werden, der einem etwas beibringt. So ist der Manga-Zeichner (siehe Seite 84) für seine Assistenten der *sensei*.

-senpai: In Schulen oder Büros ist der *senpai* der »große Bruder im Geiste«. Er ist schon einige Jahre dabei, hat mehr Erfahrung und gibt diese nun an seinen *kohai* weiter, der jünger und unerfahrener ist und in einer direkten Beziehung zu ihm steht. *Senpai* bezeichnet dabei alle Schüler in der höheren Klasse oder den Arbeitskollegen, der einen anleitet. Ein *senpai* fühlt sich für seinen *kohai* verantwortlich. Der *kohai* ist stets höflich, respektvoll und gehorsam. Selbst außerhalb der Klasse oder der Arbeit besteht dieses Verhältnis. So grüßt der *kohai* zuerst, wenn er den *senpai* sieht. Alles andere wäre respektlos.

-kun: Eine verniedlichende Form, welche die Nähe zum Angesprochen verdeutlichen soll. Gerne verwendet unter Freunden oder von Älteren, wenn sie mit jüngeren sprechen.

-chan: Wenn man mit *chan* angesprochen wird, ist man einer Person wirklich nahe. Häufig genommen wird es für junge Mädchen. Auch Jungs sprechen sich so gegenseitig an, aber nur wenn sie wirklich sehr eng befreundet sind.

Die falsche Anrede kann im Geschäftsalltag über die Karriere entscheiden.

64

Omiai

Heirate sich wer kann

お見合い omiai

Ich hörte mal ein böses Sprichwort in Japan: »Frauen sind wie Weihnachtskuchen – vor dem 25. will sie jeder, nach dem 25. nicht mehr« (Weihnachten wird in Japan, wie in den USA, am 25. Dezember gefeiert).

Das Sprichwort beschreibt das Heiratsverhalten. Das Ziel ist, vor dem 25. Geburtstag unter der Haube zu sein, denn danach wird es schwieriger, einen guten Kandidaten für die Ehe zu finden. Dafür gibt es auch *omiai.*

Wörtlich übersetzt als »Treffen zum Sehen« sind *omiai* Abende, an denen sich potenzielle Ehekandidaten versammeln und vorstellen. Es ist eine Tradition der Samurai (siehe Seite 64), die bis heute lebt. Früher diente sie den Eltern dazu, Ehen zu arrangieren, damit ein Clan und eine Blutlinie fortbestehen konnten. Herkunft, Beruf der Familie und Besitz sind die entscheidenden Faktoren. Rund sechs Prozent der Ehen gelten heute als arrangiert.

Omiai ohne Eltern sind allerdings eine beliebte Veranstaltung für Singles. Die Arbeitskollegen, Kommilitonen und Freunde werden zu einem Umtrunk in großer Runde geladen. Jeder stellt sich über ein paar Gläsern selbst vor und versucht, dem anderen Geschlecht näher zu kommen. Der Druck zur Heirat ist groß. Wer unter 30 noch nicht verheiratet ist, kann als als unzuverlässig und als nicht gesellschaftsfähig gelten.

Die Akzeptanz arrangierter *omiai*-Meetings nimmt allerdings ab. Die Idee einer glücklichen und romantischen Ehe zweier Liebenden verbreitet sich seit Beginn der Modernisierung.

Mich hat bisher noch keiner zum Hochzeitstreffen eingeladen. Aber ich bin auch noch nicht so alt wie ein Weihnachtskuchen.

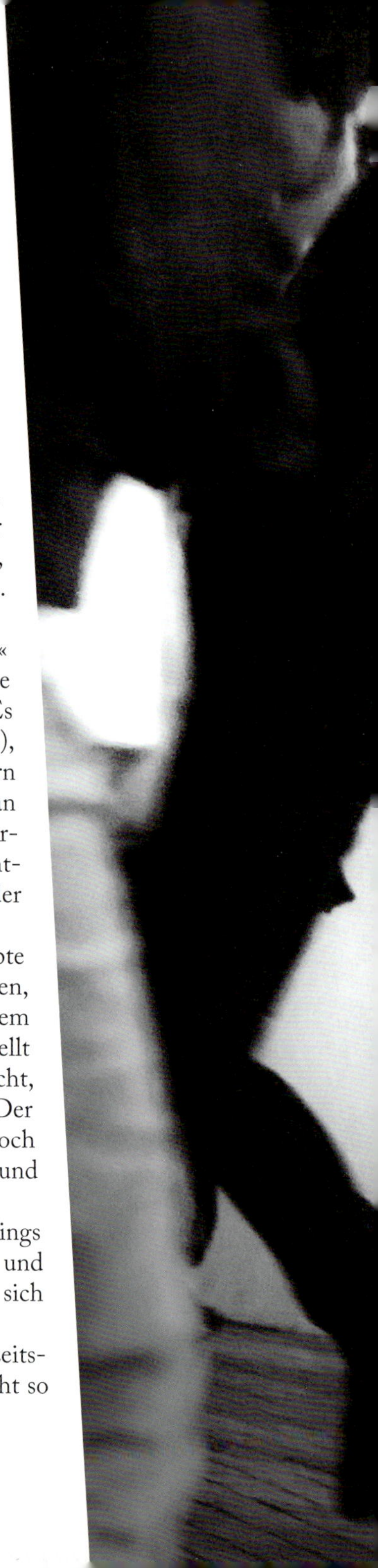

Bis 25 wird intensiv nach einem Partner für die Ehe gesucht.

65

Präfekturen

Von Metropolen und Städten, die es gerne wären

都道府県 to-dō-fu-ken

Meine erste Nacht in Japans Hauptstadt verbrachte ich außerhalb der Stadt. Die Unterkunft, welche sich als das billigste Hostel von Tokyo bezeichnete, lag gar nicht in Tokyo, sondern eine Präfektur weiter nördlich.

Die Präfekturen sind die Bundesländer Japans. Von Nord bis Süd gibt es 47 von ihnen. Tokyo ist die bevölkerungsreichste und Hokkaido die größte. Die Einteilung entstand aus den ehemaligen Shogunaten (siehe Seite 12) und wurde von anfangs 300 auf die heutigen 47 reduziert. Die Bestrebung, sie im vergangenen Jahrzehnt auf zehn zu reduzieren, war erfolglos. Wahrscheinlich weil sich die Bewohner sehr stark mit ihrer Präfektur identifizieren und lokalpatriotisch sind.

Jede Präfektur kann eigene Gesetze, insbesondere über die Steuerpolitik, im eigenen Parlament erlassen. Das Wort der Zentralregierung entscheidet aber schlussendlich über alle Präfekturen. Bildungspolitik wird allein von den Gemeinden innerhalb der Präfektur gemacht.

Die Bezeichnung für Präfektur lautet *-ken*, es gibt nur vier Ausnahmen. Hokkaido erhält als einzige die Ergänzung *-do*, die als letzte Silbe schon im Namen steckt. Osaka und Kyoto haben aufgrund ihrer Größe und Bedeutung die Ergänzung *-fu* und Tokyo hat als größte Stadt als einzige *-to*, was von der japanischen Regierung mit »Metropole« übersetzt wird. Osaka, als Tokyo des Westens, hätte auch gern die Ergänzung *-to*, um auf eine Stufe mit Tokyo zu gelangen (und ähnliche steuerliche Vergünstigungen zu bekommen). Bislang durfte die Stadt aber nicht zur Metropole reifen. Die Summe aller Präfekturbezeichnungen ergibt den Begriff für Präfekturen in Japan: *To-dō-fu-ken.*

Das Hostel, in dem ich übernachtete, befand sich in Saitama-ken, der Präfektur nördlich von Tokyo. Jeden Tag musste ich umgerechnet den Preis einer Übernachtung für den Zug bezahlen, um in die Hauptstadt zu gelangen. Der Preis für das zwei Quadratmeter große Zimmer der billigen Unterkunft konnte das nicht ausgleichen. Da hatte ich am falschen Ende des Bettes gespart.

Broschüren und Material zu jeder Präfektur gibt's im Präfekturen-Büro im Rathaus von Tokyo.

66 Feiertage

Hauptsache frei!

休日 kyūjitsu

Dialog mit meiner japanischen Mitbewohnerin. Sie: »Ich muss heute nicht zur Arbeit, es ist Feiertag!« Ich: »Ach ja? Welcher denn?« Sie: »Keine Ahnung!«

In Japan gibt es kaum Ferien. Um das auszugleichen, gibt es eine Reihe von Feiertagen. Die Bedeutung ist meist egal, Hauptsache man muss nicht arbeiten. Um das zu garantieren wurde 1948 ein Gesetz verabschiedet, welches dafür sorgt, dass im Falle eines Sonntags als Feiertag der darauffolgende Montag ebenfalls ein Feiertag ist. Falls zwischen zwei Feiertagen ein Arbeitstag liegen sollte, so wird dieser automatisch auch ein Feiertag.

Damit es immer etwas zu feiern gibt, wurden diverse Termine erfunden, die einen arbeitsfreien Tag garantieren. Darunter der »Respekt für das Alter«-Tag am 15. September, der Sporttag (in Erinnerung an die Olympiade in Tokyo 1964) am zweiten Montag im Oktober oder der Tag der Kultur am 3. November. Als ich einmal einen Japaner fragte, welche Kultur denn gefeiert wird, meinte er nur: »Jede Form von Kultur, oder? Ganz egal, ich muss nicht arbeiten!«

Zu den wichtigsten Feiertagen gehört das Neujahrsfest am 1. und 2. Januar, wo traditionell die Verwandten besucht werden. Nur zu Neujahr und zum Geburtstags des Kaisers am 23. Dezember, der ebenfalls arbeitsfrei ist, kann der Kaiserpalast in Tokyo öffentlich besichtigt werden. Die Kaiserliche Familie zeigt sich dann auch der Öffentlichkeit und winkt der Menge.

Die wichtigsten aller Feiertage liegen in der *»Golden Week«*. Der Kindertag, der Tag der Verfassung und der Geburtstag des alten Kaisers (*showa*-Tag) fallen alle in dieselbe Woche Anfang Mai. In dieser Zeit hat ganz Japan frei und verreist. Das bedeutet, dass man in der *Golden Week* kein Hotel mehr bekommt, da diese teilweise schon Monate vorher ausgebucht sind. Auch Flugtickets könnten rar und somit teuer werden, da die freie Woche gerne für einen Besuch bei Verwandten genutzt wird. Gepaart mit dem warmen Wetter im Mai und der Kirschblüte (siehe Seite 30) ist die *Golden Week* die schönste Zeit zu verreisen. Allerdings ist die arbeitsfreie Zeit im gesamten Jahr auch die stressigste, da alle das Gefühl haben, verreisen zu müssen.

Am 5. Mai, dem Kindertag, der auch als Tag für die Jungs gilt, werden traditionell Fischflaggen gehisst.

67

Krankheit

Viel hilft viel

病気 byōki

Meine Mitbewohnerin war erkältet. Ich empfahl ihr einen Kräutertee und ein heißes Bad, doch sie bestand darauf, ins Krankenhaus zu gehen um sich durchchecken zu lassen. Sie kam am nächsten Tag mit mehreren Medikamenten zurück und lächelte zufrieden.

Laut John Creighton Campbell, Professor an der Universität von Michigan, sind Japaner die gesündesten Menschen auf diesem Planeten. Das mag am gesunden Essen, der hohen Versorgung mit Ärzten und Arznei oder daran liegen, dass Japan als Insel weniger Viren- und Bakterientransfers ausgesetzt ist, als das Festland.

Japanische Ärzte verschreiben allerdings schnell Antibiotika, auch wenn es vielleicht nur drei Tage Bettruhe und eine Hühnersuppe gebraucht hätte. Sie gelten als schnelles, erfolgreiches Mittel, um wieder in der Arbeitswelt oder im Unterricht bestehen zu können. Eine gute öffentliche Krankenversicherung und Topqualität in der Versorgung sorgen für häufige Arztbesuche. Durchschnittlich gehen Japaner pro Jahr 14 Mal zum Doktor.

Fällt einer bei der Arbeit aus, müssen die anderen seinen Job mitmachen. Das ist schlecht für die Ehre. Man würde sein Gesicht verlieren, wenn andere die eigene Arbeit übernehmen. Viele Japaner schleppen sich daher mit einer Erkältung oder Grippe noch zur Firma. Krankentage gibt es offiziell nicht. Möchte man sich kurieren, muss man einen von 14 Urlaubstagen nehmen, die pro Jahr vorgesehen sind.

Zu den Besuchen beim Arzt gibt es auch alternative Methoden der Medizin in Japan. Vieles basiert auf chinesischer Tradition und Hausmitteln. Einige gehen mit einer Krankheit auch zum örtlichen Priester und bitten um Heilung.

Der Husten, den meine Mitbewohnerin hatte, war nach einer Woche mit den Mittelchen weg – und gelangte dann zu mir. Ich hörte auf meine Mutti, trank Tee und blieb im Bett. Nach einer weiteren Woche war der Husten auch bei mir vorbei. Ganz ohne Antibiotika.

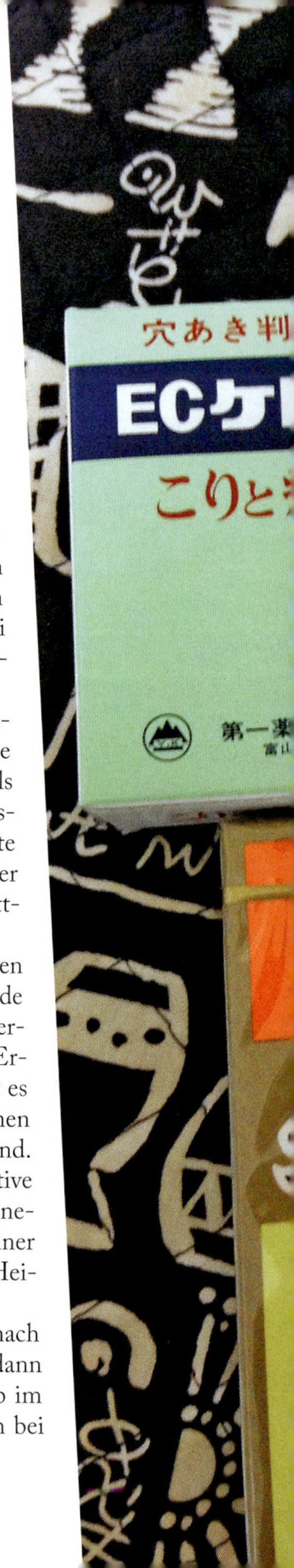

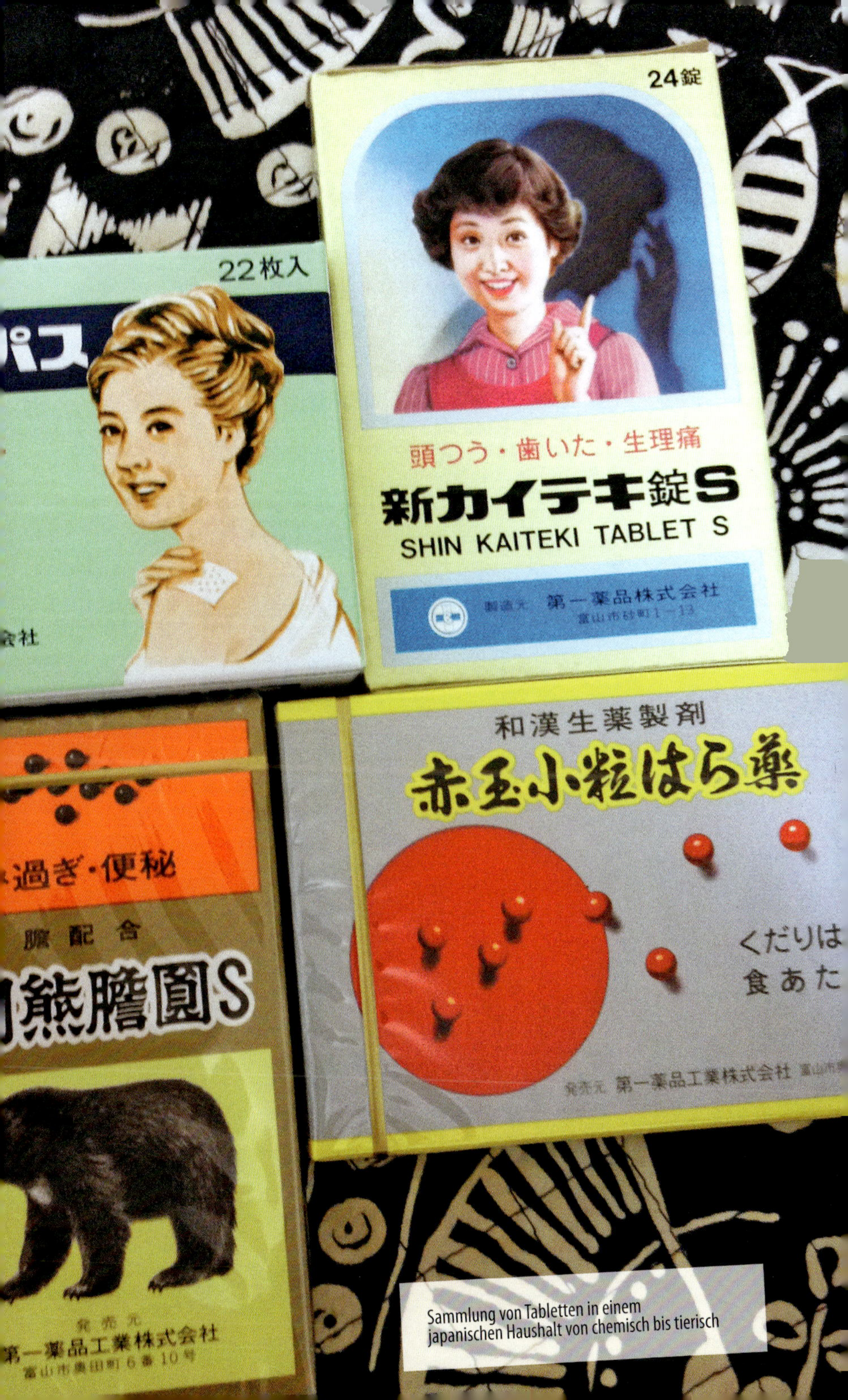

Sammlung von Tabletten in einem japanischen Haushalt von chemisch bis tierisch

68

Mundmasken

Bei Husten und Schüchternheit

衛生用マスク eisei-yō masuku

»Die spinnen, die Japaner«, sagte mir eine Freundin, »haben immer Angst vor Krankheit und tragen Schutzmasken!«

Tatsächlich kann die hohe Verbreitung von hygienischen Mundmasken im Stadtbild verunsichern. Die Masken sind allerdings kein Zeichen der Angst, sondern der Höflichkeit. Wenn Japaner sich erkälten, tragen sie die Masken, um andere im Zug oder bei der Arbeit nicht anzustecken. Man möchte seine eigene Erkältung nicht anderen, mit denen man auf engsten Raum zusammenlebt, aufdrängen.

Wenngleich der primäre Grund für die Masken auch Rücksichtnahme ist, befürchtet man schon ein wenig Pandemien. Spätestens seit dem Virenschreck von SARS, Vogel- oder Schweinegrippe, die seit dem Jahr 2000 aufgetreten sind. Die Furcht besteht zwar auch anderswo, in Japan ist sie nur durch die Mundmasken sichtbar.

Reinlichkeit ist eine der obersten Regeln des Shinto (siehe Seite 44) und besonders wichtig, wenn man auf engem Raum zusammenlebt. Japans Straßen sind sauber und in jeder öffentlichen Einrichtung findet man neben den Waschbecken oder am Eingang ein Desinfektionsmittel. Weit verbreitet ist auch der Brauch, nach der Ankunft zu Hause zunächst einmal den Mund und Rachen frei zu gurgeln.

Viele verstecken sich allerdings auch hinter dem Mundschutz. Ein vermeintlich hässliches Gesicht verschwindet hinter der Maske, und sie bietet Sicherheit. Schüler geben an, sich mit der Maske besser konzentrieren zu können, weil sie nicht ständig prüfende Blicke im Nacken spüren. Für Kinder gibt es den Mundschutz auch als buntes Accessoire, bedruckt mit Zeichentrickhelden oder farbigen Sprüchen.

Über die tatsächliche Schutzwirkung der Masken wird gestritten. Durch den Stau von Speichel und Nasenflüssigkeit in der Maske sollen sie eine Brutstätte für Bakterien sein. Einen kompletten Schutz vor Tröpfcheninfektion bieten sie auch nicht. Aber sie versprechen Sicherheit für das Immunsystem und das ästhetische Wohlbefinden.

Zum Schutz vor Viren
und strengen Blicken

69

Sonne

Land des Lichts

日 hi

Sonnenaufgang in Tokyo

Sie ist wohl das wichtigste und stärkste Symbol im Land der aufgehenden Sonne. Es steckt schon im Namen des Landes: 日本 Nihon (日= Sonne 本=Beginn, Ursprung).

Als roter Punkt findet sie sich auf der Flagge des Landes, als aufgehende Sonne mit kräftigen Strahlen ist sie auf der Fahne des Militärs abgebildet. Seit über tausend Jahren schon gilt die Sonne als Symbol für Japan. Die genauen Ursprünge sind unklar. Die Verehrung der Sonne in Form der Shinto-Gottheit Amaterasu ist seit dem 7. Jahrhundert bekannt – zur selben Zeit enstand auch die japanische Flagge, wie wir sie heute kennen.

Amaterasu ist eine der höchsten Gottheiten der Naturreligion Shinto (siehe Seite 44). Der japanische Kaiser soll einer ihrer direkten Nachkommen sein. Ihr verdankt das Kaiserhaus auch seine Throninsignien: Amaterasus Spiegel, Schwert und Juwel. Alle drei befinden sich in unterschiedlichen Schreinen in Japan. Der Schrein für Amaterasu liegt in Ise, wird alle 20 Jahre abgerissen und wieder neu aufgebaut, um die Göttin zu ehren.

In Japan geht die Sonne besonders früh auf, selbst im Winter. Bereits um vier Uhr Früh sind die ersten Strahlen zu erkennen, spätestens um fünf Uhr morgens ist es das ganze Jahr über immer hell. Dafür geht die Sonne sehr früh unter. Selbst im Sommer ist es um 18 Uhr bereits dunkel.

Amaterasu geht wohl früh schlafen.

70 Doitsu

Warum die Japaner Deutschland lieben

ドイツ doitsu

Die häufigste Frage, die mir in Japan gestellt wurde, war: »Woher kommst du?« Beim blonden Haar geht die Vermutung zunächst nach Amerika. Wenn ich aber entgegne, aus dem fernen Deutschland zu kommen, lächeln die meisten. Japaner lieben Deutschland.

Diplomatische Beziehungen zwischen Japan und Deutschland gibt es seit mehr als 150 Jahren. In dieser Zeit gab es bis auf eine Schlacht im Ersten Weltkrieg, als Japan noch mit Russland verbündet war, keine nennenswerten Konflikte. Mit keinem anderen Land weltweit hat Japan eine so enge, friedliche und positive Beziehung. Die disziplinierte Arbeit und die Qualität der deutschen Produkte werden geschätzt. Die Tugenden Höflichkeit und Respekt, die in Japan stark ausgeprägt sind, werden anerkannt. Das japanische Rechtssystem basiert auf dem deutschen, und es ist heute noch Pflicht für Jurastudenten, im Nebenfach Deutsch zu lernen. Für Medizinstudenten war dies früher ebenso Pflicht, da viele Begriffe aus dem Deutschen stammen. Ganze Krankenakten gab es damals nur auf Deutsch.

Fälle, in denen Ausländer Probleme mit Behörden hatten, lösten sich nicht selten wie von alleine sobald sie angaben, aus Deutschland zu kommen. Deutsche genießen sehr viel Vertrauen und Respekt in Japan. Bitte benehmen Sie sich also nicht wie die Axt im Chrysanthemenwald, damit das auch so bleibt.

Deutsche Kneipe in Tokyo

71 Conbini

Praktisch überall

コンビニ konbini

Seinen ersten *conbini* vergisst man nicht. Meiner hieß Sunkus, hatte 24 Stunden lang geöffnet und bot alles. Einfach alles. Vom Klopapier, über die Nudelsuppe, bis zum Baumkuchen.

Conbini sind kleine Läden, die sich in der Größenordnung zwischen einem Supermarkt und einem Kiosk befinden. Der Name leitet sich vom englischen Begriff *convenient* ab, was so viel wie »praktisch« oder »bequem« bedeuet. Und *conbini* sind genau das. Sie haben jeden Tag der Woche rund um die Uhr geöffnet und bieten neben Lebensmitteln, Drogerieartikeln und Zeitschriften auch die Möglichkeit, die Stromrechnung zu bezahlen, Pakete aufzugeben oder Flugtickets zu kaufen.

In den 1970er-Jahren entstanden die ersten Einrichtungen dieser Art. Ihre Anzahl stieg in den Folgejahren rasant. Heute gibt es mehr als 40.000 *conbini* in Japan, pro 2.000 Einwohner einen. Meist muss man keine 500 Meter weit laufen um einen *conbini* zu finden. Der Marktführer heißt Seven-Eleven und bietet, ähnlich wie seine Konkurrenten, ein eigenes Produktsortiment an.

Das Erfolgsrezept der *conbini* ist ihre Flexibilität. Jeder Laden stellt sich auf die Laufkundschaft oder Nachbarschaft ein. Bei jedem Kauf tippt der Kassierer neben der Ware auch Informationen über den Kunden ein: Alter, Geschlecht, Ware, Zahlungsweise. Die kleinen *conbini* sind immer recht sporadisch bestückt und werden regelmäßig, teilweise mehrmals am Tag, mit neuer Ware beliefert. Was in die Regale kommt, entscheiden die Statistiken und das Wetter.

Conbini sind etwas teurer als normale Supermärkte. Die Nachtschichten werden vor allem von jungen Leuten und Studenten übernommen, die auf diese Weise Ausbildung und Lebensunterhalt finanzieren. Die Möglichkeiten zu konsumieren sind nirgendwo so bequem wie in Japan.

72

Maid

Mädchen aus der Fantasie

メイド meido

Aus der Anime-Kultur entsprungen, laden *Maids* in Cafés mit Sonderservice zum Verweilen ein.

»Wir tun alles, um unseren Meister glücklich zu machen«, sagt *Maid* Bell nachdem sie unser Essen brachte. Anschließend sprach sie ein paar Zaubersprüche, damit es besser schmeckt. Ob das die zehn Euro extra wert ist, fragte ich meine Begleitung – doch der war genauso irritiert wie ich über die kostümierten Mädchen.

Willkommen im *Maid Café*, einem Entertainment-Restaurant, wo sich Mädchen in Kostüme werfen und Essen servieren. »*Maids*« (engl. Dienstmädchen) sind mittlerweile zu einem großen Element der japanischen Popkultur geworden. Sie erscheinen in Anime, Manga, Videospielen, sogar in Tempeln und bei Politik-Veranstaltungen.

Seit 2003 öffnen immer mehr Cafés. Doch es sitzen nicht mehr nur einsame *otakus* (siehe Seite 134) dort. 35 % aller Gäste sind weiblich. Alle suchen ein gewisses Gefühl der Geborgenheit, erzählt mir die *Maid*. Stammkunden, die mehrmals in der Woche vorbeischauen, kommen alleine. Der Großteil der Gäste sind Touristen oder neugierige Passanten

Viele japanische Mädchen möchten *Maid* werden. Auf eine offene Stelle bewerben sich mehrere hundert. 2007 hat die *Maid*-Kooperative, welche die Standards setzt, das »*Maid*-Examen« eingerichtet. Für das »*Maid*-Abitur« muss man in folgenden Leistungskursen bestehen: *Maid*-Geschichte, Putzen, Kochen und vor allem: Manieren. Trotz harter Arbeit verdient man als *Maid* umgerechnet nur knapp sechs Euro die Stunde. Meistens sind es Studentinnen zwischen 18 und 25 Jahren, die als Teilzeit-*Maid* arbeiten – auch wenn sie im Café ewige 17 sind.

Ich war bisher in drei *Maid Cafés* – Stammkunde werde ich bestimmt nicht.

73 Manga Kissa

Bibliothek mit Bett

マンガ喫茶　manga kissa

Zwei bis vier Quadratmeter, kostenloses Internet und so viele Softdrinks, wie man möchte. Was ich da mache, sei mir überlassen, sagte man mir und gab mir den Schlüssel zu meiner Ecke.

Ein *manga kissa* (Manga Café) ist ein Mix aus Bibliothek, Jugendherberge und Internetcafé. Es ist in Japan die preiswerteste Möglichkeit zu übernachten und auch die praktischste, da man weder eine Reservierung, noch große Japanischkenntnisse braucht. Sofern man keine Ansprüche an Komfort hat, ist es die beste Option für spontane Reisende.

Betritt man ein *manga kissa*, wird man gefragt, was man mieten möchte. Es gibt entweder ein geschlossenes Abteil oder einzelne Zimmer oder nur einen Stuhl mit Schreibtisch. Vom Preis her sind die beiden meist identisch. Man mietet ein Stundenpaket und bekommt einen eigenen Rechner mit Internetzugang und meist auch einen Fernseher. Man kann sich auch alle Comics und DVDs aus der Sammlung der Einrichtung anschauen. Im Preis eingeschlossen sind unbegrenzt Getränke. Die Kabinen sind sehr klein und klimatisiert. Man kann dort übernachten, auch wenn es nicht ihre Hauptfunktion ist. Viele Manga Kissa verfügen auch über eine Dusche. Die kostet aber inklusive Duschzeug und Handtuch extra.

Manga Cafés findet man in jedem größeren Ort, meist in der Nähe des Bahnhofs. Für eine ungeplante Übernachtung sind sie sehr zu empfehlen. Es gibt allerdings auch Jugendliche, die hier leben. Sie sind entweder von zuhause weggelaufen oder können sich die Miete der eigenen Wohnung nicht mehr leisten. Im *manga kissa* haben sie alle Annehmlichkeiten eines Hotels für einen Bruchteil des Preises und mit allen Comics, Spielen und Filmen, die man sich wünschen kann.

Wenn nachts im Café einer schnarcht, haben allerdings alle verloren. In meiner ersten Nacht im *manga kissa* passierte genau das. Ich streckte mich auf meinen zwei Quadratmetern aus und stieß mit dem Kopf und den Füßen aus Versehen gegen die Wand. Mein Kopf schmerzte, aber der Schnarcher muss aufgewacht sein. Unter dem Computertisch rollte ich mich zusammen und schlief den Rest der Nacht durch.

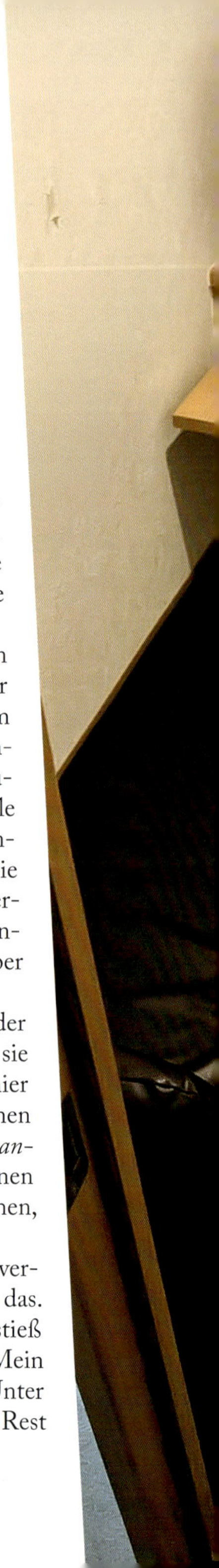

Wenig Komfort, kostenfreies Internet und ein kleiner Preis: *manga kissa*

74 Otaku

Passion für Print und Puppen

オタク otaku

»Kommt rein, kommt rein!«, sagt er und öffnet die Tür. An seinem kugelrunden Bauch vorbei drängen wir uns in die Wohnung. Sie ist dunkel, nirgendwo ein Fenster. In den Schränken keine Kleidung, sondern nur lebensgroße Puppen von kleinen Mädchen. Wir sind im Atelier von einem *otaku*.

Ein *otaku* ist jemand, der seine Leidenschaft etwas zu ernst nimmt. Ein Hardcore-Fan. Diese Bezeichnung lässt sich auf alle Varianten übertragen: Es gibt den *densha-otaku*, der Züge liebt und eine Modelleisenbahn daheim hat. Oder den Sport-*otaku*, der die Spielergebnisse der letzten 30 Jahre auswendig kennt. Spricht man ohne genaue Klassifizierung von *otaku*, ist meist der Anime- (siehe Seite 86) und Manga-Fan (siehe Seite 84) gemeint, der zu sehr in der Scheinwelt der Popkultur lebt. *Otaku* sind zu einer eigenen Schicht in der japanischen Gesellschaft geworden. Sie sind ledig, geben ihr Geld für Merchandise-Artikel aus und sind von anderen Teilen der Gesellschaft isoliert. Viele *otaku* machen ihre Leidenschaft zum Beruf. So wie Otsuka Eiji, der als Professor über *otaku* lehrt und Bücher verfasst. In seinem Atelier sieht man seine Leidenschaft überall. Manga stapeln sich auf dem Boden und Figuren aus Anime-Serien aus den 1970er-Jahren füllen den Schrank. Das Licht ist künstlich, wie die Figuren, die es beleuchtet. Kein Fenster lässt die Außenwelt herein.

Das Klischee des *otaku* beschreibt einen übergewichtigen Einzelgänger, der eine virtuelle Freundin hat. Obwohl das Vorurteil oft auf Manga-Veranstaltungen, wie der Comiket, bestätigt wird, sind *otaku* sehr soziale Wesen. In Akihabara, dem Zentrum für männliche *otaku* in Tokyo, findet man sie in Gruppen, auf der Suche nach neuen DVDs oder Puppen. Weibliche *otaku* sammeln sich in Ikebukuro, wo sich statt der *Maids* (siehe Seite 131), Butler Cafés befinden.

Beim Verlassen der *otaku*-Höhle stoße ich einen Stapel Comics auf dem Boden um. Der Blick des Besitzers macht mir deutlich, dass ich hier nicht noch mal als Gast geladen werde. Ich entschuldige mich, gehe durch die Tür und sehe endlich wieder Tageslicht.

75 Kimono

Der japanische Smoking

着物 kimono

Ein Meer aus Seide lag vor mir. Ich war im Westen von Tokyo und nahm an der Feier zum Eintritt ins Erwachsenenalter teil, bei der eine Freundin eingeladen war.

Alle jungen Menschen aus der Region, die im Jahr zuvor oder den nächsten Monaten 21 geworden waren oder werden würden, waren anwesend. Und alle trugen Kimono.

Wörtlich übersetzt als »Ding zum Anziehen«, gilt der Kimono heute als traditionelles japanisches Kleidungsstück. Er wird von Männern und Frauen zu formalen Anlässen getragen. Der Kimono hat sich im 17. Jahrhundert zu seiner heutigen Form entwickelt. Das ursprüngliche Design basierte noch auf chinesischer Kleidung aus dem 5. Jahrhundert. Der Kimono ist handgewoben und wird aus einem einzelnen Stück Seide gefertigt. Ein »echter« Kimono kostet bis zu 10.000 Euro, es gibt aber auch preiswerte Alternativen aus Baumwolle oder Polyester. Viele traditionelle Kimonos werden in der Familie vererbt oder zu besonderen Anlässen ausgeliehen.

Nach der Öffnung Japans zum Westen drohte der Kimono verdrängt zu werden. Alltagskleidung aus Baumwolle galt als praktischer und billiger. Nach dem großen Erdbeben in Tokyo 1923 galten Kimono-Träger sogar als besonders gefährdet, da sie in den langen Roben schlechter vor Räubern und Plünderern fliehen konnte.

Heute ist der Kimono fest verbunden mit der Tradition. Sumo-Ringer müssen ihn bei öffentlichen Auftritten tragen, da sie einen traditonellen japanischen Sport repräsentieren. Hochzeiten finden im Kimono statt, ebenso Beerdigungen oder Tee-Zeremonien. Im Sommer trägt man den leichten *yukata* zu Festivals oder Schreinbesuchen. Unverheiratete Damen tragen einen *furisode*-Kimono, um auf sich aufmerksam zu machen. Es ist eine schöne und teure Art, in Seide zu sagen: Seht her, ich bin Single.

Einen *furisode* trägt man auch bei der Feier zum Eintritt ins Erwachsenalter. Nur für diesen Tag hatte meine Freundin den teuren Kimono in Rosa geliehen. Ungefähr 200 Euro zahlten die Eltern für den Tag. In Holzschuhen stöckelte sie dann elegant im Kimono zur Bahn.

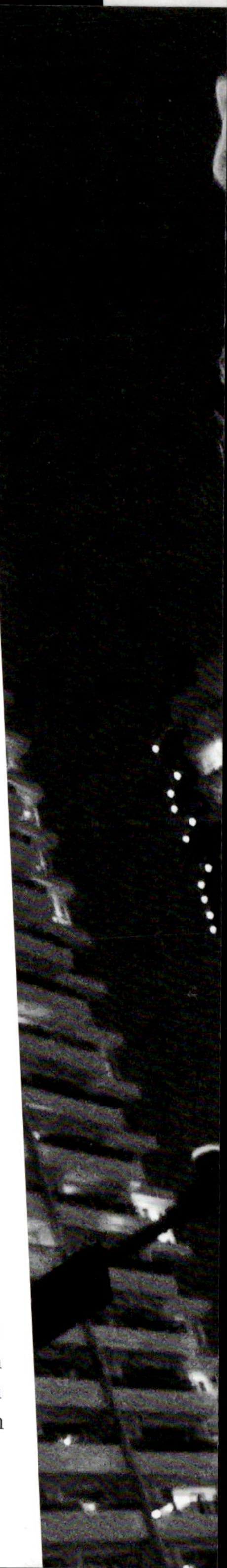

Im Sommer trägt man den leichten *yukata*, stilecht mit Fächer.

76 Hello Kitty
Eine Katze für alles
ハローキティ Harō Kiti

Es lag Zuckerwatte in der Luft. Ich betrat einen der wichtigsten Hello-Kitty-Läden in Japan, gelegen im Süden von Tokyo, komplett in Rosa und mit Tausenden von kleinen, weißen Katzen ohne Mund. Bevölkert war das Geschäft von jungen Mädchen und älteren Damen.

Hello Kitty gibt es seit 1974. Die Marke gehört der Firma Sanrio, die Gummisandalen herstellte. Der Firmengründer stellte fest, dass Sandalen mit niedlichen Motiven sich wie wild verkauften. Es musste also ein einzigartiges Motiv her, das jedes Produkt verkaufen kann – allein dadurch, dass es niedlich ist. So wurde Hello Kitty geboren. Ihrer Biografie nach stammt sie aus London und ist fünf Äpfel groß. Sie hat keinen Mund, denn Kitty White, so ihr echter Name, spricht nur mit dem Herzen. So dient die Figur als Projektionsfläche, für alle Emotionen, die Kunden haben können.

Der Jahresumsatz mit Hello-Kitty-Artikeln wird auf eine Milliarde US-Dollar geschätzt. Kitty ist auf über 12.000 Produkten zu sehen, auf einer elektrischen Gitarre, einem Flugzeugjet und einer Geburtsklinik in Taiwan. Im restlichen Asien ist die Katze mittlerweile beliebter als in Japan. Die Regierung hat Kitty daher zum Kulturbotschafter ernannt: Sie soll in Asien Touristen nach Japan locken. Ihre Verkaufszahlen gingen in ihrer Heimat zurück, und auf der Beliebtheitsskala ist sie hinter Anpanman (siehe Seite 70) gefallen.

Trotzdem ist Hello Kitty das erfolgreichste Beispiel für die japanische Maskottchenkultur. Alles, was mit einer niedlichen Comiczeichnung versehen ist, verkauft sich besser. Hauptsache, die Figur ist *kawaii* (»süß«, siehe Seite 140). Jede Präfektur und jede Stadt hat eine eigene Figur. An Baustellen bitten kleine gezeichnete Affen oder Bauarbeiter um Vorsicht und Rücksicht. Selbst Tepco, der Betreiber des havarierten Atomkraftwerks in Fukushima, hat eine kleine Figur, die Kindern den nuklearen Fallout erklären soll.

Die Begeisterung der breiten Bevölkerung für kindliche Motive kann ich als echter Kerl schwer nachvollziehen. Ich fragte einmal eine japanische Mitarbeiterin von Siemens, die sich Hello Kitty groß auf ihr Handy klebte: »Warum magst du Hello Kitty?« Sie lachte nur und sagte: »Weil sie so niedlich ist!«

Die Katze verkauft sogar Popcorn – auf der Spitze des Bergs Takao, westlich von Tokyo.

77 Kawaii

Niedlichkeit ist Trumpf

かわいい kawaii

Mit meinem neuen schwarzen Hemd stellte ich mich eines Morgens in die Küche und fragte meine japanische Mitbewohnerin, was sie denn davon halte. *»Kawaii«*, schrie sie, in einer höheren Tonlage als sonst. Das Wort musste ich im Wörterbuch nachschlagen: »süß, niedlich« stand da. Ich war enttäuscht. Süß wollte ich mit meinem neuen Hemd nun wirklich nicht aussehen!

Erst später verstand ich, was *kawaii* wirklich bedeutet. Der Ausspruch ist nicht nur ein positiver Ausruf. Er beschreibt eine ganze Kultur, einen Trend, der Gesellschaft und Popkultur gleichermaßen definiert.

Der Ursprung der *kawaii*-Kultur soll aus der Handschrift junger Mädchen stammen. Die Umstellung auf Kugelschreiber in den 1970er-Jahren ermöglichte eine feinere Handschrift – im Kontrast zur japanischen Kalligrafie, bei der die Striche verschieden dick sind. Den neugewonnenen Platz sollen Mädchen mit kleinen Zeichnungen in der Schrift ergänzt haben. Herzchen, lachende Gesichter oder Figuren. Weil das anschließend keiner mehr lesen konnte, wurde diese Art der Handschrift an den Schulen verboten. Modemagazine griffen den Trend aber auf und vermarkteten ihn als »neue Niedlichkeit«. Der Erfolg von Hello Kitty (siehe Seite 138) und anderen Designs, die ursprünglich auf kleine Mädchen abzielten, sich aber dann in der gesamten Bevölkerung verbreiteten, tat sein Übriges.

Kawaii hat das Schönheitsideal von Reife und Zurückhaltung durch Niedlichkeit ersetzt und ist heute das definierende Element in der Popkultur. Nur was *kawaii* ist, setzt sich durch. Die Verwendung des Kindchenschemas (große Augen, schmaler Mund) in Manga (siehe Seite 84) und Anime (siehe Seite 86) fördert die *kawaii*-Kultur. Man assoziiert mit ihr »jung« und »kindlich sein«.

Ich für meinen Teil wollte nicht »niedlich« sein. Mein schwarzes Hemd hing so lange im Schrank, bis ich auch die andere Bedeutung von *kawaii* verstand: »trendig«, »gut aussehend« oder »schick«. Fortan zog ich das Hemd regelmäßig an. Gut aussehend – damit konnte ich leben.

Große Augen, kleiner Körper –
Hauptsache es ist »süß«

78 Hanabi

Blüten am Nachthimmel

花火 hanabi

»Eine Blume aus Feuer am Himmel« – das bedeutet der japanische Name für Feuerwerk. Jedes Jahr im Sommer finden im ganzen Land riesige Feuerwerkspektakel statt.

Den Höhepunkt erreichen die Festivitäten im August, mit mehr als 200 Veranstaltungen, bei denen sich jeweils bis zu 800.000 Menschen einfinden können.

Mein erstes Feuerwerk erlebte ich im Osten von Tokyo. Freunde luden mich ein, auf dem Dach ihres Hauses das feurige Spiel im Nachthimmel zu beobachten. Schon auf dem Weg zum Dach merkte ich, das etwas Besonderes in der Stadt passierte. Die Bahn trug Kimono (siehe Seite 136) und war noch überfüllter als sonst. Die Straßen waren gesperrt. Überall dort, wo die Hochhäuser eine Sichtachse boten, sammelten sich kleine Gruppen auf Decken, die sie auf dem Asphalt der Straße ausbreiteten. Ich irrte derweil umher und suchte das Dach meiner Freunde.

Das Wissen um Raketen und Schießpulver erreichte Japan im 17. Jahrhundert aus China – über den Umweg eines britischen Botschafters, der dem regierenden Shogun (siehe Seite 12) ein Feuerwerk zum Geschenk machte. Dieser fand Gefallen an der Feuerblume im Himmel. Sie zeigte seine militärische Überlegenheit und lenkte von der drückenden Sommerhitze ab. Von da an übernahmen andere Shogune im Rest des Landes diese Tradition und ließen im Sommer rund um ihre Schlösser Feuerwerke zünden. Als erstes offizielles Himmelsspektakel gilt das über dem Fluss Sumida 1733 in Erinnerung an die Hungersnot ein Jahr zuvor, bei der eine Million Menschen umkamen. Die Feuerblume sollte sich im Wasser des Flusses spiegeln und somit zweimal blühen – für das vergangene und das neue Leben. Das Festival findet seitdem jährlich statt. Und ich suchte noch das Dach, von dem aus ich es sehen konnte.

Haruyuki Kono, Vorstand des Verbands japanischer Feuerwerker, vergleicht die Faszination von Feuerblumen für die Japaner mit der Kirschblüte (siehe Seite 30). Es ist Schönheit, die nur für einen kurzen Moment aufblüht und dann wieder verschwindet. Bevor ich meine erste Feuerblume sah, hörte ich sie nur. Es dauerte eine Weile, bis ich das Dach fand. Oben angekommen gab es gebratene Grashüpfer und Bier – und das schönste Feuerwerk, das ich je sah.

Jedes Jahr im Juli gibt es das prächtige Sumidagawa-Feuerwerk über den Dächern Tokyos.

79

Matsuri

Es gibt immer was zu feiern

祭 matsuri

Feiern! Alkohol! Fressbuden! Das alles ist *matsuri*. Wörtlich übersetzt bedeutet es so viel wie »Party« oder »Festival« und beschreibt öffentliche Straßenumzüge und Jahrmärkte.

Die Anlässe der Festivals sind verschieden und es wird auch nicht zwischen religiösen, traditionellen oder historischen Veranstaltungen unterschieden. Moderne Feste können auch als *matsuri* gelten. Oft wissen die Leute gar nicht, warum man gerade feiert. Ist ja auch egal.

Alle Festivals sind lokal, auch wenn sie sich nach nationalen Feiertagen richten. Ihre Ausprägung kann in jedem Ort anders sein. Viele obskure Festivals, die durch die Medien im Westen bekannt wurden, kennen Japaner oft nicht einmal. Darunter das *kanamara matsuri*, bei dem jedes Jahr am 15. März ein 2,5 Meter langer und 300 Kilo schwerer Penis aus Holz durch die Stadt Komaki getragen wird. Das Ganze ist eingebunden in das Erntefest *honen*, das im ganzen Land auch als Fruchtbarkeitsfest gefeiert wird.

Meist werden japanische Festivals rund um einen Shinto-Schrein gefeiert. Hauptsaison für die meisten *matsuri* ist der Sommer. Zur Erntezeit im Herbst gibt es aber auch viele Feierlichkeiten, ebenso im Frühling und zu Neujahr. In jeder Region gibt es ein Festival namens *mikoshi*, bei dem ein oder mehrere Schreine auf den Schultern der Bewohner durch das Dorf getragen werden. Der Geist, der im Schrein lebt, soll dabei seinen Segen über das Dorf verteilen und für das kommende Jahr besänftigt werden. Ein *matsuri* muss aber nicht mit einem Schrein zu tun haben.

Bei allen Unterschieden, in der Art der begleitenden Buden sind alle *matsuri* gleich: Überall gibt es Gebratenes, Gebackenes, Räucherfisch am Spieß oder andere Leckereien schnell auf die Hand. Für die Kinder gibt es Masken und Spielzeuge, für große Kinder ein Spiel, bei dem man mit einem dünnen Papiertuch kleine Fische im Wasser fangen soll. Klingt genauso schwierig wie es ist. Sollte es doch einmal gelingen, leben die Fische meist nicht länger als ein Festival lang. Mädchen lassen sich aber gerne dauerhaft von den Fischfangkünsten beeindrucken – behaupten zumindest die Betreiber der Buden.

Volksfest in Haneda

80 Bon Odori

Warum Samurai nicht tanzen dürfen

盆踊り　bon odori

Totentanz in Tokyo – so hieß die Einladung meines zuständigen Redakteurs. Ich war mir zunächst nicht sicher, ob ich ihr folgen wollte.

Als ich mich dann aber durch die Menschenmasse drängte, bereute ich meine Entscheidung nicht. *Bon odori* ist japanische Tradition, die nicht im Museum hängt, sondern lebt. Man kann sie sogar anfassen.

Der Straßenumzug geht zurück auf das buddhistische Fest *obon*, bei dem der Ahnen gedacht wird. Sein Ursprung liegt in einem Hinweis Buddhas, den er einem seiner Schüler gab, als dieser seine Mutter gefährdet im Jenseits vermutete: Die Mönche, die gerade aus dem Sommerurlaub zurückkehrten, könnten eine Spende gebrauchen. Nach der Spende ging es der Mutter und den Mönchen gut, und fortan wurde *obon* gefeiert. In Japan gibt es allerdings aufgrund verschiedener Kalenderfomate drei Termine für *obon*: Buddha meinte, die Mönche sollten zum 15. des Monats die Spende erhalten. So feiert man in und östlich von Tokyo am 15. Juli, nördlich von Tokyo allerdings erst am 15. August. Heute wird der Feiertag genutzt, um der Ahnen zu gedenken und einen Friedhof aufzusuchen. Oder man besucht seine Familie in der Heimat und besinnt sich auf die Zeit, die man zusammen noch hat.

Die *obon*-Tradition besteht seit dem 14. Jahrhundert in Japan. Zur selben Zeit entwickelte sich auch auch der Tanz *obon odori*, der in jeder Region unterschiedlich ausgeprägt ist. Die größte und bunteste Variante nennt sich *awa odori* – der Tanz der Narren. Es ist ein simpler Tanz, den alle aus der Region in bunten Kostümen mitmachen können. Die alte Melodie spielen die Tänzer mit Flöten, Trommeln und anderen traditionellen Instrumenten selbst. Es gibt nur wenige Regeln für diesen Volkstanz. Eine lautet, dass Samurai (siehe Seite 64) nicht mittanzen dürfen. Sie dürfen zwar in ihren eigenen vier Wände tanzen, aber sie müssen Türen und Fenster dabei geschlossen halten – so steht es zumindest im Ablass der Regierung von 1671. Das größte Festival dieser Art – der Tanz, den ich miterlebt habe – findet in Koenji in Tokyo statt.

Straßenumzug *awa odori* in Koenji

81 Hostess

Die Dame für gewisse Stunden

キャバ嬢　kyabajō

Meine japanische Mitbewohnerin kam eines Morgens müde in die Küche und lud mich zum Frühstück ein. Sie hatte einen neuen Job: *Hostess*.

Die »Clubmädchen« wie sie im Japanischen genannt werden, sind Geishas des 21. Jahrhunderts. Sie bieten leicht erotische Unterhaltung, ohne eindeutig zu werden. *Hostess Bars* oder *Hostess Clubs* beschäftigen mehrere gutaussehende junge Frauen, die den Gästen zuhören, über ihre Witze lachen und ihnen stets kräftig Alkohol nachschenken. Zu ihrem schlechten Stundenlohn bekommen die Mädchen eine Provision auf jeden bestellten Drink.

Die *Hostess* an meinem Frühstückstisch erzählte mir von der letzten Nacht. Eine ganze Firmenabteilung nahm die Bar in Beschlag. Jeder Mitarbeiter bekam eine *Hostess* und mit jedem Glas wurden die Unterhaltungen zotiger, die Handgriffe zielgerichteter. Meine Mitbewohnerin lachte jeden intimen Griff weg und nannte die alten Herren in Schlips und Anzug nur »böse kleine Jungen«. Tatsächlich machen Firmen den größten Teil der Kundschaft aus. Der Besuch der *Hostess Bar* gilt als Ritual, um eine Gemeinschaft unter den Männern aufzubauen oder sie durch sanfte weibliche Gespräche nach harter Arbeit zu belohnen. Rund 90 % des Umsatzes entstehen auf Firmenkosten.

Das männliche Pendant und vor allem beliebt bei gestressten Geschäftsfrauen ist ein *Host Club*. Ein *Host* ist meist zwischen 18 und Mitte 20, hat gefärbtes Haar und ein Talent, das er den Damen vorführt: Er kann zaubern, singen oder besonders charmant sein. Das Talent gilt dabei mehr als das Aussehen. Frauen, die nachts in eine *Host Bar* gehen, suchen jemanden, der ihnen nach einem langen Arbeitstag zuhört. Sie wollen sich geborgen fühlen. Sex ist weder bei den Männern noch bei den Frauen das erklärte Ziel oder Angebot – auch wenn es *Hostess Bars* gibt, die auch diese Wünsche nachweislich erfüllen.

Meine Mitbewohnerin fühlte sich bei dem Kunden letzte Nacht nicht sonderlich geborgen. Sie leerte ihren Teller und durchsuchte die Zeitung nach Stellenangeboten. Eine Nacht als *Hostess* reichte ihr.

Die Damen präsentieren sich auf einem Plakat vor ihrem Etablissement.

82 Hierarchie

Komplex und vielschichtig

階層 Kaisō

Nach der Rückkehr von einer Reise in den Norden erzählte ich einer japanischen Freundin von dem prächtigen Herrenhaus, in dem ich übernachtet hatte. »Oh«, sagte sie, »das war bestimmt das Haus eines Bauern«. Auf meinen skeptischen Blick sagte sie nur: »Na, Bauern sind doch immer reich, oder?«

Um nachvollziehen zu können, warum ein Bauer reich und die Hierarchie in Japan so eng ist, muss man einen Blick in die japanische Geschichte werfen. Bis 1871 war Japan ein feudaler Staat: Der Kaiser stand an der Spitze, unter ihm die Generäle und Samurai (siehe Seite 64) und darunter die Bauern. Die Hierarchie der Kasten folgte dem konfuzianischen Vorbild, das die Bevölkerung nach dem Wert ihrer Funktion und nicht nach ihrem Reichtum einteilte. Samurai standen an der Spitze, da sie die Ordnung für die unteren Schichten sicherstellten. Ihnen folgten die Bauern, denn sie versorgten das Volk mit Nahrung, waren also wichtiger als Künstler und Handwerker. Händler genossen das geringste Ansehen, da sie nur Waren verteilten, statt neue herzustellen.

Während der Edo-Zeit (1603–1868) waren die Klassen sehr streng getrennt. Jede hatte ihre eigenen Viertel oder sogar eigene Städte. Die Samurai lebten in unmittelbarer Nähe zum Schloss. Sie dienten dem Daimyo, dem General, der ihr Gebiet verwaltete und besteuerte. Sie boten ihm Schutz und erhielten dafür ein monatliches Gehalt, durften aber, im Gegensatz zu den Bauern, kein Land besitzen. So weit die Idee. Da die Edo-Zeit jedoch sehr friedlich war, konsumierten und konsumierten die Krieger, so dass nach 200 Jahren die Händler, bei denen die Samurai verschuldet waren, die reichste Schicht bildeten. Die Bauern, die als einzige Land besitzen durften, blieben wohlhabend, durften es aber nicht zeigen. Ihnen war einzig der Ausbau des eigenen Hauses erlaubt. Und so stehen immer noch prächtige Bauernhäuser in der Nähe von Reisfeldern.

Die freudale Struktur mit ihren engen Regeln findet sich bis heute in der japanischen Gesellschaft, behaupten einige. Manche amerikanischen Geschäftsleute bezeichnen das Japan von heute als semi-feudal. An der Spitze stehen heute die Händler bzw. Firmen, darunter die Anzugträger als »moderne Bauern«. Von Konfuzius Ideal ist nicht mehr viel übrig geblieben.

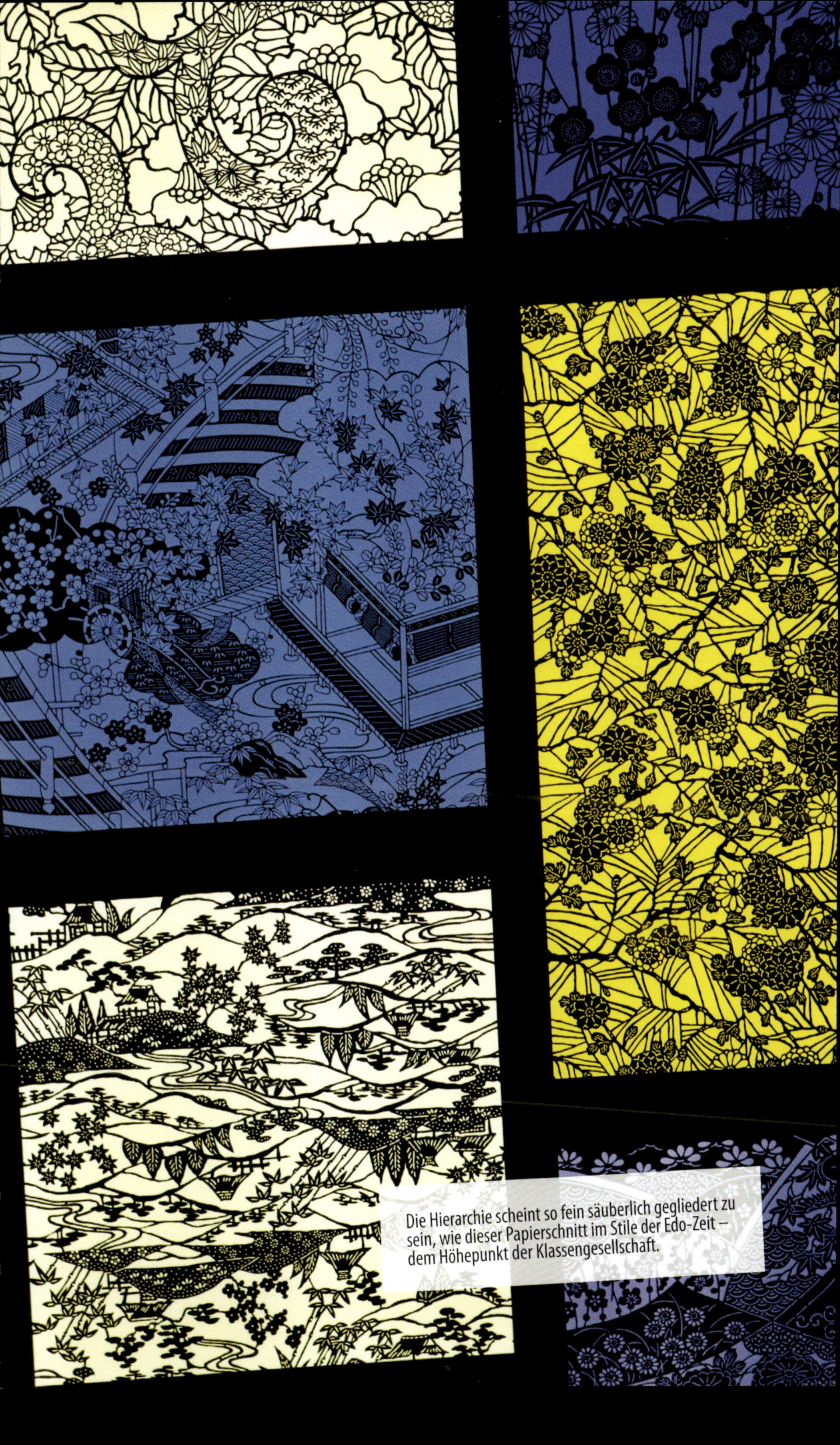

Die Hierarchie scheint so fein säuberlich gegliedert zu sein, wie dieser Papierschnitt im Stile der Edo-Zeit – dem Höhepunkt der Klassengesellschaft.

83 Umgang

Erst die anderen, dann du

取り扱い toriatsukai

Hierarchie in Japan funktioniert nach strengen Regeln, die man als Ausländer selbst nach mehreren Jahren im Land nicht zu 100 % versteht.

Wie in der feudalen Edo-Zeit muss man sich heute unterordnen – entweder dem Vorgesetzten oder dem Älteren. Die Harmonie in der Gruppe ist das höchste Ideal. Als Individuum soll man sich zurücknehmen.

Japanische Schüler lernen, sich als Teil einer Gruppe zu begreifen: Familie, Klasse, Gemeinde. Der Erfolg einer Firma gilt auch als Erfolg für den einzelnen Mitarbeiter. Eine Kultur, welche die Entfaltung und Verwirklichung des Individuums betont, so wie es im Westen gelebt wird, gibt es in Japan nicht in dieser Ausprägung.

Die japanische Art des Zusammenlebens ist wichtig, in einem dicht besiedelten Land mit mehr als 120 Millionen Einwohnern. Mit ausgestreckten Ellenbogen kommt man nicht weit. Höflichkeit und Respekt voreinander sorgen für Harmonie.

Allerdings vermisst man als Besucher eine gewisse Diskussionskultur. Japaner möchten anderen ihre Meinung nicht aufdrängen. Politische Diskurse habe ich selten erlebt. Der Respekt vor dem Alter führt dazu, dass betagte Mitarbeiter bis zur Rente und darüber hinaus im Dienst bleiben, auch wenn ihre Entscheidungen nicht immer die richtigen sind.

Edo, Samurai (siehe Seite 64) und moderne Geschäftskultur – als Außenstehender kann man die Zusammenhänge nicht erkennen, welche die moderne japanische Hierarchie prägen. Fest steht nur eins: Der Hierarchie muss man sich anpassen.

Viele Menschen auf engem Raum verlangen besondere Regeln für den Umgang miteinander.

84 Koban

Überall und unterbeschäftigt

交番 kōban

Alarm für *koban 11*: Ein Tourist hat sich verlaufen! Beamter Yamada eilt zur Rettung, während sich Beamter Fujita um das verlorene Dreirad der kleinen Mitsuko kümmert.

So sieht das tägliche Abenteuer in einem *koban* aus – einer kleinen Polizeistation, die an einer Straßenkreuzung steht und einem bis sechs Beamten Platz gibt. Sie gilt als freundliche Nachbarschaftshilfe, die jederzeit geöffnet hat.

Ende des 19. Jahrhunderts traten sie zum ersten Mal in Erscheinung und ersetzten die Arbeit der Samurai (siehe Seite 64) als lokale Ordnungskräfte. In der Zeit des Umbruchs vom feudalen Kaiserstaat zur modernen Industrienation entstand ein Sicherheitsvakuum, das die *koban* füllen sollten. Dazu holte sich die Regierung Hilfe aus Preußen. Offizier Wilhelm Höhn half als Berater dabei, die japanische Polizei umzustrukturieren und trainierte eine Spezialeinheit, die unter anderem Aufstände gegen den Kaiser kontrollierte.

Der heutige *koban* ist auch eine Spezialeinheit – spezialisiert auf Ratschläge. Die Kriminalitätsrate in Japan ist äußerst gering und daher werden *koban* meist nur benutzt, um nach dem Weg zu fragen. Die örtliche Polizeibox, wie sie auch genannt wird, kennt die Nachbarschaft, in der sie stationiert ist, sehr gut. In der Station gibt es Landkarten und oft begleiten einen die Beamten zum genannten Zielort. Die Polizisten touren regelmäßig zu Fuß oder auf dem Fahrrad durch die Nachbarschaft und schauen dabei gleich nach dem Rechten. Eine unbesetzte Station ist daher nicht selten. Meist steht aber ein Beamter vor der Polizeibox und zeigt Präsenz.

Es gibt ungefähr 13.000 *koban* in Japan, in denen ca. 20 % der japanischen Polizisten arbeiten. Meist sind es junge Beamte in oder kurz nach der Ausbildung oder ältere, die hier bis zur Pensionierung einen ruhigen Dienstalltag verbringen. Frauen gehören selten zur Belegschaft eines *kobans* und übernehmen nie eine Nachtschicht. Zu den Tätigkeiten eines *kobans* gehören neben Ortsauskünften auch die Suche nach verlorenen Gegenständen oder Erste Hilfe bei einem Notfall. Auch wenn es nachweislich mehrere Fälle gab, in denen die Dorfpolizei bei einem echten Ernstfall überfordert war.

Im Diensthäuschen ist stets viel Zeit für Papierkram übrig.

85 Mamachari

Das Rad für alle

ママチャリ mamachari

Vier von fünf Japanern fahren mit Omas Fahrrad. So lautet zumindest der übersetzte Name von *mamachari*, dem Fahrrad der Nation. Es ist ein simples Rad mit Kettenschutz, Dynamo, Bremse und einem Korb am Lenker.

Vom Grundschüler bis zur namensgebenden Großmutter benutzt jeder in Japan das *mamachari*. Es wird von Polizisten, Geschäftsleuten und Familienvätern gefahren, gilt als robust und verlässlich. Mit einem geringen Preis von 100–300 Euro ist es für jeden erschwinglich.

Das Fahrrad wird meist zum Einkaufen von Lebensmitteln oder die Fahrt zur nächsten Haltestelle eingesetzt, die in Tokyo schon mal 30 Minuten Fußmarsch entfernt sein kann. Die Bahnhöfe haben sich darauf eingestellt. So gibt es neben der Station große Fahrradparkplätze, die einen bis drei Euro pro Tag kosten. In der Innenstadt ist das Parken allerdings ein großes Problem. Wegen der Masse an Fahrrädern existiert fast überall ein Parkverbot, da die engen Straßen sonst schnell zugestellt wären. An einigen Stellen gibt es spezielle Fahrradparkplätze, die gegen eine regelmäßige Gebühr das Anschließen erlauben. Sogar unterirdische Fahrradspeicher, die automatisch über einen Computer funktionieren, gibt es. Wer unerlaubt parkt, wird zwar nicht abgeschleppt, bekommt aber eine eindeutige Warnung an den Lenker geklebt.

Jedes Rad muss im Fahrradladen registriert werden. Polizisten führen regelmäßige Kontrollen durch, ob das Fahrrad dem Fahrer auch wirklich gehört. Insbesondere Ausländer gelten als beliebtes Ziel der Kontrollen. In einem Monat wurde ich viermal angehalten. Die Statistik der Polizei hat Ausländer als Fahrraddiebe ausgemacht. Dabei ist es für Nichtjapaner keineswegs einfach, sein Fahrrad zu registrieren oder zu verkaufen. Vor der Heimreise verkaufen Ausländer ihr Fahrrad daher meist an andere Ausländer weiter. Ein Fahrrad kann so durch mehrere westliche Hände gehen, ohne je registriert worden zu sein. Das macht verdächtig, auch wenn kein Diebstahl im Spiel ist.

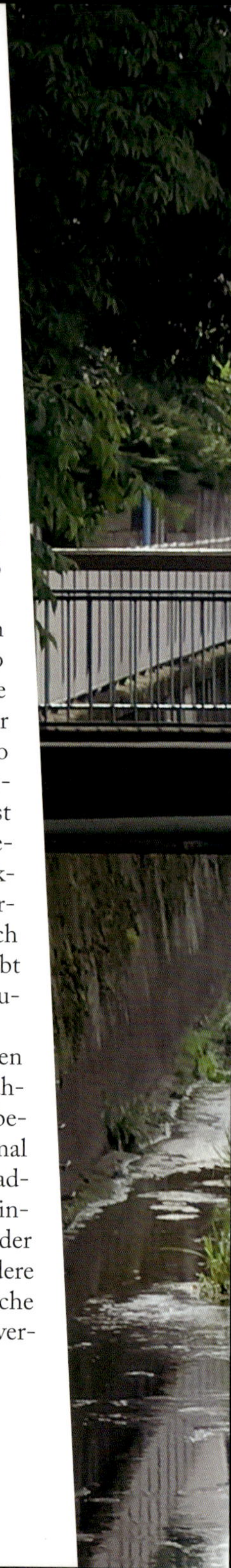

86 Ausländer

Wir und die anderen

外国人 Gaikokujin

Der Begriff für Ausländer lautet *gaijin*, was wörtlich »Mensch von draußen« bedeutet.

Im 14. Jahrhundert war dies noch die Bezeichnung für alle Fremden, auch die Bewohner einer anderen Region in Japan. *Gaijin* ist vergleichbar mit dem griechischen Wort Barbar, das ursprünglich alle Menschen beschrieb, die kein oder schlecht Griechisch sprachen. Eine ähnlich negative Besetzung hat *gaijin* heute auch, weswegen es durch das neutrale *gaikokujin* ersetzt wird – »Mensch aus einem anderen Land«.

Viele Ausländer verstehen *gaijin* als Schimpfwort. Allerdings hat sich die Bedeutung gewandelt, seitdem Ausländer das Wort selbst für sich benutzen. Der Begriff der *gaijin community* macht die Runde und wird unter Ausländern genutzt, um sich zu organisieren. Unter *gaijin* ist es dann egal, aus welchem Land man kommt. Man ist Ausländer in Japan. Als *gaijin* kommt man auch nie wirklich in Japan an. Man kann 10, 20 Jahre mit einer Japanerin verheiratet sein, für eine große Firma arbeiten und Steuern bezahlen – man wird immer der *gaijin* bleiben, da man immer anders aussieht.

Der Umgang mit *gaijin* wird Japanern nicht beigebracht, was viele überfordert. Wie höflich muss ich ihm gegenüber sein? Kann er mich verstehen? Benehme ich mich auch richtig? – das sind die häufigsten Überlegungen. Wenn man sich als *gaijin* also unfreundlich oder kühl behandelt fühlt – es ist meistens nicht so gemeint. Das bekannteste und meistdiskutierte Problem ist der freie Sitzplatz in der Bahn. Der ist in Tokyo durchaus selten. Wenn man als Ausländer einen freien Platz ergattert, können die Sitze links und rechts neben einem trotzdem frei bleiben. Was viele Ausländer als Xenophobie verstehen, hat nach meiner Erfahrung einen ganz anderen Grund: Die Sitznachbarn befürchten eine Konversation, bei der sie nicht antworten können, wenn ihr Englisch nicht ausreichend ist. Es ist aber sehr unhöflich, nichts zu sagen – und um diese Unhöflichkeit zu vermeiden, duckt man sich auf anderen Plätzen weg.

So sehr man versucht, sich anzupassen,
die blonden Haare verraten einen immer.

87 Pachinko

Japans einarmiger Bandit

パチンコ pachinko

Ein Viertel der japanischen Bevölkerung spielt regelmäßig *pachinko* – Glücksspielautomaten, die in lärmigen und verrauchten Salons stehen.

Die Spielhallen setzen jährlich mehr als 300 Milliarden Euro um, obwohl Glücksspiele in Japan illegal sind. Warum sich dennoch 30 Millionen Japaner vor die Automaten setzen – und damit vermutlich Nordkorea unterstützen?

Es gibt mehrere Varianten der Glücksspielautomaten. Beim Original schießt man eine silberne Kugel auf ein vertikales Spielfeld. Sie muss durch eine Reihe von Hindernissen, um in ein Fach am unteren Ende zu fallen. Je nach Fach gibt es einen Gewinn. Zum Spielen tauscht man sein Geld gegen Kugeln. Eine einzelne kostet nur ein paar Cent. Man kann mit ihnen weitere Kugeln gewinnen und sie gegen Preise eintauschen. Diese sind meist von geringem Wert, wie Zigaretten oder Streichhölzer. Ziel sind aber die »Sonderpreise«: Figuren mit Goldrand, Teddybären mit Mütze oder besonders gestaltete Umschläge. Diese können außerhalb des *pachinko*-Salons wieder in Geld umgetauscht werden.

Legalisiert wird das Glücksspiel also durch die Trennung von Salon und Umtauschstelle. Mitarbeiter einer *pachinko*-Halle kennen auf Nachfrage keinen Ort, an dem Preise gegen Geld getauscht werden können. Sie dürfen es nicht wissen. Ein Umtauschladen liegt allerdings meist um die Ecke und wirkt unscheinbar – im Gegensatz zum *pachinko*-Salon mit grellen Leuchten und lauter Musik.

Fast 90 % der 16.000 *pachinko*-Läden in Japan gehören Koreanern, die den Gewinn unversteuert ins Ausland schaffen. Man vermutet ein bis zwei Drittel Nordkoreaner unter ihnen, die damit die Diktatur finanziell unterstützen. Der Journalist Jake Adelstein schätzt den jährlichen Reingewinn auf 100–400 Millionen Euro, was *pachinko* zur größten Einnahmequelle des kommunistischen nordkoreanischen Regimes machen soll. Doch genaue Zahlen gibt es nicht.

Das Glücksspiel gilt als beliebtes Hobby von Männern im mittleren Alter. Spielsucht ist ein Problem, doch die meisten halten ein paar Stunden *pachinko* im Monat für einen harmlosen Spaß und Nervenkitzel. Über die Verbindung zu Korea wissen die wenigsten etwas. Die meisten interessiert es auch nicht. Hauptsache die Kugeln rollen.

Im Inneren eines *pachinko*-Salons

Kaizen

Der ewige Kreislauf

改善 kaizen

Finanzberater Masaaki Imai erklärt Japans wirtschaftlichen Erfolg mit einem einzigen Wort: *kaizen*. So lautet auch der Titel seines Buches, das den Begriff 1986 weltweit als Strategie für Firmen verankerte.

Kaizen bedeutet »Veränderung zum Besseren« und beschreibt ein Konzept zur Verbesserung der Arbeitsleistung. Die Idee von *kaizen* wird aber auch bei Behandlungen von Kranken, in der Psychotherapie und in anderen Industrien eingesetzt. Was also macht Kaizen so beliebt und universal?

Kaizen ist ein Prozess der Reinigung: Man betrachtet einen Vorgang oder Arbeitsschritt, sucht störende oder sinnlose Faktoren und merzt sie aus. Als »störend« im Arbeitsprozess gilt allerdings nicht der Mensch, der ihn ausübt, sondern alle Elemente, die ihn stören könnten. Das kann die Farbe des Schreibtisches, die Kommunikationskette in der Hierarchie oder übermäßig schwere und belastende Arbeit sein. Die Idee des *kaizen* dient nicht nur dem Fließbandarbeiter, sondern auch dem Geschäftsführer. Autohersteller Toyota hat das Konzept in allen Werkstätten weltweit umgesetzt.

Es ist ein unendlicher Kreislauf von Produktion, Analyse der Produktion, kollektiver Sammlung von Verbesserungsvorschlägen aller Mitarbeiter und Anpassung der Arbeitsschritte.

Eingeführt wurde das Konzept nach dem Zweiten Weltkrieg. Es basiert auf Vorschlägen der Amerikaner, die den Aufbau der zerstörten Wirtschaftsnation so effizient wie möglich gestalten wollten. Teamwork, Disziplin und verbesserte Moral gelten als Kernprinzipien.

Wenngleich *kaizen* also kein japanisches Konzept ist, es fiel auf fruchtbaren Boden und wird bis zur Perfektion bis heute umgesetzt. Ideen wie Disziplin und Harmonie der Gruppe, die zu den japanischen Werten zählen, sind elementar bei *kaizen*. Die »Reinigung« von Faktoren, die den Menschen stören, ist ein Grundthema im Shinto (siehe Seite 44). Und die Verbesserung des Produktes ist schlussendlich auch nur eine andere Form von ernsthafter Höflichkeit und Respekt gegenüber dem Kunden. Beides wird in Japan groß geschrieben.

Japans Metropole, aufgebaut auf dem Kaizen-Konzept

89 Gundam

Riesige Roboter und kleine Jungs

ガンダム gandamu

Am 11. Juli 2009 kamen mehr als vier Millionen Menschen, um erstmals einen riesigen Roboter vor der Küste Tokyos zu sehen. Er war 18 Meter hoch, bewegte sich nicht, war weder Filmrequisite noch die neueste Entwicklung japanischer Wissenschaftler – es war der Nachbau einer Anime-Figur: ein Gundam.

Japaner lieben Roboter. Echte und animierte. Im Jahr 1979 zeigte der Anime (siehe Seite 86) *Mobile Suit Gundam* zum ersten Mal einen riesigen Roboter im Weltall, der von einem Jungen im Inneren gesteuert wird. Niemand ahnte, wie beliebt das Konzept werden würde. Die Serie begründete ein eigenes Genre. Zuvor war der Markt der fiktiven Roboter dominiert von übermächtigen denkenden Maschinen, die alleine auf der Erde, im All oder in Fantasiewelten gegen Monster kämpften. Gundam erweiterte die Kampfformel »guter Robo gegen böse Robos« um eine menschliche Komponente: Ein Junge, das Zielpublikum der Zeit, saß im Brustkorb des Roboters und steuerte ihn. Kleine Jungs identifizierten sich mit dem Piloten, der durch seinen Maschinenfreund zum großen Krieger wurde, während große Jungs von der fortschrittlichen Technik begeistert waren.

Das Design der Roboter basiert auf der Rüstung von Samurai (siehe Seite 64), deutlich erkennbar am Helm des ersten Gundam. Ganze Generationen wuchsen mit dem Roboter auf. Heute gilt Gundam als kulturelle Ikone. Die japanische Regierung brachte im Oktober 2000 eine Briefmarke mit dem Roboter heraus und die japanische Feuerwehr nutzt ihn als Motiv zu Werbezwecken. Und der Codename der japanischen Selbstverteidigungsstreitkräfte für die Kampfwaffenentwicklung lautet: Gundam.

Die Marke ist in Japan mehr als 500 Millionen Euro wert. Genug, um einen echten Kampfroboter damit zu bauen. Das nachgebaute Modell des ersten Gundam kann noch nicht viel. Seine Augen leuchten bedrohlich, und alle 15 Minuten lässt er spektakulär Rauch ab. Nach seiner Zeit in Tokyo tourte er durch das Land und bekam zwischenzeitlich ein sechs Meter langes Lichtschwert geschenkt. Wohl in keinem anderen Land der Welt wäre eine so ehrliche Begeisterung für einen Riesenroboter möglich. Beim Vorschlag »Hey, lasst uns einen riesigen Roboter bauen!« schüttelt man wohl überall auf der Welt den Kopf. In Japan fragt man nur nach: »Welche Farbe?«

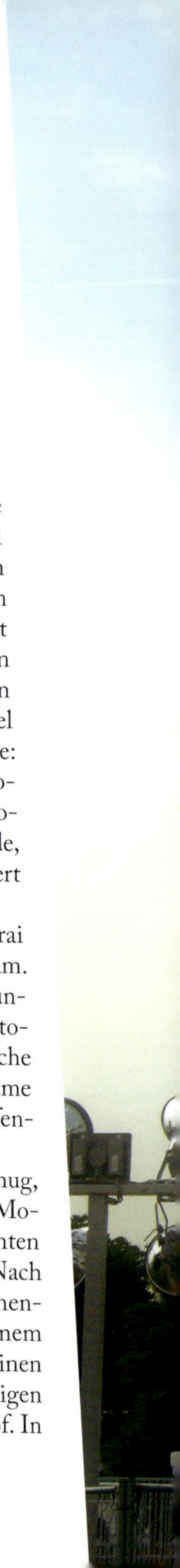

Der große Gundam von Odaiba (ein realitätsnaher Nachbau)

90 Kunst

Kreatives für ein paar Yen

美術 bijutsu

Mit vollem Körpereinsatz

Die Künstlerin seufzte. Ich war mit ihr in einer Ausstellung in Roppongi, einem Viertel von Tokyo, mit sehr vielen Museen und Galerien. Sie seufzte nicht unbedingt wegen der Bilder, die dort hingen (ihre Arbeit war nicht dabei). Es ging ihr um die Kunst allgemein.

»Es gibt zwei Arten von Kunst in Japan«, erklärte sie mir. »Zum einen traditionelle japanische Kunst – und dann alles andere.« Popkultur ist dabei gleichwertig mit moderner Kunst. Die Konsequenz ist, dass Comics und Spiele als Kunsform akzeptiert und respektiert werden. Gleichzeitig gilt moderne Kunst als kommerzielle und austauschbare Massenware.

Kommerz und Kunst gehen Hand in Hand und heben sich nicht auf. Das beste Beispiel dafür ist die bekannte japanische Kunstform der Holzdrucke: *ukiyo-e*. Sie entstanden in der Edo-Periode, zwischen dem 17. und 20. Jahrhundert. In romantischen oder fantastischen Motiven zeigen sie Landschaften, Geschichten und Personen. Bis heute gelten sie als historische Zeugnisse des alten. feudalen Japan. Als eigene japanische Kunstform werden sie regelmäßig ausgestellt und abgedruckt. Doch der Beginn von *ukiyo-e* lag im Handel. Es waren simple und preiswerte bemalte Holzbretter, die in der Stadt verkauft wurden und die sich jeder leisten konnte. Kunst mit Preisschild – heute gefeiert als Kulturgut.

Der Rundgang durch die Galerie war inzwischen vorbei. Die Künstlerin, die mich begleitete, drängte auf den Heimweg. Sie müsse noch zur Arbeit, sagte sie, ins Büro einer IT-Firma. Sie hoffte, in sechs Monaten ihre eigene Ausstellung finanzieren zu können. Mit der Aussicht auf die lange Wartezeit hielt sie noch einmal inne. Ihr kurzer Seufzer wurde vom Zug in Richtung Arbeit übertönt.

91 Design Festa

Die kreativste Messe Tokyos

デザイン・フェスタ　desain fuesuta

Kreativität liegt in der Luft. Tausende junger Künstler kommen zweimal im Jahr in Tokyo zur Design Festa zusammen. Ab 80 Euro können sie einen Platz von 60 x 90 cm für einen Tag mieten.

Jeder Kleinkünstler bietet seine Arbeiten selbst an.

Was sie mit dem Platz machen, bleibt jedem selbst überlassen. Die meisten bringen einen Tisch mit und verkaufen ihre Kunst: bunte Bilder, Stickereien, Figuren oder Zeichnungen – die Auswahl ist grenzenlos. Zwischen den Ständen kann man die Kreativität in der Luft förmlich schmecken. Obwohl prinzipiell alle Künstler in Konkurrenz zueinander stehen, läuft alles friedlich ab. Eine andere Option haben die Kleinkünstler auch nicht.

Es gibt kaum Programme für neue oder junge Kunst in Japan. Galerien oder Ausstellungen für moderne Kunst gibt es nur in Zusammenhang mit den Universitäten. Möchte ein junger Künstler abseits davon seine Kunst zeigen, muss er selbst in die Tasche greifen und eine Galerie mieten. Ich habe in Japan viele Künstler getroffen, die tagsüber im Büro saßen, um sich so irgendwann einmal eine Ausstellung leisten zu können.

Um als Künstler eine Chance zu haben, muss man eine der teuren Universitäten besuchen. Sie werden von den Studenten allerdings kritisiert, da sie alles andere als Kreativität vermitteln. Es gilt: Der Meister macht vor, der Schüler macht nach. Erst im letzten Jahr der Ausbildung, wenn man die Arbeit des Meisters verinnerlicht hat, wird man ermutigt, selbst zu gestalten.

Diese Lehrer-Studenten-Beziehung, die auf Reproduktion und nicht auf Kreation setzt, ist historisch begründet. Traditionelle japanische Kunst, wie Kalligrafie oder Töpferei, wird seit Jahrhunderten so vermittelt. Einige behaupten sogar, auf diese Art und Weise die Kunstfähigkeiten seit fast 1.000 Jahren ohne Verluste bewahrt zu haben. Mit jeder Generation wurden sie weitergegeben, bis zum heutigen Meister, der die Kenntnisse wiederum vermittelt und lebendig hält.

92 Ainu

Das fast vergessene Volk des Nordens

アイヌ ainu

In Sapporo, im kalten Norden Japans, stolperte ich in ein Museum. Es war den Ainu gewidmet – den Ureinwohnern Japans. Zum Museum gehörte eine Forschungsabteilung, an deren Eingang eine alte Dame in exzentrischer Aufmachung saß.

Historische Aufnahme einer Ainu-Gruppe aus dem Jahr 1904

Ihre schwarzen Haare hatte sie zu einem Turm gebunden und viele graue Strähnen zogen sich wie eine Wendeltreppe zur Spitze. Ihr schwarzer Kimono (siehe Seite 136) war mit einem blauen, eckigen Muster verziert. Sie war die Leiterin des Museums, Nachkomme der Ainu und trug ihre traditionelle Kleidung.

Die Ainu lebten auf der Hauptinsel Japans bis sie nach und nach in den kalten Norden gedrängt wurden. Vermutlich kamen sie im 13. Jahrhundert aus der Mongolei nach Japan. Lange verlief die Koexistenz friedlich. Es wurde Handel getrieben aber es fand kein kultureller Austausch statt. Beide Sprachen beeinflussten sich nicht, nur Ortsnamen der Ainu wurden ins Japanische übernommen. Ainu waren Jäger und Sammler, sie verehrten Tiergeister.

Als die Krieger-Regierung der Samurai (siehe Seite 64) im 19. Jahrhundert auf eine kaiserliche Monarchie umgestellt wurde, sah man keinen Platz mehr für die Ainu. Es wurde ein Gesetz erlassen, das die Ainu zu japanischen Staatsbürgern machte, sie somit enteignete und ihnen den Status einer ethnischen Minderheit absprach. Sie siedelten damals auf Hokkaido, dem strategischen Außenposten im Norden gegen das erstarkende Russland. Zudem bot Hokkaido Platz für die vielen, jetzt arbeitslosen Samurai. Mit finanziellen Anreizen wurden Tausende in den damals kaum besiedelten Norden gelockt.

Erst 1997 wurde das Gesetz, welches die Rechte der Ainu einschränkte, formal abgeschafft. Heute wird die Anzahl der Menschen mit Ainu-Vorfahren in Japan auf 25.000 bis 250.000 geschätzt. Ihre Sprache, die keine Schrift kennt, wird von weniger als 100 Menschen gesprochen und ist damit so gut wie ausgestorben. Ainu-Nachfahren leben heute größtenteils vom Tourismus. Es gibt auf Hokkaido Nachbauten von Ainu-Dörfern, in Tokyo gibt es Restaurants mit ihren Speisen und regelmäßig touren ihre Tanzgruppen durch das Land.

Nachfahren der Ainu versuchen, die Traditionen zu bewahren. Ihre Kleidung trägt das typische Linienmuster.

93 Suizid

Warum?

自殺 Jisatsu

Spät nachts, ein Anruf. Eine gute Freundin. Sie war ganz aufgelöst und rang nach Worten. Eine ehemalige Kommilitonin hatte sich vor den Zug geworfen. Sie war gerade einmal 28 Jahre alt.

Selbstmord ist leider ein großes Problem in Japan. Mehr als 30.000 Menschen begehen jedes Jahr Suizid. Alle 15 Minuten einer. Der Grund hat fast immer mit der Arbeit zu tun: Man findet keinen Job und ist deswegen kein nützliches Mitglied der Gesellschaft. Oder man überarbeitet sich, nimmt keinen Urlaub und sieht keine andere Möglichkeit, als alles zu beenden. Auch der Leistungsdruck an Schulen und Universitäten ist sehr hoch. Wer nicht die geforderten Noten erreicht, verzweifelt. Hinzu kommt ein hoher finanzieller Druck. Eltern verschulden sich häufig für die Universitätsausbildung der Kinder. Einen Abschluss zu ergattern, für seinen Unterhalt aufzukommen, irgendwann die Eltern zu unterstützen – dieser Druck lastet schon auf den Kindern. Schulden können in Japan im Todesfall auf Verwandte übertragen werden, die im Selbstmord den einzigen Ausweg aus der unverschuldeten Finanzmisere sehen. Die meisten Selbstmordfälle passieren daher im Frühjahr, am Ende des Finanz- und Schuljahres.

Der Sprung vor den Zug ist die häufigste Variante. Die Chuo-Linie in Tokyo, wichtigste und meistbefahrene Verbindung zwischen dem Westen und Osten der Stadt, ist besonders berüchtigt dafür. Die Kosten für den Ausfall der Züge stellt die Bahnfirma dann den Verwandten in Rechnung.

Historisch hat Suizid eine gewisse kulturelle Akzeptanz in Japan. Die Selbstmorde der Samurai (siehe Seite 64) und der Kamikaze-Soldaten im Zweiten Weltkrieg (siehe Seite 114) trugen dazu bei. Heute investiert die Regierung zehn Milliarden Yen jährlich in Aufklärung und Prävention. Als Landwirtschaftsminister Matsuoka 2007 nach einem

Friedhof in Tokyo. Auf den Brettern stehen buddhistische Gebetstexte.

schweren Finanzskandal Suizid begang, nannte ihn der Gouverneur von Tokyo allerdings einen »echten Samurai«. In der Welt der Popkultur von Manga (siehe Seite 84) und Anime (siehe Seite 86) findet auch eine verklärte Sicht auf Selbstmord statt.

Warum die Kommilitonin meiner Freundin vor den Zug sprang, das wusste keiner. Es gab keinen Brief und keine Details. Ein Leben war beendet und der Zugverkehr in Tokyo musste zehn Minuten pausieren – ohne dass jemand erfuhr warum.

94

Onsen

Geschenk der Götter

温泉 onsen

Wir waren müde, verschwitzt und genervt. Meine japanische Begleiterin und ich waren seit über zehn Stunden in einem Ort unterwegs, der von Touristen und Reisegruppen überlaufen war.

Beim Essen fragten wir die Dame im Restaurant nach dem nächsten *onsen*. Aber, und das betonten wir sehr, wir suchten ein *onsen* ohne Touristen. Sie überlegte lange, zeichnete uns eine Karte und schickte uns auf den Weg.

Onsen sind die heißen Thermalbäder Japans, und nur Einrichtungen, die tatsächlich Wasser aus einer unter- oder oberirdischen Quelle benutzen, dürfen sich so nennen. Das Quellwasser sollte dabei mindestens 25 °C warm sein und wenigstens 19 vorgeschriebene Mineralien enthalten. Einem Bad darin werden heilende Kräfte nachgesagt. *Onsen* sind seit mehr als tausend Jahren in Japan in Gebrauch. Sie waren die erste genuin japanische Kultur, die sich nicht auf einen Import aus China zurückführen lässt. Es heißt, die Bäder seien der Ausgleich der Götter für die Naturkatastrophen. Denn ohne vulkanische Aktivitäten würde es weder Erdbeben noch heiße Quellen geben, die bis zur Oberfläche sprudeln.

Nach einem langen Fußmarsch erreichten wir das Bad. Es war eine schmucklose Hütte. Kein Vergleich zu den großen Badehäusern in den Kurorten, die von ihren heißen Quellen leben. Dort ist es auch normal, im Bademantel durch das Dorf zu laufen.

Bevor das heiße Wasser betreten werden kann, muss man sich reinigen. Man duscht vor dem Gang ins Becken. Das warme Wasser dient dann nur zur Entspannung. Japaner schätzen die entspannte Atmosphäre im 50–60 °C warmen Wasser. Tattoos sind allerdings streng verboten. Mitglieder der japanischen Mafia haben meist ihren gesamten Körper tätowiert. Früher dienten die Tätowierungen als Botschaften, die der nackte Körper im Bad vermitteln sollte. Heute wird sogar Westlern der Eintritt verboten, wenn sie nur eine Mickey Mouse auf der linken Pobacke haben. In unserem *onsen* sah man das allerdings nicht so eng. Vor mir ruhte ein Kopf ohne Haare auf einem dicht tätowierten Arm. Ich suchte das andere Ecken des Beckens auf. Man weiß ja nie.

Das große *onsen* auf Odaiba, eine Verbindung von heißer Quelle und Vergnügungspark, in dessen Innerem das alte Japan nachgebildet wird.

95 Musik

Jung, talentiert, unbekannt

音楽 ongaku

Eine junge Frau sitzt alleine auf der Bühne am Klavier. Sie fängt an zu spielen und zu singen. Das Publikum im Keller des kleinen Clubs im Westen Tokyos ist begeistert. Unter ihnen ein Europäer mit Kamera.

Sayuri, das Mädchen auf der Bühne, hatte mich zu einem Konzert eingeladen. Sie ist Frontfrau einer jungen Band in Tokyo. Das Haus ist voll. Jedes Konzert ist für ihre Band ein Risiko, denn wie alle Kleingruppen müssen sie selbst für den Auftritt zahlen. Deshalb ist sie tagsüber Angestellte einer Internetfirma und abends Rockstar. »Es gibt nur zwei Optionen für junge Musiker«, sagt sie. »Entweder man verkauft sich und sein Aussehen an ein Label – oder man versucht es selbst.«

Japan ist der größte Musikmarkt weltweit. Nirgends wird mehr Musik konsumiert und produziert. Japanische Künstler dominieren die Charts, auch wenn westliche Musik ebenfalls beliebt ist. Vor allem klassische Musik aus Deutschland findet Hörer in jedem Alter. Japanische Popmusik orientiert sich am westlichen Vorbild, setzt aber in jedem Aspekt noch eins drauf: Sie ist noch durchgestylter, von vorne bis hinten gecastet und gekünstelt und gezielt für den Markt gemacht. J-Popsternchen sind meistens *Idols* (siehe Seite 82), also weiblich und Anfang 20. Die Geschwindigkeit, in der die Sternchen auftauchen und wieder verschwinden, ist enorm. Teilweise liegen nur Wochen zwischen dem Debüt und dem Abgesang.

Musik aus Videospielen (siehe Seite 90) wird in Radio- oder Fernsehsendungen ebenfalls regelmäßig gespielt. Einige ihrer Komponisten haben sogar den Stellenwert von klassischen Künstlern. Auch elektronische Musik aus Chips hat in Japan ein großes Publikum.

Applaus. Scheinwerfer gehen aus und das Licht im Saal an. Das Publikum verteilt sich auf die Straßen, Sayuri ruft mich auf die Bühne. Sie war zufrieden mit dem Auftritt. Die Einnahmen werden mit der Bühnenmiete verrechnet. Es reicht noch für die Feier in der Kneipe. Zu Bier und gebratenem Oktopus spielt das Restaurant Schlager. Während sich mir bei dieser Musik die Tentakel im Magen umdrehen, summt Sayuri leise mit. Für sie ist das Konzert wohl nie richtig vorbei.

Die junge Sängerin Sayuri
bei der Probe

96

Enka

Nur etwas für alte Ohren

演歌 enka

Herz, Schmerz, Träume – *enka* ist überladen mit Gefühlen der Sehnsucht. Die treffendste Übersetzung ist »Schlager«, was sowohl die Schmalzigkeit der Texte, als auch die Zielgruppe beschreibt.

Der Ursprung des japanischen Schlagers liegt in der politischen Musik. Während der Meiji-Periode (siehe Seite 14), als der Kaiser das Land regierte, waren Parteien zwar erlaubt, durften aber nicht für sich werben. Man umging das Verbot, in dem die politischen Aussagen in Songtexten verpackt wurden. Modernes *enka* entstand erst nach dem Zweiten Weltkrieg und hatte seinen Höhepunkt in den 1960er-Jahren. Es singt stets ein Mann oder eine Frau alleine, häufig in traditioneller Kleidung oder Abendgarderobe. Die Musik basiert auf westlichen Harmonien. Eine Eigenart des *enka* ist, dass der Gesangston während einer Silbe wechseln kann. Wörter werden so verlängert und die Betonung variiert. Damit ähnelt *enka* traditionellem japanischen Theater wie Kabuki (siehe Seite 274) oder buddhistischem Gebetsgesang. Seit den 1970er-Jahren nimmt die Popularität allerdings ab und *enka* gilt heute nur als »alte Leute Musik«. Es gibt Versuche, durch Mischung mit Pop- oder Rock-Elementen neue *enka*-Hörer zu gewinnen. Sogar Rap-Varianten gibt es. Die Aufmachung wirkt aber weiterhin angestaubt für junge Japaner. Es bleibt eine eigene japanische Musik, die nur im Land ihrer Herkunft großen Anklang findet.

Im Westen wurde *enka* erstmals durch die Verwendung im Film *Kill Bill* einer breiten Öffentlichkeit bekannt. Regisseur Quentin Tarantino ist bekennder Japan-Fan und hat einen *enka*-Song für den Höhepunkt des Films verarbeitet. Einer japanischen Kollegin älteren Semesters spielte ich den Song einmal vor. Als sie die ersten Takte des Intros hörte, begann sie schon mitzusingen. Doch das Tempo änderte sich, es war nicht die *enka*-Fassung, die sie kannte. Tarantino wird das Lied wohl ent-*enka*-fiziert haben, damit es für westliche Ohren erträglicher ist. Mein Fall ist *enka*, mit dem vielen Schmalz in der Stimme und den charakteristischen Silben, absolut nicht.

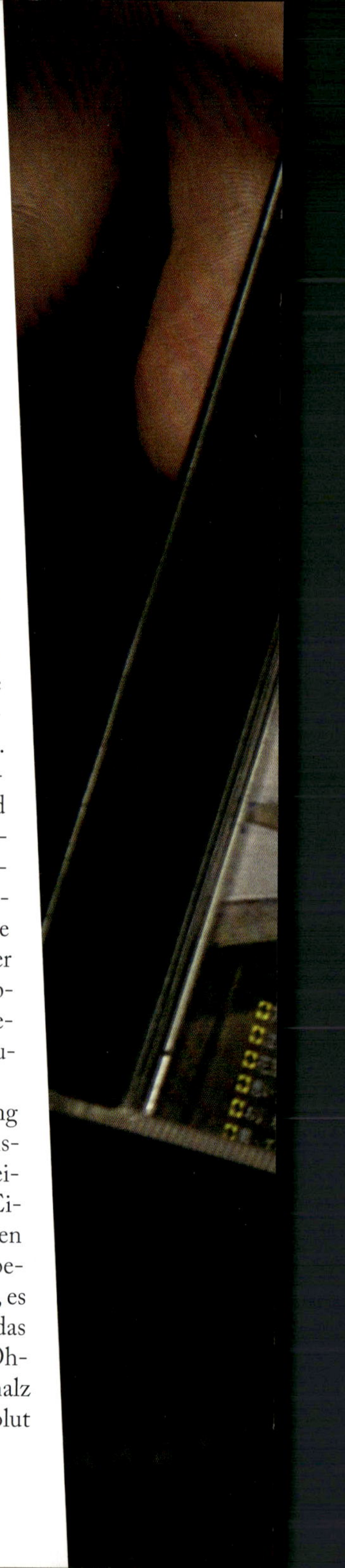

Die Platte von Hibari Misora von 1958 erschien auf dem Höhepunkt der Enka-Popularität. Die Sängerin verkaufte insgesamt über 100 Millionen Alben.

97

Shoganai

Es ist halt so

しょうがない shouganai

Das erste Mal hörte ich *shoganai* in meiner Zeit als Kellner im Restaurant. Ich brachte einem Gast eine Flasche Rotwein, geöffnet.

Ich hatte ihn aber falsch verstanden, er wollte lieber Weißwein. Da die importierte Flasche für umgerechnet 160 Euro nun schon offen war, nahm und leerte er sie trotzdem. Viele leere Gläser später sollte ich ihm noch den Wein bringen, den er ursprünglich bestellt hatte.

Zwei Weinflaschen waren leer und der Gast in guter Stimmung. Er machte Witzchen über meinen Fehler, rief mich ständig an seinen Tisch, ohne etwas zu bestellen und gab mir Spitznamen. Nach Feierabend berichtete ich davon genervt meinem Chef. Der meinte nur: »*Shoganai*.«

Die Wendung bedeutet soviel wie »da kann man nichts machen« oder »es ist halt so«. Fehler, wie der meine, passieren eben, und Gäste betrinken sich. Seitdem hörte ich die Wendung immer öfter. Sie ist so allgegenwärtig wie »Danke« oder »Herzlich willkommen«. *Shoganai* ist eine Philosophie, eine kollektive Lebenseinstellung. Sie beschreibt die Ohnmacht vor Ereignissen, auf die man keinen Einfluss hat. Das Erdbeben hat mein Haus zerstört? *Shoganai*. Die Arbeit ist nicht mehr zu ertragen? *Shoganai*. Die Politik verbessert nichts? *Shoganai*.

Im Westen wird der Ausruf vor allem als Resignation vor dem oft Vermeidbaren verstanden. Nach dem großen Erdbeben 2011 und dem Unglück von Fukushima machte *shoganai* die Runde in den Lagern der Überlebenden, die Haus und Familie verloren hatten. Deutsche Zeitungen titelten *shoganai* und kritisierten den Umgang mit der Atompolitik, vor der einfach nur kapituliert werde, statt sie zu hinterfragen.

Der Autor Frank U. Möser verfasste ein ganzes Buch über diese Redewendung. Seiner Meinung nach bedeutet *shoganai* aber nicht das Aufgeben vor einem Problem. Es ist die positive Einstellung, die einen ein Problem durchstehen lässt. *Shoganai* bedeutet demnach: »Es ist wie es ist, lass uns nicht ewig drüber reden und jetzt weitermachen!«

Es dauerte nicht lange, und ich benutzte *shoganai* selbst. Ein Auftrag ist geplatzt? *Shoganai*. Das Spiegelei ist beim Wenden aus der Pfanne gefallen? *Shoganai*. Ich konnte *shoganai* hier nicht ausreichend erklären? *Shoganai*.

Zu warm? Was soll's? *Shoganai*.

98 Firma

Feierabend ist ein Fremdwort

会社 kaisha

Japanische Arbeitnehmer identifizieren sich stärker mit ihrer Firma, als mit ihrem Beruf. Eine große Firma genießt Respekt in der Gesellschaft. Was man für die Firma macht, sei es als Vorstand, Schreibkraft oder Hausmeister, ist egal.

Alle Entscheidungen werden kollektiv getroffen. Die Harmonie der Gruppe ist entscheidend. Jeder identifiziert sich also mit der Entscheidung und hat zur Entwicklung der Firma beigetragen.

Das Arbeitsende um 22 Uhr oder noch später – nach einem Arbeitsbeginn um neun oder zehn Uhr – gilt als normal und wird nicht extra vergütet. Der Rekord einer Freundin lag bei drei Tagen am Stück in der Firma, ohne zwischendurch nach Hause zu gehen. Selbst wenn man mit der eigenen Arbeit fertig ist, geht man nicht, bevor nicht auch der Letzte Feierabend hat. Früher war diese Einstellung gepaart mit einem Vertrag auf Lebenszeit, der die Beschäftigung garantierte. Man war verheiratet mit der Firma, die man wegen der ständigen Überstunden häufiger sah als die eigene Familie. Aufgrund der starken Betonung der Harmonie in der Gruppe gibt es auch kaum Konflikte unter den Arbeitern. Japan hat von allen Industrienationen die geringste Rate von Mobbing am Arbeitsplatz.

In der Firma wird man in verschiedenen Tätigkeiten ausgebildet, die über die gesamte Zeit der Anstellung breite Einsatzmöglichkeiten erlauben. Alle Weiterbildungen sind firmenspezifisch, weshalb es in beiderseitigem Interesse ist, nicht zu kündigen. Der Freitag gilt als stressigster Tag, da kurz vor dem Wochenende allen klar wird, was noch erledigt werden muss. Der Montag ist hingegen relativ entspannt.

Die Arbeit in einer japanischen Firma hat Vor- und Nachteile. Das Vermeiden von Konfrontationen und Diskussionen kann sehr belastend sein, ebenso die vielen Überstunden. Allerdings ist der Arbeitsplatz sicher und durch unterschiedliche Aufgaben abwechslungsreich.

Westliche Freunde von mir, die in einer japanischen Firma tätig waren, sind sich allerdings einig: Die Erfahrung war so schön, die wollen sie auf keinen Fall ein zweites Mal machen müssen.

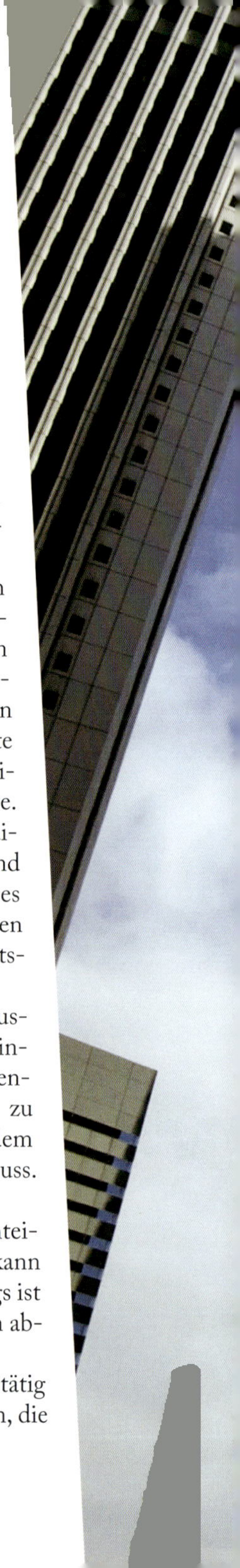

Große Firmen und Banken bilden das Wolkenkratzer-Viertel in Tokyo.

99 Arbeit

Es gibt immer was zu tun

仕事 Shigoto

Mein Mitbewohner war arbeitslos. Ich fürchtete einen Rausschmiss aus unserer Wohnung, aber entspannt versicherte er mir, er habe genug gespart, um eine Weile ohne Job zu sein.

Er genoss es richtig. Dabei ist man ohne Arbeit kein anerkanntes Mitglied der Gesellschaft, weil man finanziell nichts zur Allgemeinheit beiträgt. Viele arbeitslose Japaner fühlen sich deshalb nutzlos und sehen wenig Sinn in ihrem Dasein. Unter den Selbstmordfällen (siehe Seite 170) sind viele Rentner, die den Ruhestand nicht verkraften konnten.

Omnipräsente Sicherheitsleute im gehobenen Alter im Stadtleben. Mit Leuchtstäben bewachen sie ein umgekipptes Fahrzeug.

Als Antwort schafft die Regierung Jobs, die keiner wirklich braucht. Sichtbarstes Beispiel sind innerstädtische Bauarbeiten: Selbst wenn das Konstruktionsteam nur aus zwei Leuten besteht, es braucht mindestens vier Wachmänner zur Absperrung. Mit Leuchtwesten und -stäben sorgen sie dafür, dass Passanten nicht in die abgesperrte Baugrube fallen. Die »Leuchtwichtel«, wie sie abfällig genannt werden, nehmen ihren Job allerdings sehr ernst. Die meist älteren Herren sind froh, eine sinnvolle Beschäftigung zu haben.

Tatsächlich gibt es in Japan einen großen Bedarf an Arbeitskräften. Der demografische Wandel ist gravierend. Die Bevölkerung überaltert, und es werden wenige Kinder geboren. Gastarbeiter sind für Japan keine Lösung. Es herrschen strenge Restriktionen für Ausländer, die in Japan arbeiten wollen. Ausgenommen sind Sprachlehrer, Wirtschaftsexperten und andere Berufe, die eine spezialisierte Ausbildung voraussetzen. Ungefähr 500.000 Immigranten arbeiten in Japan, die Hälfte davon stammt aus China. Sie übernehmen meist Jobs, die als »zu schwer«, »zu schmutzig« und »zu gefährlich« gelten. Weniger als fünf Prozent aller ausländischen Arbeitskräfte stammen aus dem Westen. Eine gewisse Skepsis der Japaner vor Fremden und die hohe sprachliche Hürde machen es Gastarbeitern schwer.

Als Entgegnung auf den demografischen Wandel im Bereich Krankenpflege setzt Japan auf Roboter. Sie sollen die Arbeitskräfte ersetzen, die in den nächsten Jahrzehnten fehlen werden. Bis dahin hatte mein Mitbewohner aber noch Zeit, sich um einen neuen Job zu bemühen – bevor er durch eine Maschine ersetzt wird.

100 Freeter

Jung, flexibel, frei

フリーター　furītā

»Was arbeitest du?« – »Ich bin Fotograf.« – »Oh! Bei wem?« – »Ich bin Freiberufler.« – »Oh … du bist *Freeter* …«

Wer zwischen 15 und 34 Jahre alt ist und keinen festen Arbeitsvertrag hat, gilt als *Freeter*. Ein *Freeter* lebt von Neben-, Aushilfs-, Studentenjobs oder Teilzeittätigkeiten. *Freeter* sind flexibler und schlechter bezahlt als Angestellte und arbeiten fast alle in der Dienstleistungsindustrie, in Bereichen, die wenig oder keine Ausbildung verlangen. Mit ungefähr sechs bis zehn Euro Stundenlohn verdienen sie gerade genug zum Leben. Die meisten von ihnen wohnen daher noch zu Hause oder werden von den Eltern finanziell unterstützt.

Die *Freeter* sind eine wachsende Schicht. Man schätzt ihre Anzahl auf über zwölf Millionen. Sie haben sich frei entschieden, sich nicht dem Leistungs- und Karrieredruck zu beugen. Viele verfolgen auch ihren eigenen Traum, nehmen Gelegenheitsjobs in künstlerischen Bereichen an, um aus eigener Kraft eine Karriere aufzubauen. Es gibt aber auch viele ohne Alternative, die entweder nicht oder das Falsche studiert haben, während der Markt andere Kräfte verlangt. Die Nachtschicht im Supermarkt, der häufigste *Freeter*-Job, ist da manchmal die einzige Option.

Freeter sind schlecht versichert und können aus eigener Kraft keine Familie gründen. Die Angst, durch den nächsten *Freeter* ersetzt zu werden, ist bei vielen groß. Gleichzeitig schätzen sie die Freiheit, einen Job einfach beenden zu können, statt ihn bis zum Lebensende ausüben zu müssen. *Freeter* sind eng verbunden mit *NEET* (*Not Employed in Education or Training*), den Menschen, die weder arbeiten, noch an einer Weiterbildungsmaßnahme teilnehmen. Eine wachsende Schicht von jungen Arbeits- und Bildungsverweigerern, die keine Zukunft mehr in der japanischen Wirtschaft sieht. Ein *NEET* gilt als peinlich oder unehrenhaft. Familien leugnen, wenn Tochter oder Sohn zu den *NEET* gehören.

Als politische Kraft in der Gesellschaft nehmen beide Gruppen an Bedeutung zu. Die Proteste und Demonstrationen nach der Reaktorkatastrophe in Fukushima wurden maßgeblich von *Freetern* getragen. Nur sie hatten die Zeit, einen Arbeitstag sausen zu lassen, um zu demonstrieren. Sie haben die Freiheit, sich für eigene Interessen politisch stark zu machen.

Körperliche Arbeit, Aushilfen und Nebenjobs werden meist von jungen Leuten übernommen.

101

Japanische Brasilianer

Die Kaffee-Kolonie

日系ブラジル人　nikkei burajiru-jin

In der Masse der Kunden eines angesagten Warenhauses im Zentrum von Tokyo begegnete mir ein Junge mit dunkler Hautfarbe und asiatischem Gesicht. Neugierig woher er stammt, fragte ich nach. »Brasilien«, sagte er, »genau wie der Angestellte im zweiten Stock.«

Brasilien? Über eine Verbindung dieses Landes mit Japan hatte ich noch nie etwas gehört. »Doch, doch«, sagte er, »wir sind die größte nicht-asiatische Minderheit in Japan«.

Nach Chinesisch und Koreanisch ist Portugiesisch die dritte meistgesprochene Fremdsprache in Japan – aufgrund der Minderheit von mehr als 300.000 Brasilianern japanischer Abstammung im Land. In Brasilien wiederum leben mit 1,4 Millionen Menschen mehr Japaner außerhalb ihres Landes, als sonstwo in der Welt.

Schuld ist der Kaffee. Brasilien suchte zu Beginn des 20. Jahrhunderts billige Arbeitskräfte für seine Kaffeeplantagen. Das Land lockte Japaner mit Versprechen von Reichtum in das Land, zwang die Gastarbeiter dann aber mit Knebelverträgen in die Schulden. Wer nicht flüchtete, blieb und versuchte, die Schulden abzubezahlen, was vielen auch gelang. Die japanischen Immigranten konnten sogar Land kaufen und sehr erfolgreich selbst bestellen. Dabei blieben sie stets unter sich und gliederten sich nicht in die brasilianische Gesellschaft ein. Strenge Gesetze zur Rassentrennung und Regulierung japanischen Besitzes verschärften die Situation in den Jahrzehnten um den Zweiten Weltkrieg. Erst in den 1970er-Jahren, mit dem wirtschaftlichen Aufschwung Japans, änderte sich das Bild.

Die Generationen japanischer Brasilianer, die bis dahin geboren waren, sprachen größtenteils Japanisch und wurden in ihrer alten Heimat als Gastarbeiter willkommen geheißen. Sie sahen aus wie Japaner und sprachen ihre Sprache, konnten sich also gut integrieren. Doch als Ausländer kommt man nie wirklich in Japan an. Das gilt auch für die japanischen Brasilianer. In Japan gelten sie als Fremde, weil sie sich nicht wie Japaner »benehmen«, heißt es. So bilden sie zwischen der alten und der fremden Heimat eine eigene Gemeinschaft in Japan.

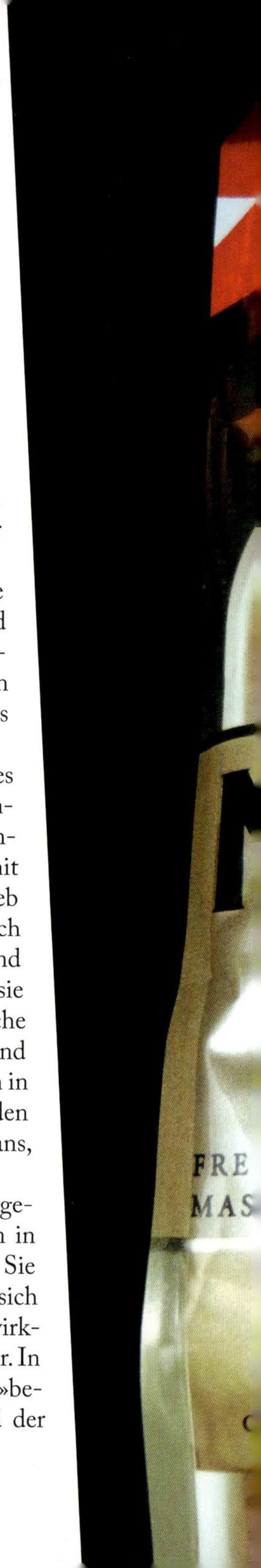

Früher kam der Kaffee aus Brasilien und wurde dort von Japanern angepflanzt. Auch wenn ihr Kaffee heute nicht mehr von dort kommt, in jedem Supermarktregal steht ein Stück japanische Geschichte.

102

Verlorene Dekade

Jahrzehnt ohne Aufschwung

失われた10年 Ushinawareta Jūnen

Tokyo, 29. Dezember 1989: Nach Jahrzehnten des Wirtschaftswachstums erreichte Japan den Gipfel. Nie war der Nikkei-Index höher als an diesem Nachmittag – und er sollte diesen Stand auch nie wieder erreichen.

Das Wachstum ohne Ende konnte nicht funktionieren. Vom Gipfel ging es jetzt nur noch abwärts. Die nächsten zehn Jahre wurden als die »verlorene Dekade« bekannt, in der es der japanischen Wirtschaft nicht gelang, an den alten Ruhm anzuknüpfen. Heute zählt man auch die Jahre von 2001 bis 2011 als weitere »verlorene Dekade« hinzu.

Der Grund für die lange Rezession war eine geplatzte Wirtschaftsblase. In den 1970er- und 1980er-Jahren wuchs die Finanzkraft Japans jedes Jahr, Firmen verzeichneten Rekordgewinne und investierten weltweit. Vor allem in den USA galt das starke Japan als ernsthafte Konkurrenz – doch den starken Yen nahm man gerne, um in Amerika wieder liquide zu sein. Alle nahmen

Ein Jahrzehnt der Rezession hat viele Ruinen hinterlassen.

an, es würde ewig so weitergehen. Die Erwartungen an Japan, an seine Investitionen und steigenden Grundstückspreis wuchsen. Am teuersten wurde Tokyo. Auf der Einkaufsmeile Ginza konnten Grundstückspreise von bis zu anderthalb Millionen Dollar pro Quadratmeter erzielt werden. Banken nahmen Kredite auf, um in dieser goldenen Zeit zu investieren. Doch die Blase platzte. Es gab nie einen wirklichen Gegenwert für all die Erwartungen. Die Preise fielen, die Investitionen verpufften. Allerdings endete die Blase nicht mit einem lauten Knall, sondern kontinuierlich über einen langen Zeitraum hinweg.

Banken fehlte Geld, Firmen hatten Schulden – nur den Bürgern ging es einigermaßen gut. Seit Jahrzehnten gilt in Japan beim Umgang mit Geld: sparen statt spekulieren. Den Lebensstandard, an den man sich gewöhnt hatte, musste man nicht unbedingt aufgeben.

Die in den 1990er-Jahren einsetzende Globalisierung machte es konservativen japanischen Firmen schwer, in der Welt wieder Fuß zu fassen. Die Katastrophe von 2011, bei welcher der Tsunami Menschenleben und Produktionsstätten zerstörte, tat ihr Übriges, um Japans Wirtschaftskraft zu schwächen.

Japans Schulden belaufen sich heute auf drei Billionen US-Dollar. Nach Simbabwe ist die jährliche Neuverschuldung die höchste der Welt. Schaut man sich heute die Mietpreise und Lebenshaltungskosten in Tokyo an, hat man das Gefühl, die Zeiten der Wirtschaftsblase seien nicht vorbei. Das Land leistet sich einen Wohlstand, den es sich nach zwei »verlorenen Dekaden« eigentlich nicht mehr leisten kann.

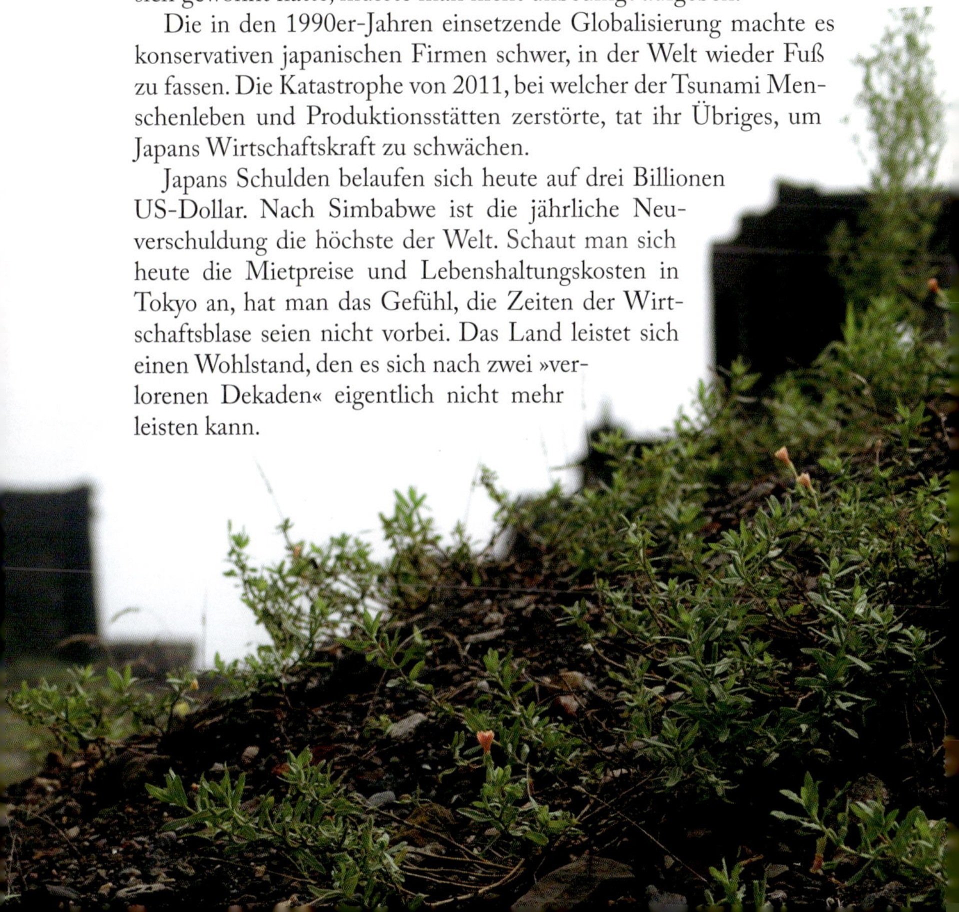

103 Tanabata
Romantik in der Milchstraße
七夕 tanabata

Liebe im Sternenhimmel: *Tanabata* ist ein jährliches Festival, das auf der Liebe von zwei Sternen basiert. Japaner begehen das Festival, indem sie Wünsche auf ein Stück Papier schreiben und an Bambusstangen aufhängen. Die Feierlichkeiten richten sich nach dem Mondkalender und finden daher jedes Jahr zu unterschiedlichen Terminen statt.

Die *tanabata*-Tradition gibt es seit dem 8. Jahrhundert. Eingeführt wurde sie von Kaiserin Kōken, die ganz gerührt war von der ursprünglich aus China stammenden Legende:

Prinzessin Orihime, die Sternentochter des Königs des Universums, webte am Ufer der Milchstraße wunderschöne Kleider. Sie arbeitete hart, und ihrem Vater gefiel ihre Arbeit sehr. Orihime war aber zutiefst unglücklich. Da sie den ganzen Tag nur webe, könne sie keinen Mann kennenlernen. Der König des Universums sorgte sich um seine Tochter und arrangierte ein Treffen mit Hikiboshi, dem Kuhhirtenstern, der am anderen Ufer der Milchstraße wohnte. Beide verliebten sich sofort unsterblich ineinander. Orihime vernachlässigte deshalb ihre Webarbeit, was ihren Vater erzürnte. Er bestimmte, dass die beiden sich fortan niemals sehen und auf keinen Fall die Milchstraße zwischen ihnen passieren durften. Schluchzend bat die unglückliche Orihime ihren Vater um eine Ausnahme. Der König des Universums hatte ein Einsehen. Ein einziges Mal im Jahr, am siebten Tag des siebten Monats, sollten sie sich sehen dürfen. Daher wird bis heute am siebten Tag des siebten Monats des Mondkalenders *tanabata* gefeiert. Die verliebten Sterne basieren auf echten Himmelskörpern namens Wega

und Altair, die nachts zu sehen sind. Wenn es am Tag des Festivals regnet, so heißt es, können sich die beiden Sterne in diesem Jahr nicht sehen und müssen ein weiteres Jahr warten.

Früher wünschten sich die Mädchen zu *tanabata* eine Verbesserung ihrer Näh- und Webkünste. Jungs baten um eine schönere Handschrift. Heute sind alle Wünsche erlaubt, und die Sträuße mit den Papierzetteln füllen zu *tanabata* ganze Straßen.

Hier wird wie zu Tanabata in einem buddhistischen Tempel ein Wunsch auf ein Blatt Papier geschrieben.

104 Toilette

Rein geschäftlich

お手洗い、 otearai

Meine erste Begegnung mit einer japanischen Toilette: »Euer Klo ist weg, da ist nur ein Loch im Boden.« – »Das *ist* das Klo!« – »Oh …«

Es gibt zwei verschieden Formen von Toiletten in Japan. Beide sind weit verbreitet und könnten unterschiedlicher nicht sein:

Das Loch im Boden ist die traditionelle Art, in Japan sein Geschäft zu erledigen: eine längliche Porzellan- oder Stahlschüssel mit kleiner Haube am vorderen Ende. Man sitzt nicht drauf, sondern hockt sich drüber, die Füße links und rechts der Schüssel, Blick nach vorne. In ländlichen Gebieten und öffentlichen Toiletten ist diese Form bis heute weit verbreitet. Oft ist das Loch im Boden auch leicht erhöht und bildet eine Art Podest. Für Anfänger und Ausländer ist die Hocke auf Dauer anstrengend. Japaner schätzen die Anstrengung aber als förderlich für die Durchblutung der Beinmuskeln und loben diese Toiletten-Variante wegen der Hygiene.

Das Washlet: Die Firma Toto revolutionierte in den 1960er-Jahren die japanischen Badezimmer. Ein modernes Washlet ist mehr verwandt mit einem Computer, als mit einem Klo. Es hat bis zu sieben Funktionen und ersetzt Klopapier durch eine Düse, die im 43°-Winkel alle empfindlichen Bereiche reinigt. Es verfügt zudem über eine beheizte Klobrille sowie intelligente und selbstreinigende Düsen. Die Luxusausführung ist ein Gerät namens »Geräuschprinzessin«, das eventuelle Töne durch ein Wasserrauschen oder Vogelzwitschern überdeckt. In 72 % aller Haushalte steht dieses Wunderwerk der Technik, das als Industrie-Innovation in die *Hall of Fame* der japanischen Handelskammer aufgenommen wurde. In einer weltweiten Umfrage wurde das Washlet zum »coolsten Objekt« aus Japan gewählt. Bis heute hat Toto mehr als 30 Millionen Stück verkauft.

Ob Hightech- oder Hinterland-Variante: Beim Betreten des Klos werden in Japan die Schuhe gewechselt. Für die Toilette gibt es eigene Latschen, die mit der Öffnung zur Tür abgestellt werden.

Pissoir mit Panorama: Männertoilette in Sapporo

105 Politik

Über Politik spricht man nicht

政治 seiji

Beim Essen mit einem Redakteur einer großen japanischen Tageszeitung fragte ich ihn nach seiner Meinung zur japanischen Regierung. Er schaute nur tief in seine Schüssel mit Reis und winkte ab. »Es ist unhöflich«, sagte er mir später, »bei Tisch über Politik zu reden. Man behält seine Meinung schön für sich und möchte den anderen nicht bedrängen.«

Lautsprecherwagen auf Wahlfang

Während es in Deutschland gewissermaßen Pflicht ist, eine eigene politische Meinung zu haben und sich mit anderen darüber zu streiten, finden solche Diskussionen aus Gründen der Etikette in Japan nicht statt.

Japan als pluralistische Demokratie hat eine Vielzahl von großen und kleinen Parteien, die darüber hinwegtäuschen könnten, dass 50 Jahre lang fast ununterbrochen die gleiche Partei regierte. Die Liberaldemokratische Partei ist dabei – entgegen ihrem Namen – konservativ ausgerichtet und hat die meisten Premierminister gestellt. Gewählt wird – laut Plan – alle vier Jahre. Tatsächlich wurde seit dem Zweiten Weltkrieg bisher nur einmal im normalen Rhythmus abgestimmt, weil jeder Premierminister von seinem Recht Gebrauch machte, das Parlament vorzeitig aufzulösen. Zwischen 2005 und 2010 kam das besonders häufig vor. Innerhalb der fünf Jahre sah das Land sechs verschiedene Premierminister.

Der Wahlkampf ist meist sehr kurz, dafür umso heftiger und laut. Neben Wahlplakaten ist das beliebteste Hilfsmittel ein Lautsprecherwagen, der durch die Nachbarschaft fährt und in ohrenbetäubender Lautstärke regelmäßig den Namen des Kandidaten verkündet.

Wählen darf man ab 20 Jahren. Bei der Abstimmung gibt es keine Listen, die man ankreuzt. Man schreibt den Namen seines Favoriten auf ein Stück Papier und gibt es ab. Es hat also der Kandidat die meisten Chancen, dessen Name im Gedächtnis hängengeblieben ist. Wahl-

kampf setzt daher weniger auf Programme und Versprechen, sondern auf Sympathie und ständige Wiederholung des Namens.

Regelmäßige Korruptionsskandale sind das größte Problem in der japanischen Politik – ohne Aussicht auf Besserung. Die Innenpolitik setzt auf Infrastrukturmaßnahmen, um die Wirtschaft anzukurbeln. Das Land ist voller Betonkonstruktionen, die niemand braucht, und das Geld versickert in den Fundamenten. 2009 verkündete Premierminister Kan eine Planänderung: »Vom Beton zum Menschen«. Er hielt sich nicht einmal ein Jahr im Amt, und sein Nachfolger ruderte schnell wieder zu alten Gewohnheiten zurück.

Durch die vielen Skandale und ineffiziente Reformen gelten Politiker in Japan allgemein als »faule Maden im Speck«: mächtig, gierig und unnütz. Warum sich an der Politik trotzdem nichts ändert? Man redet halt nicht drüber.

Wahlplakate in Tokyo

106 Ausland

Die einsame Insel

外国 gaikoku

Nach ein paar Bier wird jeder Tisch zum Stammtisch. Ich war in einer Kneipe zusammen mit ein paar älteren japanischen Herren. Zwei Gläser später wusste ich, warum China kein tolles Land ist – so zumindest der Tenor am Tisch.

Oft begegnet mir eine sehr individuelle Einstellung der Japaner zum Ausland, die mich befremdlich zurücklässt. Vieles erklärt sich durch die Geschichte.

Japan hatte im Asien des 20. Jahrhunderts eine Sonderrolle. Während fast alle anderen Länder von Europa kolonialisiert wurden, verweigerte sich Japan bis zu seiner Industrialisierung im späten 19. Jahrhundert dem Westen vollständig. In Rekordzeit wurde das Land zur Supermacht, die völlig eigenständig agierte. Das Selbstbewusstsein führte unter anderem in den Zweiten Weltkrieg. Für Kriegsverbrechen hat sich Japan nie entschuldigt. Aus diesem Grund haben andere Länder in Asien bis heute eine negative Meinung von Japan und seinen Bewohnern. Geschichtsbücher geben auch nicht die ganze Wahrheit wieder und lassen für japanische Schüler unangenehme Fakten aus. Das hat viel mit Ehre und dem Verlust des Gesichts zu tun. Entschuldigt man sich für Verbrechen und gibt sie damit zu, gilt das als ehrlos. Nicht nur für die jetzige Generation, sondern auch für die Generation zuvor und die, welche sie begangen hat. Die Ahnen zu entehren ist undenkbar. Dennoch wissen die meisten Japaner vom Verhalten ihres Vaterlandes im Krieg. Die Informationen sind, wenn schon nicht in den Schulbüchern, in anderen Quellen zu finden.

Das Verhältnis zu China ist besonders gespalten. Die Chinesen sind wegen der Verbrechen im Zweiten Weltkrieg schlecht auf Japan zu sprechen. Heute stehen beide Länder in direkter wirtschaftlicher Konkurrenz, sind aber durch enge Handelsbeziehungen auch voneinander abhängig. Vietnam ist der engste Partner Japans in Asien, und die Handelsbeziehungen beider Länder wachsen.

Der Flughafen Haneda in Tokyo wird größtenteils für Inlandsflüge genutzt.

107 Heisei
Zeitalter der Kaiser
平成 heisei

Konversation mit einem Mädchen in einer Bar: »Wie alt bist du eigentlich? Wann bist du geboren?« – »Showa 62.« – »Was, '62? Na, du hast dich aber gut gehalten!« Sie kicherte nur und nahm einen großen Schluck aus ihrem Glas.

Das Mädchen zählte nach der japanischen Zeitrechnung. Analog zur westlichen Jahreszählung gibt es in Japan ein eigenes System, das sich *nengo* nennt. Jede Epoche bekommt auf diese Weise einen Namen. Bis heute darf nur der Kaiser einer Ära ein Motto geben. Seit 1989 leben wir in der Epoche Heisei, der »Zeit des inneren und äußeren Friedens«. Posthum geht der Titel der Epoche auf den Kaiser über. Kaiser Hirohito nannte seine Ära Showa, die »Zeit des erleuchteten Friedens«. Er ist heute als Kaiser Showa bekannt. Nach seinem Tod 1989 nannte sein Sohn Akihito die folgende Epoche Heisei. Auch er wird nach seinem Tod nach der Epoche benannt werden und als Kaiser Heisei in die Geschichte eingehen. Der Name einer Epoche wird häufig aus dem »Buch der Urkunden« entnommen, eine jahrtausendealte Sammlung von politischen Reden, Philosophien und Ideen aus China.

Die Einteilung der Epochen muss nicht mit dem Jahresanfang korrespondieren. Die Einteilung der Jahreszählung wirkt etwas willkürlich, weil seit Kaiser Showa mit dem Tod eines Kaisers und der Thronbesteigung seines Nachfolgers zwingend eine neue Ära beginnt. Man muss also genau wissen, von wann bis wann welcher Kaiser lebte, um historische Ereignisse einordnen zu können. Ergänzend zur japanischen Zählung wird seit dem 20. Jahrhundert auch die westliche Einteilung verwendet. Beide Zählweisen sind im täglichen Gebrauch und haben Gültigkeit.

Für Monate und Tage gibt es ebenfalls eine eigene japanische Zählweise und eigene Namen. Der japanische Name für Februar hieß »mehr Kleidung anziehen«, der November war der »Frostmonat«. Heute werden die Monate einfach nur durchgezählt. Monat zwei ist Februar und Monat fünf eben Mai. Von der alten Bezeichnung hat nur die überaus komplizierte Zählung der einzelnen Monatstage überlebt, die für Außenstehende keiner rechten Regel zu folgen scheint.

Das Mädchen in der Bar wurde übrigens 1987 geboren, im selben Jahr wie ich. Trotzdem. Ein recht junges Alter, um in einer Bar fremde Europäer anzuquatschen …

Eingang zum Schrein des Meiji-Kaisers, der seiner Epoche den Namen gab

108 Tenno

Die älteste Dynastie der Welt

天皇 tennō

Der japanische Kaiser ist ein armer Mann – könnte man meinen. Er hat keinen Besitz, muss seinen Geburtsnamen ablegen, bekommt von der Regierung ein monatliches Taschengeld und hat keine freie Berufswahl. Trotzdem ist er das Oberhaupt des Staates und ein Symbol für die Einheit Japans – so steht es in der Verfassung.

Die kaiserliche Familie Japans ist die älteste Erbmonarchie der Welt. Die Dynastie existiert seit dem 6. Jahrhundert, was vor allem der großen Anzahl Konkubinen und Zweitfrauen zu verdanken ist. Sobald die Gattin des Kaisers keine männlichen Nachkommen gebar, sprang die Thronreihenfolge auf die Kinder der Konkubinen über. Bis heute regierten 125 Dynastieangehörige, darunter auch acht Kaiserinnen, vom Chrysanthementhron, dem japanischen Kaiserthron. Viele dankten vor ihrem Ende ab und missgönnten als »Ex-Kaiser« dem nachfolgenden Throninhaber die Krone. Sie legten sich Armeen zu und befeuerten den Konflikt der Shogunate (siehe Seite 12) – doch militärisch entthront wurde niemand. Erst im 19. Jahrhundert übernahm der Kaiser wirkliche politische Macht in Japan, vorher hatte er mehr oder weniger symbolische und religiöse Bedeutung.

Tenno heißt »heiliger Herrscher«, eine Bezeichnung, die aus China übernommen wurde. Die kaiserliche Familie soll direkt von der Sonnengöttin des Shinto (siehe Seite 44), Amaterasu, abstammen. Daher auch die häufige Verwendung der Sonne als Symbol. Über ein Jahrtausend lang galt der Tenno als Gottheit. Erst mit dem Zweiten Weltkrieg endete dieser Glaube, als Kaiser Hirohito per Radio die Kapitulation Japans verkündete. Das Volk hörte den vermeintlichen Gott damals zum ersten Mal sprechen. Heute hat der Tenno nur noch zeremonielle Funktion. Er wird niemals mit seinem Namen, sondern nur mit seinem Titel angesprochen. Termine und Pflichten des Kaisers regelt das kaiserliche Hofamt, das mit mehr als 1.000 Mitarbeitern die Strenge der Tradition fortführt.

Es ist heute allgemein akzeptiert, dass der Kaiser ein »normaler Mensch« ist. Der aktuelle Tenno bricht auch regelmäßig mit den elitären Regeln der Etikette und sucht die Nähe zum Volk. Bei einem Besuch bei Japanern in Brasilien gab er ihnen sogar die Hand, obwohl Körperkontakt streng verboten ist. Nach dem Unglück in Fukushima besuchte der Kaiser ein Flüchtlingslager und setzte sich zu den Opfern. Beides sorgte für große Schlagzeilen.

Der Kaiser ist ein Symbol für Japan. Er lebt Zurückhaltung im Kaiserpalast und lässt nur an zwei Tagen im Jahr Besucher zu. Braucht ein modernes Japan noch den Kaiser? Nein, sagen mir Freunde. Aber, so fügen sie hinzu, missen möchten sie ihn auch nicht. Sie sind stolz auf ihre kaiserliche Dynastie.

Kaiserpalast in Tokyo

109 Nadeshiko
Ein Bild von einer Frau
撫子 nadeshiko

Stark wie ein Samurai, sanft wie eine Blume – so soll sie sein. Der Begriff *yamato nadeshiko* bezeichnet den Archetyp der perfekten japanischen Frau. Sie hat eine Haut so weiß wie Porzellan und trägt die Haare schwarz.

Der Name ist aus den Bezeichnungen für das alte Zentrum von Japan, der Provinz Yamato, zusammengesetzt. Hier liegen die Ursprünge des Landes und die Wohnsitze der kaiserlichen Familie in den alten Hauptstädten Kyoto und Nara. Alte Tempelkomplexe, die als Weltkulturerbe gelten, zeugen noch heute von Japans Anfängen. Der Begriff *yamato* ist gleichbedeutend mit einer Rückbesinnung auf Tradition und alte Werte. Sportler schwören sich vor einem Wettkampf auf den »Geist Yamatos« ein.

Der Begriff *yamato nadeshiko* als Bezeichnung für die ideale Frau tauchte erstmals im 19. Jahrhundert auf und wurde zu Propagandazwecken genutzt. *Nadeshiko* ist der Name der Prachtnelke in Japan. Frauen sollten so schön und sanft sein wie eine Nelke im Wind, aber so traditionell und stark wie das Reich Yamato. Eine Mischung also aus Geisha, Samurai und Hausfrau. Eine *yamato nadeshiko* ist zurückhaltend und erträgt jeden Schmerz und jede Last mit Disziplin und Eleganz.

Heute findet man die Idee der *nadeshiko* in der Popkultur. Sie gilt als Rollenmodell für weibliche Charaktere in Filmen und Mangas (siehe Seite 84). Das weibliche japanische Fußballteam, das 2011 als erstes asiatisches Team überhaupt den Weltmeistertitel gewann, wird als »die *nadeshikos*« bezeichnet.

Japanische Frauen, die ich zu ihrem vermeintlichen Ideal befragte, schauten nur genervt. Männer kreierten das Bild der *nadeshiko*, um im Krieg die Moral unter den Frauen zu erhöhen. Heute lebt es als Ideal in der Scheinwelt der Popkultur weiter. Wer in Japan eine Mischung aus Samurai, Geisha und Hausfrau sucht, braucht nur den Fernseher anzuschalten.

Zwischen der Realität und der Vorstellung, wie eine Frau sein sollte, sucht jede selbst ihren Weg.

110 Ganguro
Make-up-Tipps von Berghexen
顔黒 ganguro

Der Gegenentwurf zu *nadeshiko* ist *ganguro*: Mädchen bräunen sich die Haut, färben sich die Haare in Tönen von Orange, Silber oder Blond und legen rund um die Augen auffällige und bunte Schminke auf. Alle japanischen Schönheitsideale werden ignoriert.

Forscher interpretieren den *ganguro*-Stil als rebellischen Akt gegen die Gesellschaft. Die Mädchen werden einem Trend zugeordnet, der sich *gyaru* nennt – die japanische Aussprache des englischen Worts *girl*. Der Name beschreibt den westlichen Ursprung des Trends in den 1970er-Jahren. Mädchen fingen an, sich die Haare zu färben und Hosen zu tragen. Ob man *gyaru* daher als feministischen Trend zur Emanzipation verstehen sollte? Wohl eher kaum. Es ist ein Trend, der in Modezeitschriften und Boutiquen entstand, und klare kommerzielle Interessen hat. In der Gesellschaft gelten *gyaru*-Mädchen als kindisch und unangepasst. Sie wollen sich weder Arbeit noch Ehemann suchen. Die Ablehnung dieser gesellschaftlichen Idealen zeigen sie mit Schminke im Gesicht. Am auffälligsten ist dabei die Variante *yamanba*, wörtlich übersetzt »Berghexe«. Sie trägt schwarze Farbe im Gesicht, weißen Lippenstift und um die Augen eine große Zeichnung in Pastelltönen mit Glitter. Der Ursprung für diese Art der Gesichtsbemalung liegt in den folkloristischen Sagen von der bösen Hexe auf dem Berg.

Gyaru-Mädchen, zumindest die, mit denen ich das Vergnügen hatte, sind nicht unbedingt sehr gebildet. In Gesprächen merkt man schnell, dass das letzte, was sie gelesen haben, eine Anleitung zum Schminken war. Vom rebellischen Beginn des Trends ist heute nur noch die bunte Farbe geblieben.

Mädchen in Tokyo entwickeln die unterschiedlichsten Styles.

111 Architektur

Man nehme Holz, Papier und viel Leere

建築 kenchiku

Ohh! … Ahh! … Ehh? Mit einer japanischen Architektin befreundet zu sein, macht jeden Tempelbesuch zu einem Konzert des Staunens. Die Details des geschwungenen Dachs, die Verarbeitung des Holzes und die Dekoration des Gartens – das alles sind wichtige Aspekte in der traditionellen japanischen Architektur.

Bis heute setzt man im Hausbau auf Holz und Papier. Stein gilt es zu vermeiden, hauptsächlich wegen der Erdbebengefahr. Im heutigen Stadtbild finden sich nur noch Tempel und Schreine, die auf alte Art und Weise gebaut werden. Auf dem Land gibt es noch vereinzelt prächtige Herrenhäuser, welche die Zeit überdauert haben. Beide sind vom Aufbau identisch: Eine Reihe von Holzsäulen trägt ein großes, geschwungenes Dach, das meist die Hälfte des gesamten Hauses ausmacht. Die Wände sind aus Papier und können verschoben werden, um neue Räume und Öffnungen zu schaffen. Die Ähnlichkeit von Herrenhäusern und religiösen Bauten sorgt auch für eine gewisse Austauschbarkeit. Es sind viele Fälle bekannt, in denen ein Wohnhaus zum Tempel umfunktioniert wurde.

Diese Art der Konstruktion isoliert keine Wärme. Sie ist vor allem für den überaus heißen Sommer gedacht, um maximalen Durchzug zu ermöglichen. Im Winter friert man. Früher gab es dann einen Raum im Haus, der eine Feuerstelle im Boden besaß.

Wegen der fast ausschließlichen Holzbauweise ist die Geschichte japanischer Städte gezeichnet von regelmäßigen Großbränden, die meist direkt auf eine Naturkatastrophe folgten. Nach dem großen Erdbeben in Tokyo 1923 brannte die Stadt zwei ganze Tage lang. Auch im Zweiten Weltkrieg waren Brandbomben ein beliebtes Kampfmittel gegen Zivilisten.

Meiner Freundin, der Architektin, ist die Brandgefahr egal. Sie bewundert die Tempel und ihre Dächer weiterhin. Eine Konstruktion in Tokyo stammt sogar von ihr, erzählte sie stolz: eine Steinmauer vor einer Privatschule in einem Vorort. Als ich mit ihr davor stand, reichte es nur zum »Oh«. Das »Ah« behielt ich für mich.

Stapeln und in die Höhe wachsen sind die besten Lösungen für den Platzmangel.

Riesiger, unterirdischer Wasserspeicher vor den Toren Tokyos. Bei Überschwemmung staut sich hier das Wasser und Tokyo bleibt trocken.

112 Wolkenkratzer

Wenn's eng wird, baut man nach oben

超高層ビル　Chōkōsōbiru

Die Aussicht vom *Sunshine 60* in Tokyo. Im 60. Stockwerk bietet die Panorama-Etage einen Rundumblick auf die Metropole.

Am Horizont Wolkenkratzer, die ihre Hälse um die Wette nach oben recken und einander in der Höhe übertrumpfen. Ansonsten aber ist Tokyo flach. Aus Holz und Beton statt Stahl und Glas. An den Häusern kann man die Architekturgeschiche Japans ablesen.

Nach dem Zweiten Weltkrieg und dem Babyboom wurde es eng. Wohnhäuser aus Holz, maximal zwei Stockwerke hoch, boten nicht vielen Familien Platz. Man konnte nur in die Höhe bauen. Jetzt auch aus Beton, denn der Erdbebenschutz hatte inzwischen große Fortschritte gemacht. Da man keine Erfahrung mit dem Baustoff hatte, lud die Regierung westliche Architekten ein. Die Japaner lernten und interpretierten die westliche Bauweise auf ihre Weise. Die Kaichi-Grundschule in Nagano zum Beispiel sieht aus der Ferne aus wie ein europäisches Backstein-Schulgebäude aus dem 19. Jahrhundert – sie besteht aber komplett aus Holz. Der Bauweise dieser Generation folgten Architekten, die sich vom Westen lösten und eigene Entwürfe umsetzten.

Mit der Wirtschaft Japans wuchsen auch die Wolkenkratzer in die Höhe. Die generelle Offenheit gegenüber westlicher Architektur und der Mangel an Denkmalschutz oder ästhetischer Städteplanung resultierten in einem bunten Teppich verschiedener Stile. Dabei gilt für alle japanischen Bauwerke: nichts ist für die Ewigkeit. Oft sind es Naturkatastrophen, viel häufiger aber noch wirtschaftliche Interessen, welche die Lebenszeit von Bauwerken verkürzen. Schließlich bringt die Konstruktion eines neuen Gebäudes mehr Geld, als es stehen zu lassen. Der Bausektor zählt zu den am stärksten von der Regierung subventionierten.

Mit jedem Jahr wird es auf der Insel enger, und die Bauwerke werden höher. Der Tokyo Sky Tree, zum Zeitpunkt seiner Eröffnung im Mai 2012 mit 634 Metern das zweithöchste Gebäude der Welt, wurde gebaut, um den Nordosten Tokyos wirtschaftlich zu beleben. Er ist ungefähr dreimal so hoch wie das Rathaus von Tokyo, das immerhin als das siebthöchste Gebäude in Japan gilt. Vor Tokyo werden künstliche Inseln im Meer aufgeschüttet, um Bauland zu gewinnen. Diese Praxis gibt es schon seit Jahrhunderten.

Eine der künstlichen Inseln, Odaiba, wurde als futuristischster Ort Japans geplant. Es gibt fahrerlose Magnetschwebebahnen und die Architektur wirkt teilweise wie von einem anderen Planeten. Vom *Sunshine 60* kann man die Insel nur entfernt am Horizon erahnen. Mit dem Aufzug geht es die 60 Stockwerke wieder hinunter auf den Betonboden von Tokyo. Grau an Grau gesellt sich hier gern.

Tokyo wächst in die Höhe.

113 Tatami

Die gelebte Leere

畳 tatami

»Ein bisschen klein, oder?«, fragte ich in den Raum. Ich blickte über die Schulter und sah meinen Vermieter skeptisch an. Für eine komplette Drehung des Körpers war der Raum zu klein. »Ach was«, sagte mein Vermieter, »der Raum ist satte drei *tatami* groß!«

Ich fragte mich immer noch, ob die Tatami ein Stamm eines Zwergenvolks seien, da tippte er schon auf seinem Taschenrechner, um mir die Größe in Quadratmeter zu nennen.

Tatami sind Bodenmatten aus Reisstroh. Sie sind meist 85–90 cm breit und doppelt so lang, und der Standard für japanische Zimmer. Auch wenn es in modernen Wohnhäusern unüblich ist, dass der komplette Boden mit *tatami* belegt ist, so werden bis heute Zimmergrößen mit der Anzahl der Reismatten angegeben, die hineinpassen. Übliche Größen sind dabei 4½, 6 oder 8 *tatami*. Die Anordnung der Matten erfolgt nach strengen Regeln und sollte möglichst harmonisch sein. Heute bestehen viele Reismatten zu einem großen Anteil aus Kunststoff. Sie sind sehr weich und bilden eine angenehme Unterlage für den Schlaf-Futon. *Tatami* altern und verfärben sich, was allerdings als positiv und schön gilt, da man so an ihnen die Spuren von Leben und Erfahrung ablesen kann.

Die japanische Innenarchitektur betont die Leere als ästhetisches Ideal. Einen Raum sollte man nicht mit Möbeln zustellen. Den Futon und Matratzen versteckt man tagsüber im Wandschrank, weil möglichst wenig die Vorstellungskraft im Zimmer stören soll.

Da Reismatten sehr anfällig sind, zieht man die Schuhe vor dem Eintritt ins Zimmer aus. Auf Socken oder barfuß läuft es sich aber sehr angenehm. In Trainingshallen für Karate oder Judo werden auch *tatami* eingesetzt, da man auf ihnen weicher fällt.

Mein Vermieter hatte inzwischen die Größe meines 500 Euro teuren Zimmers ausgerechnet. Stolz präsentierte er mir sein Ergebnis. Auf ungefähr vier Quadratmetern würde ich nun wohnen. Ohne Fenster – aber mit drei Reismatten.

114 Dojo

Halle mit Hausordnung

道場 dōjō

Mein erstes *dojo* sah ich außerhalb von Japan. Das örtliche Fitnesscenter hatte eine Karategruppe eingerichtet, in der ich Mitglied war. Verschwitzte Matten aus Kunststoff und große Berliner Altbaufenster in den Wänden: Mit einem traditionellen *dojo* hatte es wenig zu tun.

Wörtlich übersetzt als »Ort des Weges« ist ein *dojo* ein Trainingsraum für Kampfsportarten. Im Ausland bezeichnet man damit den Übungsplatz für alle japanischen Varianten, wie Judo oder Karate. In Japan selbst ist damit vom Wrestling bis hin zu Taekwondo jede Trainingshalle für Kampfsportarten gemeint. Taditionell ist der Fußboden mit Reismatten belegt und hat eine klar definierte Frontlinie, die sich am Eingang orientiert. Schüler betreten ein *dojo* von unten links, der Meister als Lehrer sitzt ganz oben rechts. Je besser ein Schüler wird und je höher er im Rang aufsteigt, desto näher darf er sich beim Lehrer platzieren. Diese Aufteilung, mit dem Eingang als einteilendem Element, findet sich heute auch noch in japanischen Firmen. Der Chef sitzt am weitesten weg von der Tür. Auch Restaurants sind so ausgerichtet. Stammkunden und wichtige Gäste sitzen so weit weg vom Eingang wie möglich. Ursprünglich stammt diese Tradition der Verortung der Rangreihenfolge von den Samurai (siehe Seite 64). Gäste und Studenten des Kampfsports müssen das *dojo* ohne Schuhe betreten und sich vor der Halle verbeugen. Damit zeigt man, dass man sich den Regeln der Halle unterwirft.

Ein *dojo* dient auch zur Meditation. Ganz klassische Kampfsportschulen in Japan sehen ihr *dojo* als heiligen Ort, der nicht durch Training gestört werden darf. Die eigentlichen Übungen finden dann draußen, unter freiem Himmel statt.

Blick durchs Fenster in ein innerstädtisches Dojo

115 Kotatsu

Zentrum der Familie

炬燵 kotatsu

»Einmal unter dem *kotatsu* und alle Sorgen fliegen davon« – treffender kann man den Tisch mit warmer Decke nicht beschreiben. Ein *kotatsu* ist eine elektrische Heizung mit einer zweiten Funktion als Esstisch.

Zwischen Tischplatte und Heizspirale wird eine Decke gelegt, unter der sich die Wärme sammelt. Ein *kotatsu* ist allerdings nicht nur ein bloßes Möbelstück. Er ist das Zentrum der Familie. In jedem Haushalt gibt es einen, und an ihm kann man die Geschichte und die Architektur Japans ablesen.

Alles begann im Mittelalter: Eine Heizung im Haus gab es nicht, nur eine Feuerstelle als Ofen. Mit der Zeit begann man, diese Feuerstelle besser in den Hausbau zu intergrieren. Sie wurde in den Boden eingelassen, und man konnte so je nach Bedarf einen Tisch darüber stellen. Stühle gab es nicht, man saß auf den *tatami*-Matten auf dem Boden (siehe Seite 210). Der Tisch konnte im Sommer entfernt und im Winter mit einer Decke als Heizung genutzt werden. Die ganze Familie versammelte sich in kalten Nächten am Tisch. Die wärmende Funktion setzt dabei ganz auf traditionell japanische Kleidung, deren Öffnung unten bei den Beinen liegt. Die Wärme wandert so durch die ganze Robe, bis sie am Hals wieder austritt und so auf dem Weg den ganzen Körper wärmt. Samurai (siehe Seite 64) war diese Art der Erwärmung im Winter allerdings zu unmännlich, hieß es. Nur Frauen würden sich über die Kälte beschweren und regelmäßig unter den Heiztisch schlüpfen. Ein Mann mit Schwert friert da lieber, sagt man.

Im 20. Jahrhundert wurde der stationäre Ofen gegen einen mobilen Heiztisch, den *kotatsu*, ausgetauscht. Im Winter ist er das Zentrum des Hauses. An ihm wird gegessen, gelesen, gearbeitet oder ferngesehen.

Nach einer kräftigen Mahlzeit ist es leicht, darunter einzuschlafen. Für ein kurzes Nickerchen wird das auch häufig gemacht, aber eine ganze Nacht sollte man nicht darunter verbringen, da aufgrund der Temperaturunterschiede von Ober- und Unterkörper dann eine Erkältung zu erwarten ist.

Japanische Wohnungen haben bis heute keine Zentralheizung. Der *kotatsu* ist im Winter also eine der wenigen Möglichkeiten sich aufzuwärmen. Er sorgt für Gemeinschaft und enge Stunden.

Im Sommer ist das Gegenstück zum *kotatsu* der *chabudai*, ein kleiner runder Tisch mit kurzen Beinen. Bekannt ist er vor allem als Metapher: Ist man verärgert oder frustriert, könnte man vor Wut den »*chabudai* umschmeißen« heißt es. Als sprachliches Bild hat das sogar die Landesgrenzen passiert und ist im Internet eine beliebte Art seinen Ärger zu verdeutlichen.

116

Shodo

Die Feder ist wichtiger als das Schwert

書道 shodō

Schönschreiben ist Pflicht. An jeder Grundschule in Japan gibt es ein eigenes Fach für Kalligrafie, in der Oberschule ist es ein optionaler Kunstkurs. »Der Weg des Schreibens«, was *shodo* übersetzt bedeutet, hat eine lange Tradition in Japan.

Ursprünglich stammt die Kunstform aus China, wo sie schon 2.000 Jahre v. Chr. zu religiösen Zwecken praktiziert wurde. Die japanischen Inseln erreichte die Kunst im Jahre 600. Populär wurde sie bei der gebildeten Schicht, die lesen konnte. Kaiserin Komyo war 744 eine wichtige Förderin, da sie die Kalligrafie des Kaisers von China nachmalte und so im Land bekannt machte. Erst 100 Jahre später entstand mit dem japanischen Alphabet die erste eigenständige japanische Kalligrafie. Einer der mutmaßlichen Mitbegründer, der nachweislich begeisterte Kalligraf Mönch Kukai, sagte damals zum kaiserlichen Hof: »China ist ein großes Reich und Japan ist ein kleines. Ich schlage vor, die Schrift sollte sich anpassen«. Seine Gedichte sind eine wichtige Quelle für die Anfänge des japanischen Alphabets und der Kalligrafie.

Jahrhunderte in Schönschrift vergingen. Mit einer erhöhten Alphabetisierungsrate stieg auch die Beliebtheit der Kalligrafie. Die Samurai (siehe Seite 64) machten sie zu einer ihrer liebsten Beschäftigungen, forderte *shodo* doch eine ähnliche Disziplin mit dem Stift, wie der Kampf mit dem Schwert.

Kalligrafie und Zen-Buddhismus beeinflussten sich wechselseitig. Mönchen meditierten, indem sie mit einem großen Pinsel aus Bambus Gebetstexte aufschrieben. Die Regeln für Kalligrafie sind heute wie damals gleich: Einmal angesetzt, muss der Stift bis zum Ende durchgeführt werden. Beim kleinsten Fehler muss man neu beginnen. Der Pinselstrich darf keine Schwäche zeigen, er soll die Entschlossenheit des Künstlers vermitteln.

In fast jedem japanischen Haus hängt eine Schriftrolle in schönster Kalligrafie. Das aufgeschriebene Wort oder der Satz soll dem Haus Kultur verleihen und als Motto für den Haushalt und seine Bewohner stehen. In regelmäßigen Abständen oder je nach Saison kann das Motto gewechselt werden. Was es sagt und wie es durch den Strich gesagt wird, ist dabei gleich wichtig. Dies gilt auch heute noch für handgeschriebene Briefe.

Wie etwas geschrieben ist, bestimmt maßgeblich seine Bedeutung.

117 Burakumin

Die Unberührbaren

部落民 burakumin

»Jeder *burakumin* ist nur ein Siebtel eines echten Menschen wert«, so die Beschreibung des Autors Shimazaki Toson. Im feudalen Japan wurden sie nur »Ansammlung von Schmutz« genannt. Und selbst heute haben es Nachkommen von *burakumin* schwer, Anerkennung in der Gesellschaft zu finden.

Burakumin ist die Bezeichnung für Menschen und deren Nachkommen, die »unreine« Berufe ausübten. Damit galten nach dem Shinto-Glauben alle Tätigkeiten, die direkt mit dem Tod zu tun hatten: Schlachter, Totengräber, Lederer. Wer diese Berufe praktizierte, würde mit der Zeit selbst so unrein werden, wie die toten Körper, die er anfasst, hieß es. Reinigung gilt als oberstes Gebot im Shinto (siehe Seite 44). Unreine Elemente wie die *burakumin* lebten außerhalb der Gemeinschaft in eigenen Verbänden. Sie blieben unter sich und mischten sich nicht unters Volk. Das macht es heute auch einfach, die Ahnengeschichte zurückzuverfolgen.

Erst im 20. Jahrhundert begannen die *burakumin* gegen ihre Diskriminierung zu kämpfen. Sie waren nicht mehr gebunden an ihre »unreinen« Berufe, aber an ihren Namen konnte man ihre Geschichte noch ablesen. Sie lebten nach wie vor in eigenen Siedlungen und konnten sich nicht integrieren. Bei Hochzeiten und Einstellungsgesprächen wurde geprüft, ob man in seiner Verwandtschaft oder unter seinen Vorfahren *burakumin* hatte. Konnte dies nachgewiesen werden, wurden Hochzeit oder Einstellung abgelehnt. Auch heute noch weisen Arbeitgeber Bewerber ab, wenn ihr Name auf eine *burakumin*-Vergangenheit schließen lässt. Die Gesellschaft und die Firma sollen rein bleiben und nicht durch *burakumin* und ihre Geschichte beschmutzt werden.

Mittlerweile wird diese Art der Diskriminierung mit Gesetzen bekämpft. Eine Namensliste von *burakumin* ist verboten, auch wenn regelmäßig Fälle bekannt werden, in denen Firmen diese Liste anfragten. Die Diskriminierung ist ein regionales Phänomen. Drei Viertel aller Japaner können sich nicht damit identifizieren und achten nicht auf die Vergangenheit der Nachbarn oder Angestellten. Nur im Westen Japans, rund um Osaka und Hiroshima, ist dieser Aberglaube noch weit verbreitet – selbst wenn es heute Nachfahren von *burakumin* zu Ruhm und Ehre bringen können. Toru Hashimoto schaffte es zum Beispiel sogar zum Gouverneur von Osaka.

Konkrete Zahlen über *burakumin* in der Gesellschaft gibt es nicht. Die Regierung schätzt ihre Anzahl auf 500.000, die Lobbyorganisation der *burakumin* geht von drei Millionen Menschen mit »unreinen« Vorfahren aus.

Burakumin lebten abgeschieden und ausgestoßen in eigenen Siedlungen außerhalb

118

Ninja

Nichts Genaues weiss man nicht

忍者 ninja

Ninja waren Söldner, die als Spione, Attentäter oder Terroristen agierten. Sie waren der Gegenpol zu den Samurai (siehe Seite 64).

Auch bekannt als *shinobi*, wurden sie zwar respektiert und gefürchtet, doch ihre Tätigkeit hatte nichts Ehrwürdiges. Sie galten auch nicht als loyal. Der Auftraggeber konnte wechseln und damit selbst zum Ziel werden. Sie trugen leichte Kleidung und verschiedene Werkzeuge mit mehreren Funktionen. Waffen, wie die Sichel, konnten bei Gefangennahme als normales Gartenwerkzeug ausgegeben werden.

Am geschicktesten waren Ninja darin, ihren eigenen Ursprung zu verschleiern. Viel weiß man heute nicht über die *shinobi*. Legenden und die Popkultur ergänzten die Lücken und zeichneten das Bild der Ninja, das wir heute kennen. Inklusive übernatürlicher Fähigkeiten und vermeintlicher Superkräfte. Was sich eindeutig rekonstruieren lässt, ist der Ursprung des Wortes als Bezeichnung für Spione. Dies konnten früher Mitglieder des Pöbels sein, die vom regierenden Shogun (siehe Seite 12) auf Missionen geschickt wurden. Professionelle Ninja traten erstmals im 15. Jahrhundert um die Ortschaften Iga und Koga auf. *Shinobi* konnte nur werden, wer zu den dortigen Familienclans gehörte. Die Orte lagen abgelegen und waren umgeben von Bergen. Hier konnte man trainieren, ohne dass es jemand sah. Die heutige Präfektur Mie, in der die Orte lagen, wirbt auch damit, der Geburtsort der Ninja zu sein.

Die *shinobi* wurden in allen Aspekten ausgebildet, die für ihre Missionen wichtig waren. Atemtechniken, körperliche Fitness und der Umgang mit den Waffen gehörten dazu. Aber auch handwerkliche Fähigkeiten wie Schmieden, Landwirtschaft oder Kunst – für den Fall, dass sie sich während einer Mission tarnen mussten. Alleine oder in Teams wurden sie von den Shogunen engagiert, in feindlichen Regionen Informationen einzuholen. Dazu tarnten sie sich als Mönche oder Straßenkünstler. Brandanschläge auf die Schlösser der Shogune gehörten ebenso zu den regelmäßigen Aufgaben wie Attentate auf unliebsame Herrscher. Wie viele von ihnen den Ninja zum Opfer fielen, ist nicht bekannt. So gut waren ihre geheimen Methoden der Verschleierung.

Moderne Interpretation des Ninja in der Popkultur. Die Waffen der echten Ninja waren viel kleiner und konnten schnell versteckt werden.

119 Furoshiki

Japaner verpacken gern

風呂敷 furoshiki

»Soll ich Ihnen das einpacken?«, fragte mich die Kassiererin. Bevor ich überhaupt reagieren konnte, hatte sie die Plastiktüte schon griffbereit.

Die 0,5-Liter-Flasche des Getränks meiner Wahl packte sie zusammen mit einem Strohhalm in eine extra Tüte, obwohl ich deutlich sichtbar eine Tasche umhängen hatte. Die Packung Kekse, die ich tags zuvor kaufte, stand dem in nichts nach: Jeder einzelne Keks war extra eingetütet.

Für die formschöne Verpackung mit einem Stoff gibt es sogar ein eigenes Wort: *furoshiki*. Die Bezeichnung stammt eigentlich von einem Badetuch, in das früher Kleidung eingewickelt wurde. Mit der Zeit verpackte man in dem Stoff auch Essen oder andere Gegenstände, die man transportieren wollte. Heute ist *furoshiki* Teil der Verpackungskultur in Japan. Es gilt als respektvoll, wenn man etwas vor dem Überreichen noch einmal verpackt. Es kann dementsprechend auch als sehr unhöflich gewertet werden, wenn man Geschenke oder Gaben unverpackt überreicht. Zwischen den Stoffbeuteln von damals und den Plastiktüten von heute liegt kein Unterschied im Ideal – aber in der Umweltfreundlichkeit.

Egal wo oder was man einkauft, man bekommt stets ungefragt und kostenlos eine Plastiktüte dazu. Nachdem eine kanadische Mitbewohnerin in Tokyo ständig mit mir schimpfte, wenn ich mit zwei oder mehr dieser Tüten nach Hause kam, gewöhnte ich mir an, nein zu sagen. Die Kassierer reagierten zwar stets etwas perplex, aber dann war ich eben unhöflich. Soviel Höflichkeit bin ich der Natur gegenüber schuldig.

Wie etwas verpackt ist, sagt in Japan viel aus über den Inhalt und den, der ihn übergibt.

120

Katze Maru

Katzen bringen Glück

猫まる　neko maru

Das bekannteste Tier in Japan ist eine schottische Faltohrkatze mit weißen Pfoten namens Maru. Auf Youtube wurde ein Video mit ihr mehr als 150 Millionen Mal gesehen.

Es passiert nicht viel mehr, als dass die Katze in eine Kiste springt. Es folgten Auftritte im Fernsehen und Werbespots. 2011 erschienen sogar eine DVD und ein Fotobuch nur mit Motiven der Katze.

Die Popularität Marus lässt sich schwer erklären. Sie liegt wohl in der allgemeinen Beliebtheit von Katzen in Japan begründet. Sie sind seit Jahrtausenden als Haustiere bekannt. Es ranken sich auch diverse Mythen um Katzen, die als Dämonen auftreten oder als schlechte Omen. Kaiser und Generäle sollen beim Erscheinen einer Katze auf ihrem Schloss ihre Pläne überdacht haben. Sehr beliebt und inzwischen auch weltweit bekannt ist die sogenannte »Winkekatze«. Anzutreffen in diversen Asia-Läden oder -Restaurants, hält sie eine oder zwei Pfoten nach oben und bittet so um Geld. Als Talisman soll sie in Geschäften für Wohlstand und viele Kunden sorgen. Sie sitzt in Porzellan oder aus Holz stets vor dem Eingang oder im Schaufenster.

In Japan gibt es mehr Haustiere als Kinder unter 15 Jahren. Vor allem Hunde gelten als Ersatz für ein Kleinkind. Sie werden angezogen, herumgefahren und frisiert. Katzen sind die beliebteren Haustiere, da sie mit wenig Platz auskommen und sehr reinlich sind. Auch wenn viele Vermieter Haustiere verbieten. Beim Umzug werden Katzen daher oft ausgesetzt und finden auf der Straße ein neues Zuhause. Straßenkatzen sind ein weitverbreites Phänomen, auch wenn sie nicht wirklich als Problem gesehen werden. Vor allem nachts findet man sie auf den leeren Straßen. Um sie zu verscheuchen, stellen Bewohner große Wasserflaschen vor ihr Haus. Das Licht von Autos und Straßenlaternen soll sich in ihnen brechen und so die Katzen durch Helligkeit abschrecken.

Wer keine Katze halten darf oder kann, findet Ersatz in einem Katzen-Café. Gegen einen kleinen Eintritt darf man dann alle Katzen, die

Die »maneki-neko« (wörtlich »winkende Katze«) ist ein beliebtes Symbol für Wohlstand in Japan. Im Tempel Gōtoku-ji in Tokyo, wo die Tradition ihren Ursprung haben soll, stehen hunderte Keramikfiguren von ihr in verschiedenen Größen.

im Café herumstreunen, nach Belieben streicheln. Vor allem junge Frauen schätzen diese Einrichtungen. Der Besuch dient dem Stressabbau und der Entspannung, sagen sie. Sich wie eine Katze zu benehmen gilt auch als »süß« (siehe Seite 140). Mädchen verrenken sich und strecken dem Jungen die Pfoten entgegen, damit er mit ihnen spielt. Diese Variante stammt aus der Manga- (siehe Seite 84) und Anime-Szene (siehe Seite 86), wo sie von meist männlichen Zeichnern als Fantasie gezeichnet wurde, bis sie sich auf die wirkliche Welt übertragen hat.

Maru erträgt ihre Popularität mit Fassung. Sie kann ihr als Katze auch egal sein. Hauptsache, das Essen kommt häufig und es gibt stets eine Kiste zum Reinspringen.

121 Wabi-Sabi

Das Konzept des Konzeptlosen

侘寂 wabisabi

»Siehst du das Blatt?«, fragte sie. »Ja«, sagte ich. »Es ist schön«, sagte sie. »Öh …«, sagte ich. Ich verstand nicht. Und sie ging.

Wabi-sabi ist die Ästhetik des Unvollkommenen. Es ist die Schönheit von Asymmetrie, Ungleichheit, dem Rauen, Minimalistischen, von Unordnung und Natürlichkeit. *Wabi-sabi* ist … schwer zu beschreiben.

Autor Andrew Juniper beschreibt *wabi-sabi* so: »Wenn ein Objekt in uns ein seeliges Gefühl von Melancholie oder geistiger Zugehörigkeit vermittelt, dann ist es *wabi-sabi*«. Das ästhetische Ideal sieht die Schönheit in allem, was authentisch ist. Die drei wichtigsten Wahrheiten sind dabei: nichts ist perfekt, alles ist vergänglich und nichts ist jemals fertig.

Es ist eine Philosophie, die in Japan entstand. Der Begriff beschrieb ursprünglich die harte Einsamkeit in der Natur, bis sich die Bezeichnung wandelte. Die bittere Wahrheit der Natur und die flüchtige Existenz des Menschens darin wurden zum Ideal. Im Mittelalter wurde es zum zentralen Motiv unter den Adeligen. Wer *wabi-sabi* verstand, verstand die Welt. Es galt als erster Schritt in Richtung Erleuchtung.

Heute fassen japanische Bücher *wabi-sabi* zusammen als »Schönheit mit Mängeln« oder »Weisheit in natürlicher Einfachheit«. Das bekannteste Beispiel von *wabi-sabi* findet sich in der Tee-Zeremonie. Tassen mit einem schiefen oder undefinierten Rand und mangelhafter Lackierung gelten als besonders schön und edel. Sie erzielen Spitzenpreise und werden bei sehr traditionellen Tee-Zeremonien gereicht.

Wabi-sabi beschreibt Ideen der japanischen Gesellschaft in der Ästhetik: Zurückhaltung, Flüchtigkeit, Unvollkommenheit (mit dem Ziel zur Verbesserung). Im Design, in der Architektur und der Kunst findet sich das Konzept regelmäßig wieder, auch wenn Kunsthistoriker über die genaue Verwendung streiten. Dafür ist der Begriff zu weit, abstrakt – und unvollkommen.

Die Schönheit im Vergänglichen

122 Iki

Bärte sind unsexy

粋 iki

Ich war verabredet mit einem netten Mädchen aus Deutschland. Im Zentrum von Tokyo trafen wir uns in einem Café, um über Land, Leute und Jobs zu reden. Sie machte mir allerdings schnell klar, dass zwischen uns nichts laufen würde. Sie stehe nur auf *ikemen*, sagte sie.

Ich überlegte noch, welche Sorte Pokémon das sein sollte, da erklärte sie es schon. *Ikemen* heißt übersetzt einfach »schöne Männer« und beschreibt weniger ein festes Schönheitsideal, als das, was dem aktuellen Trend nach als schön gilt.

Das Schönheitsideal in Japan hat sich, wie in Europa, über die Jahrhunderte gewandelt. Der Begriff *iki* bezeichnete früher das Schönheitsideal, das die Geishas praktizierten. Als schick, beziehungsweise *iki*, galt eine gewisse Erfahrung, Zurückhaltung, Weltgewandheit. Man soll die Bitterkeit des Lebens geschmeckt haben, um wahre Schönheit zu erkennen, hieß es. *Iki* ist schlicht, einfach und doch nicht gedankenlos. Es galt für die Geisha und ebenfalls für ihre Kunden. Heute ist ihr Schönheitsideal ausgetauscht gegen die *kawaii*-Kultur (siehe Seite 140), nach der sich Mädchen, Frauen und junge Männer gleichermaßen richten. Sie müssen sich besonders niedlich verhalten, fast schon kindlich. Mädchen wird geraten, Kleidung ein, zwei Nummern größer zu tragen, damit sie noch kleiner und niedlicher wirken. Außerdem sollen sie sich etwas naiv anstellen oder tollpatschig sein, um Männern zu gefallen. Sie sollen an ihren Beschützerinstinkt appellieren.

Jungs hingegen sind angehalten, ihre Männlichkeit nicht zu betonen. Sie sollen sich die Beine rasieren, keine Muskeln aufbauen und sich allgemein androgyn kleiden. Dem aktuellen Trend nach sind *ikemen* also Männer, die nicht wie Männer aussehen. Einige haben mit gefärbten und gestylten Haaren, weichen Gesichtszügen und viel Schminke sogar feminine Züge und sehen aus wie junge Damen.

Ich bezahlte den Kaffee und ging. Mein Bart und ihre Vorliebe für *ikemen* kamen einfach nicht zusammen.

Auch in merkwürdigen T-Shirts kann man schön aussehen.

Der Begriff von Schönheit wandelte sich. Früher waren Zurückhaltung und Eleganz wichtig, heute zählen andere Dinge.

123 Keitai

Ein Gerät für alles

携帯電話 keitai denwa

Japanische Handys waren allen anderen weit voraus. Während man in Deutschland die SMS entdeckte, konnte man in Japan mit dem Handy schon ins Internet.

Heute hat jedes Mobiltelefon standardmäßig eine eigene E-Mail-Adresse, Fernsehempfang und eine Funktion, mit der man sich den letzten Zug des Tages nach Hause anzeigen lassen kann. Und telefonieren kann es auch.

Die weite Verbreitung von Handys hat eine *keitai*-Kultur entstehen lassen. Das Handy dient als Ausdruck der eigenen Identität. Vor allem Mädchen haben verschiedene Anhänger am Handy, und ihre Geräte sind beklebt mit diversen Stickern und bunten Bildchen. Die traditionelle *maki-e*-Kunst, eine Zeichentechnik, bei der mit feinem Strich Blumenmuster gemalt werden, ist die populärste Variante von Handy-Stickern.

Es gibt ganze Romane, die mit dem Handy geschrieben und gelesen werden. Per SMS kann man neue Kapitel abonnieren. Manchmal schaffen diese dann auch den Sprung aufs Papier. So geschehen 2009, als der Roman einer Fünfzehnjährigen, den sie auf langen Zugfahrten per Handy schrieb, in einer Millionenauflage verkauft wurde. Weil das japanische Alphabet ermöglicht, mit wenigen Zeichen viel zu sagen und die Kosten für Textbotschaften sehr gering sind, entstehen ganze SMS-Romane.

Zur *keitai*-Kultur zählt aber nicht nur, was man mit dem Handy alles anstellen kann, sondern auch, wie man sich damit benimmt. Jedes Gerät verfügt über einen sogenannten »Manieren-Modus«. Per Knopfdruck wird das Handy lautlos. Poster in der Bahn oder Hinweise durch Lautsprecher in den Zügen erinnern regelmäßig daran, dass im Zug nicht telefoniert werden sollte. Es ist nicht per se verboten, nur gesellschaftlich nicht akzeptiert. Die anderen Fahrgäste sollen durch das eigene Verhalten nicht gestört werden.

Japanisches Handy mit Anhängern

Wetterbericht, Zugpläne, Fernsehen – japanische Handys können fast alles und dienen zum Vertreiben der Langweile.

124

Zug

Die pünklichste Bahn der Welt

電車 densha

Wenn ich an Züge in Japan denke, fällt mir die Geschichte eines Bekannten ein. Er war auf dem Weg von Tokyo nach Kyoto. Der Zug seiner Wahl war der Shinkansen, der Schnellzug.

Ursprünglich war Shinkansen der Name für das gesamte Schienennetz. Im allgemeinen Sprachgebrauch meint man damit aber die meist weißen Züge, die mehr als 300 km/h erreichen können. Der Shinkansen gilt als sicherster und pünktlichster Zug der Welt.

Als mein Bekannter in Tokyo losfahren wollte, wackelte der Zug. Ein Erdbeben der Stärke 4,7 zwang die Wagen zum Halt. Nachdem es ausgestanden war, fuhr er los. Anschließend fegte ein Taifun über die Strecke. Der Zug pausierte kurz und fuhr anschließend weiter. Trotz zweier Naturkatastrophen hatte der Zug gerade einmal fünf Minuten Verspätung – für die sich Zugführer und Personal zutiefst entschuldigten.

Es gibt in Japan zwei verschiedene Zugnetze, die komplett voneinander getrennt sind. Der Shinkansen fährt meist auf einer hochgelegenen Schnellbahntrasse. Alle anderen Züge fahren ebenerdig oder unterirdisch. Das gesamte Zugnetz würde mit seinen 22.000 Kilometern Länge einmal um die halbe Erde reichen. Pro Jahr transportiert das Netz mehr als 22 Milliarden Passagiere. Züge gelten als die wichtigste Verbindung für Pendler. Fahrtzeiten bis zu zwei Stunden zwischen Arbeitsplatz und Wohnung sind keine Seltenheit, eher sogar der Standard in Städten wie Tokyo, wo die Mietpreise sehr hoch und preiswerte Unterkünfte außerhalb der Stadt beliebt sind. Bezahlt wird mit einem Ticket aus Papier oder noch häufiger mit einer Funkkarte, die man vorher an einem Automaten mit Geldbeträgen auflädt. Man bezahlt stets die gefahrene Distanz und nicht die Zeit.

Die Ordnung im Zug beginnt bereits am Bahnhof: Wo die einzelnen Wagen halten und wo man sich vor dem Eingang platzieren sollte, ist auf dem Boden markiert. Dort bilden sich schon Schlangen, bevor der Zug überhaupt einfährt.

Stadt- und Regionalbahnen benutzen dasselbe Netz, und der Übergang ist fließend. So kann man mit lokalen Zügen durch das gesamte Land fahren – und am anderen Ende von Japan mit demselben elektronischen Ticket bezahlen, das auch im U-Bahn-Netz von Tokyo gilt.

Auch in der Popkultur und in der Kunst tauchen Züge regelmäßig auf, denn auch die Kreativen sind auf sie angewiesen. So verarbeiten diese dann ihren Alltag. Der Zug dient dann meist als Symbol für Transition, Isolation, Schicksal und Ziellosigkeit.

Eingeschneiter Zug im Norden Japans

PASMO-Karte, die an Bahnhöfen gescannt wird und als Ticket funktioniert. Sie ist eine von verschiedenen Varianten, die in ganz Japan gelten. Sie muss regelmäßig mit Geld aufgeladen werden und gilt auch in den Restaurants der Bahnstation als Zahlungsmittel.

125 Chikan

Echte Schikane

痴漢 chikan

Perverser! Lüstling! Grabscher! Es gibt viele Übersetzungen für *chikan*. Gemeint ist damit jemand, der in überfüllten Zügen die Anonymität und das Gedränge der Masse nutzt und versucht, Frauen an den verschiedensten Stellen anzufassen. Es ist eine Straftat in Japan und ein echtes Problem.

Die Bedeutung von Zügen ist sehr hoch. Sie sind nicht nur Hauptverkehrsmittel, überaus pünktlich und sicher – sie dienen durch die langen Fahrtzeiten auch als Ort der Ruhe. Laute Gespräche gilt es zu vermeiden, und es darf auch nicht telefoniert werden. Die Grabscher stören diese Ruhe. Ältere Männer nutzen den Umstand aus, dass die Züge in den Großstädten meistens überfüllt sind, und werden bei den Damen handgreiflich. Für Frauen ist das ein echtes Problem. Meist rufen sie nicht laut um Hilfe, weil es als peinlich gilt oder sie keine Unterstützung erwarten. Offizielle Zahlen über die Opfer existieren nicht, da viele Fälle nicht zur Anzeige gebracht werden. Vielen Frauen fällt es schwer, darüber zu reden. In einer Umfrage unter jugendlichen Mädchen gaben 70 % an, schon mindestens einmal im Zug begrabscht worden zu sein. Andere Umfragen gehen davon aus, dass jede zweite Frau betroffen ist. Die Nachprüfung im Einzelfall ist äußerst schwierig, da Aussage gegen Aussage steht. Sollte ein *chikan* seine Tat partout leugnen, droht ihm trotz dünner Beweislage sogar eine Freiheitstrafe. Das wiederum wird von kriminellen Banden ausgenutzt: Junge Mädchen drängen sich im Zug an ältere Männer, rufen dann laut *chikan* und verlangen Geld, da sie sonst Anzeige erstatten würden, womit der Mann als Perverser gebrandmarkt wäre.

Die Bahnunternehmen reagieren auf das Problem mit Sonderwagen nur für Frauen. Sie werden während der geschäftigsten Stunden eingesetzt und sind speziell markiert.

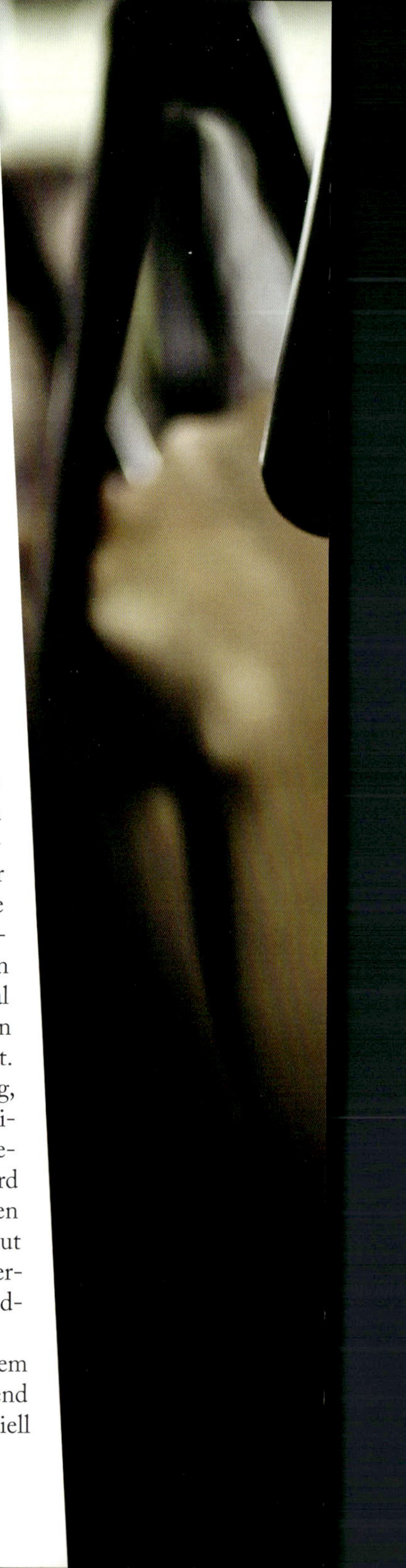

In der Anonymität und im Gedränge der Masse fühlen sich viele sicher für freche Aktionen.

126 Uchi-Soto-Prinzip

Die ungeschriebenen Regeln des Zusammenlebens

内外 uchisoto

In Tokyo gibt es eine unrühmliche Tradition, die auf Ausländer zurückgeht: Jedes Jahr zu Halloween verkleiden sie sich und stürmen die Stadtbahn.

Es folgt stets ein großer Aufschrei unter den Fahrgästen und in den Medien. Nationalistische Gruppierungen nutzen den Termin, um Stimmung gegen die meist angelsächsischen Ausländer zu machen. Dieser Vorfall soll beweisen, dass sie Japan und die Regeln der japanischen Gesellschaft nicht verstehen oder nicht verstehen wollen.

Um den Konflikt verstehen zu können, fragte ich eine japanische Klientin. Sie hielt kurz inne und sprach dann ganz ernst über das *uchi-soto*-Prinzip. Es ist ein ungeschriebenes Regelwerk für den japanischen Alltag, das man schon von klein auf lernt: Es gibt *uchi* – das Haus und die Regeln für alles Innere – und es gibt *soto* – das Draußen und alle Umgangsformen in der Öffentlichkeit.

Die Regeln für die inneren Gefühle, die man verstecken sollte, sobald man mit anderen zu tun hat, gehören auch dazu.

Uchi und *soto* beschreiben jeweils Gruppen, zu denen man gehört. Die eigene Familie gehört zum Beispiel zu *uchi*, aber auch die Firma oder der Sportverein. Außenstehende gehören zu *soto*, zur Gruppe außerhalb. Gegenüber *soto* muss man höflich sein. In der *uchi*-Gruppe ist man umgänglicher und etwas freier. Dies spiegelt sich auch in der Sprache wieder: Während man mit Gleichgestellten in einer Abteilung »unhöflich« sprechen darf, muss der Chef der Firma höflich angesprochen werden. Es gibt fortlaufende Überschneidungen von *uchi* und *soto*, wobei dann wieder nach Regeln der Rangfolge unterschieden wird. Alter und Erfahrung haben immer Vorrang und müssen höflich tituliert werden. Man muss die Sprache stets dem Level der Höflichkeit anpassen.

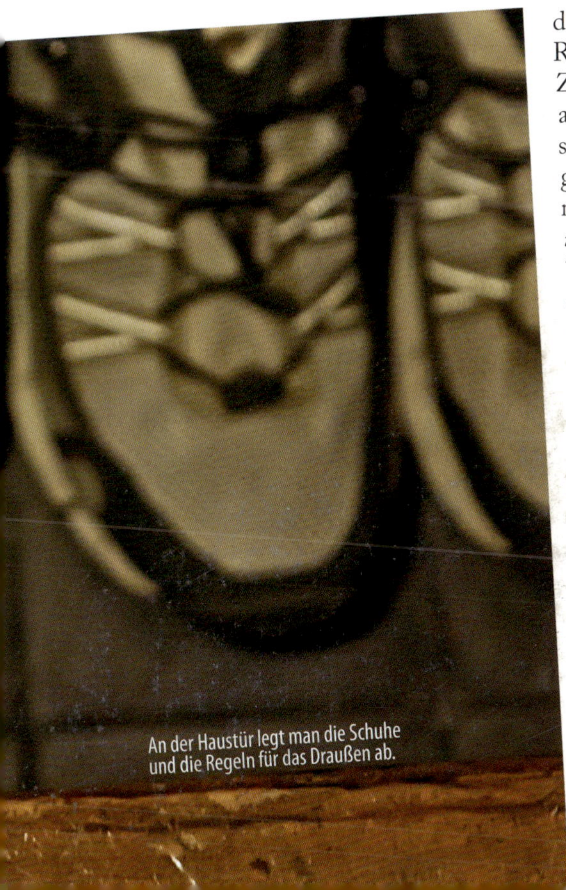

An der Haustür legt man die Schuhe und die Regeln für das Draußen ab.

Soto, das Äußere, definiert die Regeln im öffentlichen Raum, wie zum Beispiel im Zug. Im *soto* möchte man andere nicht bedrängen oder selbst bedrängt werden. Dazu gehört auch, dass man im *soto* nicht behandelt wird wie in *uchi*. Wenn in der Bahn in Tokyo – also im *soto* – nun eine Party stattfindet, die eher zum *uchi* gehört, ist das ein klarer Bruch der Regeln.

Für Außenstehende ist *uchi-soto* schwer zu erlernen. Es ist aber immens wichtig für den Inselstaat, auf dem man so eng zusammenlebt. Nur durch Beobachten und Fragen kann man es verstehen.

127 Fremdsprachen

Fremde Sprache, schwere Sprache

言語　gengo

Letztens in der Kneipe: In einer Gruppe von europäischen und japanischen Studenten rede ich auf Englisch und Japanisch über Godzilla und die Welt. Ein Japaner neben mir macht große Augen und Ohren. Englisch liegt ihm nicht. Und nun sitzt eine Reihe von Studenten neben ihm, die außer ihrer eigenen Landessprache mindestens noch Englisch und Japanisch können.

Die gemeinsame lateinische Basis macht es Europäern sicherlich leichter, die Sprachen ihrer Nachbarn zu lernen. Für Japaner sind deren Grammatik und Aussprache sehr fremd. Englisch wird in Japan zwar unterrichtet, doch der Fokus liegt auf der geschriebenen Sprache. Konversationen werden im Unterricht eher selten geübt. Schüler lernen Englisch nur, um den Eingangstest der Universitäten zu bestehen – und der ist schriftlich.

Das allgemeine Bildungsniveau in Japan ist sehr hoch. Ungefähr ein Drittel der Bevölkerung verfügt über einen Universitätsabschluss. Trotzdem gelten Fremdsprachen als Problem. Die meisten Japaner verfügen über sehr geringe oder gar keine Englischkenntnisse. Wenn man auf der Straße auf Englisch nach dem Weg fragt, hat man in Großstädten meist noch Glück. Vor allem junge Menschen, die entweder gerade für das Englischexamen an der Universität lernen oder bei denen es noch nicht allzu lange her ist, können sich noch einigermaßen artikulieren. Es hilft oft dem Verständnis, die Frage auf Englisch aufzuschreiben.

Außer Englisch bieten die Oberschulen selten weitere Fremdsprachen an. Erst an den Hochschulen kann man Chinesisch, Koreanisch oder europäische Sprachen lernen. Deutschkenntnisse gelten für Studenten von Jura, Philosophie und Medizin sogar als Pflicht – wobei man sich auf die Fachbegriffe beschränkt. Einer meiner Arbeitskollegen studierte seit drei Semestern Jura und Deutsch. Er konnte mir die letzten sechs Bundespräsidenten in chronologisch umgekehrter Reihenfolge nennen – aber ein Bier auf Deutsch zu bestellen, das gelang ihm nicht.

Englische »Einladung« in der Golden Gai in Shinjuku, einem Viertel voller Bars und Clubs

128 Bildung

Hohe Bildung, hohe Kosten

教育 kyōiku

Das Schulsystem in Japan gliedert sich in Grund-, Mittel- und Oberschule, und 98 % aller Schüler durchlaufen diese Bahn.

Uniformen sind ab der Mittelschule Pflicht. Als Schüler besteht man jede Klasse mehr oder weniger automatisch, Sitzenbleiben gibt es nicht. Jedoch muss man vor jedem Wechsel der Schule eine Eingangsprüfung bestehen. Je besser und renommierter die Schule, desto schwieriger die Prüfung. Schon in Mittel- und Oberschule kann sich daher entscheiden, ob und auf welche Universität man später gehen kann. Die Eingangsprüfung der Universität ist die wichtigste Prüfung im Leben eines jungen Japaners. Um die Prüfung an einer guten Uni zu bestehen, wird jede Anstrengung unternommen. Der Name der Hochschule garantiert den Arbeitsplatz. Was man studiert oder wie gut man besteht, ist nicht so wichtig. Der Name der Uni bedeutet alles.

Das Studentenleben gilt dann aber als die entspannteste und freieste Zeit im Leben – auch wenn die Studiengebühren bis zu 10.000 Euro pro Semester betragen können. Drei Viertel aller Universitäten sind privat. Die Studienbeiträge zahlen in 80 % der Fälle die Eltern, die auch die Miete übernehmen. Allerdings wird erwartet, dass der Student sich einen Nebenjob sucht.

Schon während des Studiums gehen Agenten großer Konzerne durch die Universitäten und suchen Nachwuchs. Bereits im ersten oder zweiten Studienjahr erhalten viele so ihren Arbeitsvertrag für die Zeit nach dem Abschluss – auch wenn dieses System mit der Rezession zurückgeht.

Der Bachelor-Studiengang dauert in der Regel vier Jahre. Die wenigsten machen anschließend noch ihren Master, da der Bachelor bereits als ausreichend für die Arbeitswelt gilt. Nur ein Drittel aller Frauen, die ein Studium beginnen, schließen es auch ab. Für viele gilt die Universität nur als Ort, wo man einen Ehemann kennenlernt. Nach der Hochzeit wird nicht erwartet, dass man als Frau noch berufstätig ist.

Studenten machen rund zwei Prozent der Bevölkerung aus, Tendenz sinkend. Das liegt allerdings weniger an den hohen Kosten, als an der rückläufigen Geburtenrate. Man geht davon aus, dass deswegen in den nächsten zehn Jahren ungefähr die Hälfte der rund 700 Universitäten in Japan schließen wird.

Private Universität in Tama, westliches Tokyo

129

High School

Lernst du noch oder schläfst du schon?

高等学校 kōtō gakkō

In Japan gibt es zwei Schulwelten: Die eine ist die High School der Anime, bevölkert von Mädchen in Uniformen mit bunten Haaren. Die andere dient zur Vorbereitung auf die Uni. Bis man dorthin kommt, ist es allerdings ein weiter Weg.

In sechs Jahren Grundschule und jeweils drei Jahren an den weiterführenden Schulen wird jeden Tag nur gelernt. Das Angebot an öffentlichen Schulen wird um private Angebote ergänzt, die als gute Vorbereitung auf die Uni

In der Schule trägt man andere Schuhe, als die, mit denen man auf der Straße läuft. Jede Schule, so wie diese Junior High School auf der Insel Oshima, verfügt daher über einen Schuhschrank im Eingang.

gelten. Zusätzlich belegen Schüler Nachhilfekurse oder Aufbau-Unterricht in Vorbereitung auf das Eintrittsexamen der Universität. Zudem sind Aktivitäten wie Sport oder Musikunterricht in die Schule integriert. Der Tagesplan eines Sechstklässlers kann durch Unterricht und solche Programme von 8–22 Uhr gehen – und dann sind die Hausaufgaben dran.

Als Schüler hat man wenig Freizeit, wenn man sich auf eine gute Uni und somit einen guten Job vorbereiten möchte. Der Unterricht selbst wird frontal geführt, wobei das Auswendiglernen im Vordergrund steht und weniger die kreative Eigenleistung. Schlafen im Unterricht wird oft toleriert. Es ist jedem selbst überlassen, wie viel oder wie wenig er lernen möchte. Die Quittung erhält man spätestens bei der nächsten Eingangsprüfung, die man für jede weiterführende Schule bestehen muss.

Die Köpfe der Schüler stecken meistens in den Büchern – es bleibt kaum Gelegenheit, andere Aspekte der Schulzeit zu genießen. Dies erklärt vielleicht die romantisierende Vorstellung von Schule in der Gesellschaft und der Popkultur. Schulmädchen in Uniform gelten als Symbol für Jugend und Unschuld, was sie zu einem beliebten Bild in Darstellungen mit softer oder harter Erotik macht. In Anime (siehe Seite 86) tauchen sie mit bunten Haaren und stilisierten Kostümen auf, die auf dem Design von Schuluniformen basieren. Dabei verbieten viele Schulen ihren Schülern das Färben der Haare. So wird in der Popkultur gelebt, was real nicht existieren darf.

Als Schüler hat man sein Leben noch vor sich und hegt fantastische Träume. Die populärste Manga-Gattung (siehe Seite 84), Shonen, richtet sich an Jungs zwischen zwölf und 17 Jahren und handelt stets von Helden mit großen Träumen. Ältere Jungs fühlen sich auch angesprochen und kaufen diese Comics. Oft ist der Protagonist in einem Shonen-Manga ebenfalls Schüler und der Comic spielt an der Schule.

130

Love Hotel

Für gewisse Stunden …

ラブホテル rabu hoteru

Sex zu haben ist nicht einfach in Japan. Tatsächlich schlafen Japaner seltener miteinander als Paare anderer Länder im Vergleich. Aber prüde sind sie nicht.

Das Problem, das vor allem junge Paare haben, ist Platz. Bis zu einem gewissen Alter ist es üblich, noch bei den Eltern zu leben oder sie später wieder bei sich einziehen zu lassen, wenn man selbst Hausbesitzer ist. Das Paar teilt sich dann ein Zimmer neben dem der Eltern. Und Wände aus Papier und Holz sind nicht schalldicht. Intensive Geräusche können so nach nebenan und auf die Straße dringen, wo nicht das Gerücht umgehen soll, dass die Yamamotos gerne schnackseln – oder so ähnlich. Die Alternative bieten *Love Hotels*.

Ursprünglich als Ersatz für Bordelle gedacht, dienten sie Prostituierten stundenweise als Arbeitsplatz. Mit dem offiziellen Verbot von Sex gegen Geld, bekamen *Love Hotels* eine neue Bedeutung. Heute gelten sie nicht als anrüchig oder verdorben, sondern als diskret und geradezu notwendig. Man mietet ein Zimmer stundenweise oder eine ganze Nacht. Was man dort mit wem macht ist egal. In Tokyo sind viele *Love Hotels* sogar automatisiert, und es gibt keine Kassierer. Bei anderen sitzen sie hinter einer Blende, unter der nur die Hände, die das Geld entgegennehmen, herausschauen.

Die Zimmer in *Love Hotels* sind oft nach einem Thema gestaltet, das von erotischen Inhalten bis hin zu Fantasy oder Disney reichen kann.

Als Übernachtungsmöglichkeit dienen sie Geschäftsleuten oder Reisenden auch als spontan verfügbares Hotel – selbst wenn die Preise teurer sind als in regulären Einrichtungen. In Tokyos Viertel Shibuya gibt es mit dem *Love Hotel Hill* sogar eine ganze Kolonie der Stundenhotels, die in Preis und Qualität stark variieren. Sie dienen dem nahen Ausgehviertel als Ort für romantische Stunden. Denn in Japan heißt es am Ende eines Abends nicht »Zu dir oder zu mir?«, sondern »Ab ins *Love Hotel*, ich zahle!«

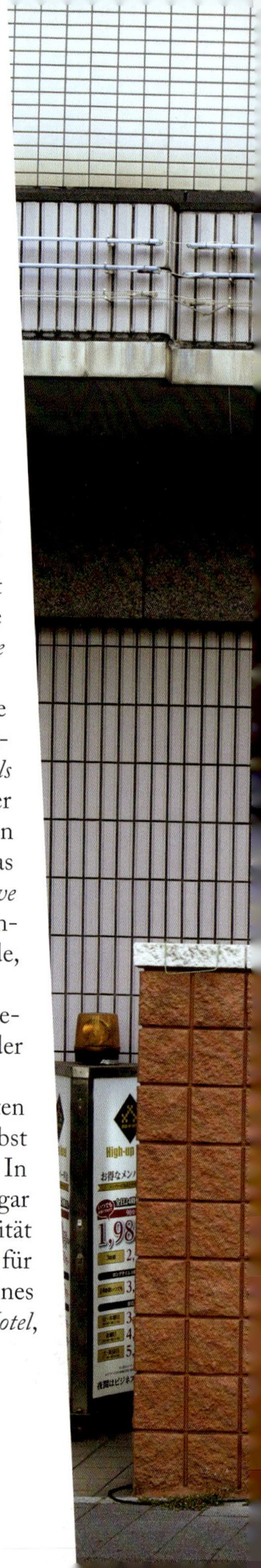

Die Eingangstür ist hinter der Mauer, die Wand bietet Blickschutz – Love Hotels sind diskret. Das Schild sagt: »90 Minuten 1.980 Yen, ein ganzer Tag (bzw. eine Übernachtung) 3.980 Yen.«

131

Yamada

Wie ein Name erfunden wird

山田 yamada

Ein Name, so beliebt wie er beliebig ist: Yamada setzt sich zusammen aus den Zeichen für »Reisfeld« und »Berg«. Beides ist in Japan so häufig zu finden, wie der Name. Er ist das Äquivalent zu »Hans Müller« oder »Joe Jedermann« und beschreibt einen durchschnittlichen Japaner.

Nachnamen, wie wir sie kennen, gibt es in Japan erst seit dem 19. Jahrhundert. Früher waren sie dem Adel und den Samurai (siehe Seite 64) vorbehalten. Das gemeine Volk verfügte nur über einen Vornamen, der um eine eindeutige Information ergänzt wurde. Dies konnte zum Beispiel der Wohnort oder die Heimat sein. Ladenbesitzer wurden nach ihrem Geschäft benannt und Bauern übernahmen im Nachnamen den Vornamen ihres Vaters. Erst in der Meiji-Zeit (siehe Seite 14) wurde per Gesetz festgelegt, wie Nachnamen zu bestimmen sind. Viele suchten sich daraufhin einen neuen Namen, dachten sich einen aus oder baten Priester, ihnen einen eigenen wahrzusagen. Heute schätzt man die Anzahl von Nachnamen in Japan auf über 100.000. Dies bringt allerdings Schwierigkeiten mit sich. Die Anzahl Zeichen, mit der die Namen geschrieben werden können, ist begrenzt. Da Zeichen sich unterschiedlich lesen lassen, können zwei Namen gleich geschrieben sein, aber unterschiedlich ausgesprochen werden. Dies hat zur Folge, dass man einen Namen niemals eindeutig vorlesen kann. Auf Visitenkarten führt das regelmäßig zu Missverständnissen.

Das Justizministerium wacht über die Zeichen, die einen Namen ausmachen. Möchte man seinem Kind einen Namen geben, muss man aus einer vorgegeben Liste wählen. Es wird diskutiert, negative Zeichen, wie für Tod oder Krankheit, von dieser Liste zu streichen.

Der häufigste Name ist Satō und setzt sich zusammen aus den Zeichen für »Assistenz, Hilfe« und der Bezeichnung für die japanische Wisteria, eine Kletterpflanze mit prächtigen Blüten. Trotzdem gilt Yamada als universeller. Der Animationsfilm-Regisseur Isao Takahata drehte sogar einen Film namens *Meine Nachbarn die Yamadas*, in dem es kaum Handlung gibt. Es ist ein Film über das Leben allgemein und erzählt von Familie Yamada, deren Mitglieder kaum Charaktereigenschaften haben und komplett austauschbar sind. Besser kann man dem Publikum nicht beweisen, dass dies ein Film über jedermann ist.

132

Seishun-18-kippu

Ein Ticket für das ganze Land

青春18きっぷ seishun jūhachi kippu

In den Fenstern nur Reisfelder und am Horizont die Berge. Und vor mir: das weite Land. Mit einem Sonderticket reiste ich durch den Norden Japans. Gestartet in Tokyo, war ich bereits den zweiten Tag unterwegs. Ich war alleine im Zug. Vor mir nur der Lokführer und die einsame Strecke.

Möglich machte diese Reise das Seishun-18-kippu, das »Jugendticket«. Beim Kauf gibt es allerdings keine Altersbegrenzung, jeder kann das Ticket in den Angebotszeiten erwerben und benutzen. Dreimal im Jahr wird es verkauft: Im Frühling gibt es das Ticket vom 1. März bis 10. April, im Sommer vom 20. Juli bis zum 10. September und im Winter vom 10. Dezember bis 10. Januar. Es ist die preiswerteste Art in Japan zu reisen – und meiner Meinung nach auch die beste.

Man kann mit dem Ticket an insgesamt fünf Tagen jeden Zug, bis auf die schnellen, kostenfrei benutzen. Das entschleunigt die Reise, man nimmt mehr von der Umgebung wahr. Zwischen Sapporo im Norden und Nagasaki im Süden kann man so für umgerechnet 100 Euro das ganze Zugnetz ausnutzen. Die Züge, mit denen man fahren kann, sind die sogenannten *locals*, die in jedem kleinen Ort halten, und die *rapids*, die Ortschaften auslassen und schneller sind. So kann man von Endstation zu Endstation fahren und das ganze Land entdecken. Man lernt Einheimische kennen, Dorfbewohner, die ein- und aussteigen. Man sieht das Land durch die Abteilfenster angenehm vorbeischweben. Und man ist flexibel, ein- und auszusteigen wo man möchte. Die meisten Züge fahren im 15-Minuten-Takt, in abgelegenen Gebieten kann es aber bis zu einer Stunde dauern, bis der nächste kommt. Auf meinen Reisen traf ich auch einmal einen Koreaner im Zug. Er war seit drei Wochen unterwegs, in Fukuoka eingestiegen und jetzt auf dem Weg nach Norden – nur mit dem Seishun-18-kippu. Stolz holte er die abgestempelten Tickets aus seiner Hemdtasche und wedelte damit im Wagen umher.

Vor allem für jüngere Japaner ist das Seishun-18-kippu eine preiswerte Möglichkeit in den Ferien zu verreisen. Da man mit einem Ticket bis zu fünf Personen mitnehmen kann, ist es umso praktischer.

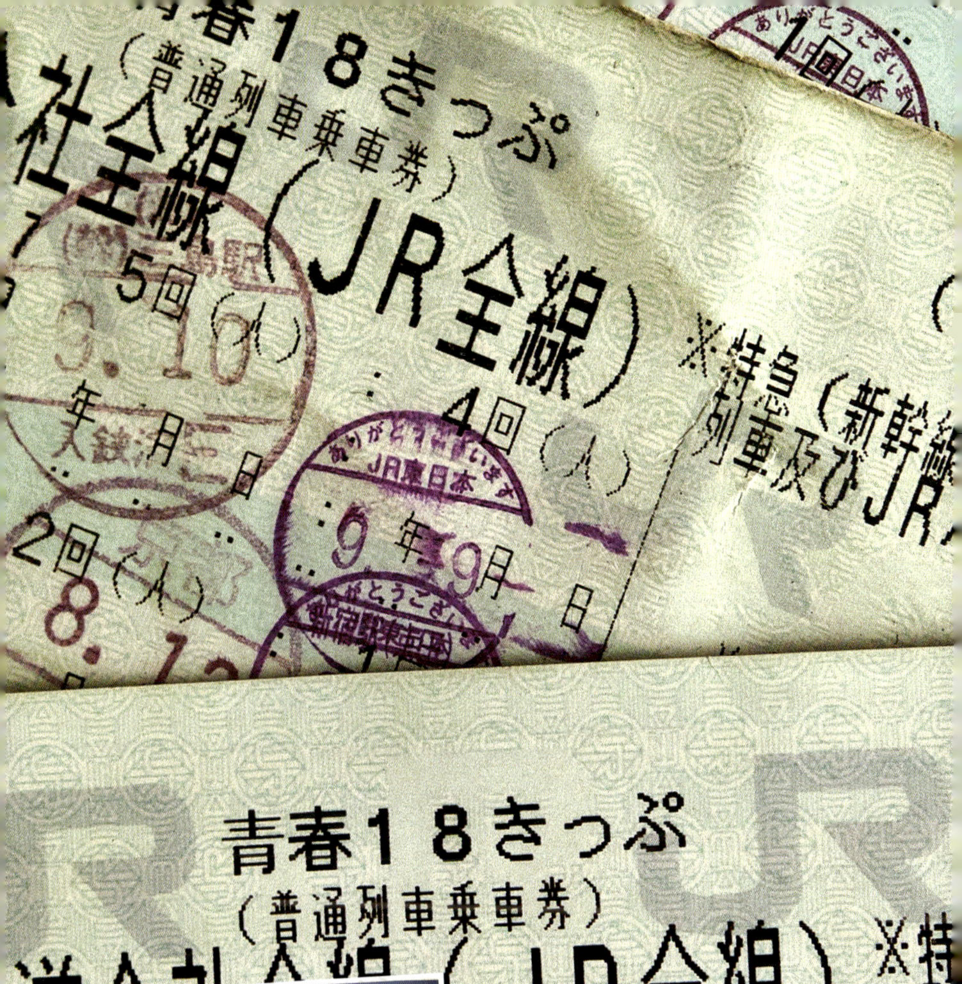

Abgestempelte Tickets

Das weite Land entdeckt man am besten in langsamen Zügen

133 Ryokan
Pension für Hungrige
旅館 ryokan

Die alte Dame im Kimono (siehe Seite 136) schaute besorgt. »Sprechen Sie denn Japanisch?«, fragte sie mich. Ich stammelte ein paar Worte und sie schaute voller Zweifel zur leeren Wand. Ihr gehörte das Gasthaus, in dem ich die Nacht verbringen wollte.

Es war ein *ryokan*, ein traditionelles japanisches Hotel in einem prächtigen Wohnhaus auf einer kleinen Insel südlich von Tokyo. In abgelegenen Gegenden, wohin sich wenige Ausländer verirren, ist Japanisch sprechen Pflicht bei der Übernachtung. Es herrschen nämliche gewisse Umgangsregeln im *ryokan*, die für Fremde erläutert werden müssen. Die Schuhe auszuziehen, bevor man das Haus betritt, ist eine Vorschrift. Eine andere betrifft die Verhaltensregeln im Aufenthaltsraum, der allen offensteht und meist mit Fernseher und anderen Unterhaltungsmöglichkeiten ausgestattet ist.

Es gibt auch kein westliches Bett, sondern nur einen Futon auf dem Boden. Das ließ auch die Besitzerin zweifeln, ob ihr *ryokan* das Richtige für mich als Westler sei. Mithilfe meines Wörterbuchs machte ich ihr dann klar, dass mein Rücken inzwischen japanisch genug war, um einen Futon zu verkraften. Immer noch skeptisch, ließ sie mir von ihrer jungen Angestellten mein Zimmer zeigen. Sie sollte auch in Erfahrung bringen, ob ich irgendwelche Allergien hätte. In einem *ryokan* wird den Gästen nämlich Essen serviert. Die Gasthäuser sind stolz auf ihre Küche und werben sogar damit. Die Sorge um die Sprache, um das Essen und die Regeln sind die Hauptgründe, warum Ausländern die Übernachtung in einem *ryokan* verwehrt werden kann. Allerdings geschieht das nur noch in ländlichen Gebieten und selbst da äußerst selten. Wenn man mit ein paar Phrasen verständlich machen kann, was man möchte, wird einem sicher Einlass gewährt. Viele *ryokan* verfügen auch über eine angeschlossene heiße Quelle.

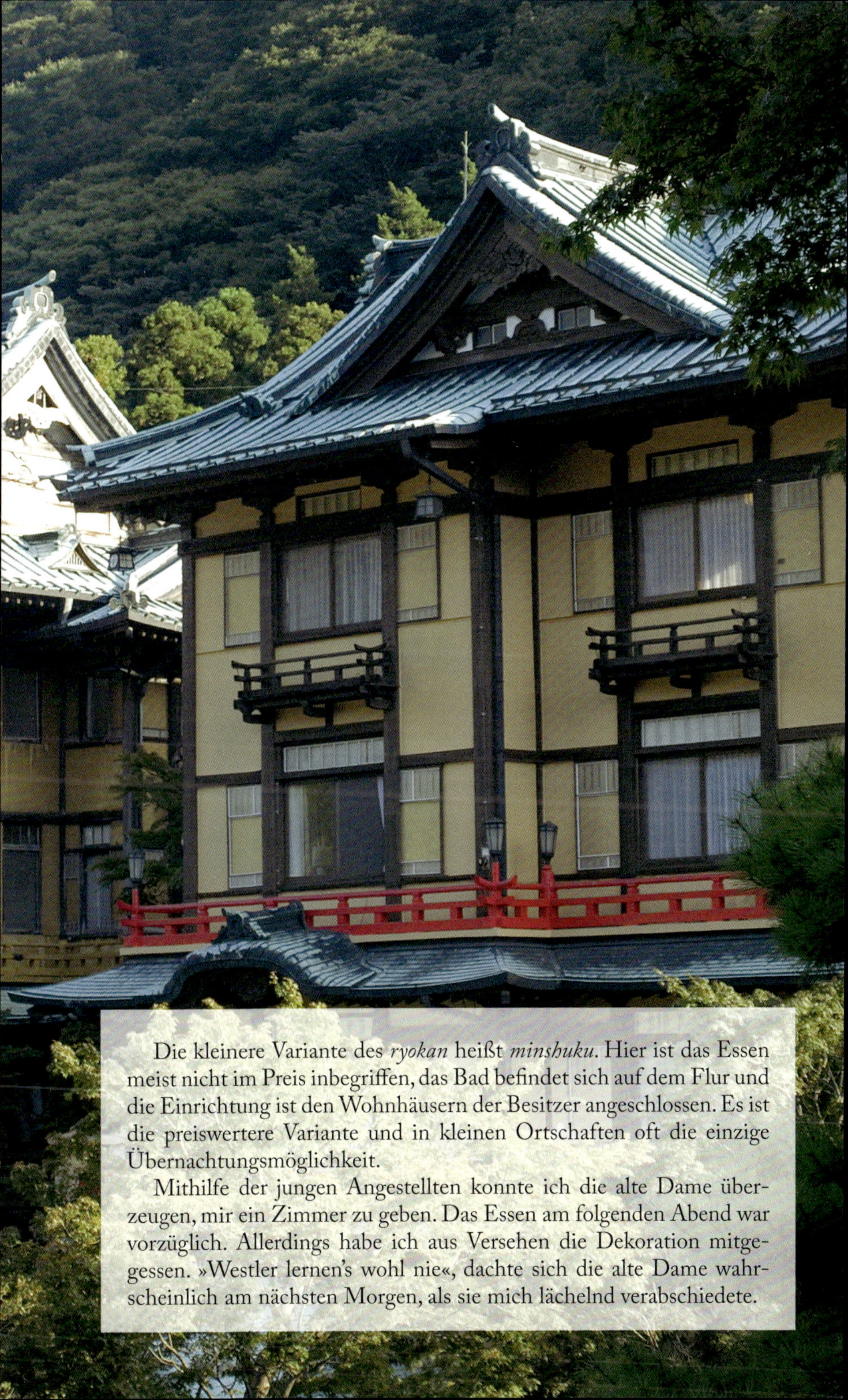

Die kleinere Variante des *ryokan* heißt *minshuku*. Hier ist das Essen meist nicht im Preis inbegriffen, das Bad befindet sich auf dem Flur und die Einrichtung ist den Wohnhäusern der Besitzer angeschlossen. Es ist die preiswertere Variante und in kleinen Ortschaften oft die einzige Übernachtungsmöglichkeit.

Mithilfe der jungen Angestellten konnte ich die alte Dame überzeugen, mir ein Zimmer zu geben. Das Essen am folgenden Abend war vorzüglich. Allerdings habe ich aus Versehen die Dekoration mitgegessen. »Westler lernen's wohl nie«, dachte sich die alte Dame wahrscheinlich am nächsten Morgen, als sie mich lächelnd verabschiedete.

134 Insekten

Kampfkäfer, Samurai und virtuelle Monster

昆虫 Konchū

Nichts ist männlicher als ein Käfer. Japanische Jungs gehen jeden Sommer auf Insektenjagd und lassen ihre Gefangenen dann miteinander kämpfen.

Käfer-Käfige werden in Spielzeugläden verkauft, mit allem was man für eine erfolgreiche Jagd braucht. König aller Krabbler ist der Atlaskäfer mit einem prächtigen Geweih. Er ist die japanische Variante des Riesenkäfers.

In einem Land, das auch in der Shinto-Religion (siehe Seite 44) so viel Betonung auf

Die Zikaden spielen jeden Sommer ein ohrenbetäubendes Konzert.

Reinheit legt, hat mich die Käferkultur in Japan sehr überrascht. Doch im Laufe der japanischen Geschichte haben Insekten eine besondere Bedeutung erhalten. Spinnen zum Beispiel wurden wegen ihrer Netzbaufertigkeiten bewundert und als Symbol für die Industrie und als fleißige Arbeiter gesehen. Einsame Frauen von Samurai (siehe Seite 64) sollen sogar Gedichte an Spinnen verfasst haben, die ihnen Gesellschaft leisteten, während ihre Männer in der Schlacht waren. Aus China stammte die Tradition, Heuschrecken als Haustiere zu halten. Sie wurden selbst gefangen oder auf dem Markt in einem Tonkrug gekauft, in dem sie dann auch lebten. Sie wurden für ihren Gesang geschätzt und boten die Abendunterhaltung. Das ohrenbetäubende Geschnatter der Zikaden, die Japan jeden Sommer in Scharen bevölkern, galt hingegen nur als vulgär.

Schmetterlinge symbolisieren ein langes Leben und verkörpern die Seelen Verstorbener. Frösche, die zwar keine Insekten sind, sich aber maßgeblich von ihnen ernähren, sollen Glück bringen. Dieses Symbol lässt sich auf die Reisfarmen zurückführen, die konstant überflutet sind und den Fröschen durch ihre Feuchtigkeit eine Heimat geben. Sie fressen die Insekten, die dem Reis schaden können, und sind daher gern gesehen. Heute noch gelten sie als Glückssymbol, durch die Verbindung mit Reis auch im Zusammenhang mit Wohlstand. Geldbörsen, die wie Frösche aussehen, sollen das Geld wie durch Zauberhand vermehren, lautet ein beliebter Aberglaube.

Auf den Helmen der Samurai findet sich dann noch ein Bezug zwischen Männlichkeit und Käfern. Der Atlaskäfer heißt auf Japanisch wörtlich »Helmkäfer«, und sein bedrohliches Geweih wird auf einigen Kopfbedeckungen der Samurai nachgeahmt.

Bis heute jagen japanische Jungs zwischen fünf und zehn Jahren jeden Sommer Riesenkäfer und lassen sie gegeneinander antreten. Die weltweit erfolgreiche Spieleserie Pokémon, bei der Monster gefangen und trainiert werden, soll ihren Ursprung in diesem Hobby haben. So spielen es heute auch große Jungs und lassen virtuelle Kampfkäfer aufeinander los.

135 Wal

Warum kaltes Fleisch die Gemüter erhitzt

クジラ Kujira

Ich war im Restaurant zum glücklichen Wal – so zumindest mein Eindruck, als ich die Speisekarte sah. Ein lächelnder Comic-Wal schwamm fröhlich im Meer und spuckte in einer großen Fontäne Wasser aus. Links von ihm war das Menü. Man konnte Tier und Zubereitung frei wählen.

Walfang ist in Japan ein sehr schwieriges Thema. Offiziell ist er verboten, aber zu »wissenschaftlichen Zwecken« ist er erlaubt. Über 5.000 Tonnen Walfleisch gibt es im freien Handel. Für die Wissenschaft.

Schon seit mehr als tausend Jahren wird in Japan Walfleisch verzehrt. Zunächst nur das von gestrandeten Walen, da erst im 17. Jahrhundert eine Methode entwickelt wurde, Wale auf offener See zu jagen. Im 20. Jahrhundert wurde das Verfahren mit Schießpulver und Maschinen perfektioniert. Populär wurde Walfleisch erst nach dem Zweiten Weltkrieg, als fettreiche und preiswerte Nahrungsalternative. In den 1950er-Jahren wurde aus diesen Gründen in Schulkantinen hauptsächlich Walfleisch gegessen, was so blieb, bis der kommerzielle Walfang in den 1980er-Jahren offiziell verboten wurde.

Walfleisch ist zäh und tranig. Nur mit vielen Gewürzen schmeckt es einigermaßen. Der Grund für die hitzige Debatte um den Walfang liegt also nicht im Geschmack. Japan argumentiert mit der eigenen Geschichte. Wie in Norwegen und Finnland, wo Walfang erlaubt ist, gibt es eine jahrhundertelange Tradition. Die sonst so sachlichen Japaner werden in internationalen Diskussionen sehr emotional und werfen Kritikern vor, sie hätten eine einseitige Perspektive, seien Kulturimperialisten und sogar Rassisten. Wenn er in anderen Ländern erlaubt ist, warum dann nicht hier? In Japan selbst befürworten ca. 50 % der Bevölkerung den Walfang. Der anderen Hälfte ist er egal oder sie ist dagegen. Ich persönlich kenne niemanden, der gerne Walfleisch isst. Die Pro-Walfleisch-Fraktion ist meistens älter und befürwortet den Fang aus traditionellen Gründen. Sie kennt Walfleisch noch aus der Schulkantine, hält es also für gesund. Sie will sich auch nicht von anderen Nationen die Tradition absprechen lassen.

Die Debatte bleibt hitzig – im Gegensatz zu dem Stück Walfleisch zwischen meinen Essstäbchen. Das glänzte kalt durch die Sojasoße.

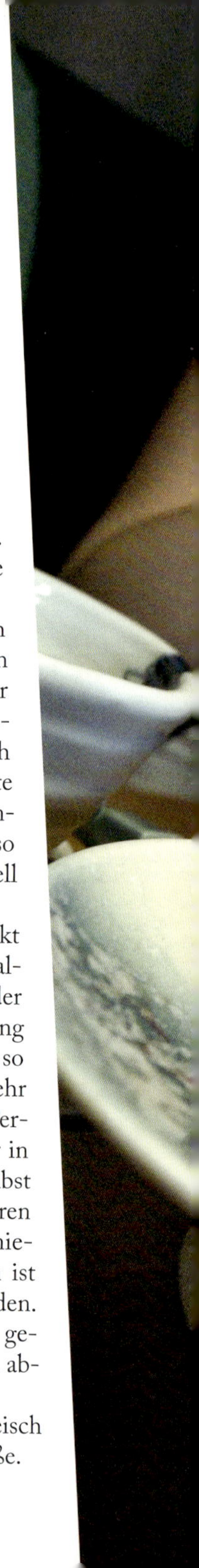

Walfleisch-Restaurant in Shibuya, Tokyo

136

Zeitung

Kritik unerwünscht

新聞 shinbun

Tokyo, Pressekonferenz. Der Außenminister erwartet mit stoischer Miene die Fragen internationaler und nationaler Journalisten. Ein japanischer Zeitungskollege meldet sich zu Wort. Er redet fünf Minuten lang und verpackt seine Frage in Höflichkeitsfloskeln, ohne auf den Punkt zu kommen. Der Außenminister muss mehrmals nachfragen, was er denn nun eigentlich wolle. Den restlichen Journalisten im Saal ist das auch nicht klar. Nur eins ist ihnen bewusst: Kritisch fragen wollte er nicht.

Japan ist der größte Printmarkt der Welt. Nur in Island ist die Anzahl der Auflagen pro Kopf höher, doch in Japan ist der Umsatz stärker. Es gibt fünf Zeitungen, die im gesamten Land erscheinen. Die größte von ihnen, die Yomiuri Shinbun, ist auch eine der ältesten. Sie erscheint seit 1874 täglich in einer Morgen- und Abendausgabe. Mit einer geschätzten Auflage von 10 Millionen Exemplaren gilt sie als größte Zeitung der Welt.

Die Pressefreiheit ist heute in der japanischen Verfassung garantiert – ihre Umsetzung wirft allerdings Zweifel auf. Die japanische Presse gilt allgemein als unkritisch. Manche behaupten, kritische Nachfragen würden nicht gestellt, weil sie unhöflich seien. Eine andere Erklärung ist die enge Verknüpfung von Politik und Journalismus. Sogenannte *kisha*-Clubs sind Vereinigungen von Journalisten mit speziellem Zugang zur Regierung und zur Politik. Die Aufnahme in die Clubs wird stark reguliert, unter anderem von den Politikern. Wer sich allzu kritisch äußert, fliegt raus und hat keine Chance mehr auf ein Interview. So bekommen die Journalisten nur die Informationen, die sie berichten sollen. Monatliche Beiträge, die *kisha*-Clubs an Politiker zahlen (oder umgekehrt), sind auch keine Seltenheit. Eigene Recherche ist selten, oft werden nur Regierungsmeldungen abgedruckt. Es gibt natürlich kritische Ausnahmen in diesem System, aber diese erreichen nicht die Auflage der Zeitungen, die *kisha*-Clubs nutzen.

Japanische Zeitungen haben keine geordnete Einteilung nach Rubriken. Alles steht irgendwo. Für Außenstehende wirken sie daher nicht nur wegen der vielen Schriftzeichen wie ein großes Durcheinander.

Ausgabe der Mainichi Shimbun,
einer der größten Tageszeitungen

137

Fukushima

Jeder kennt den Namen, keiner kennt den Ort

福島 fukushima

Im Dezember 2009 war ich zum ersten Mal in Fukushima. Eine langweilige Stadt. Bis zum März 2011 hatte ich den Ort vergessen. Dann kam das große Erdbeben in Nordjapan.

Es folgten der Tsunami und mehr als 20.000 Tote. Viele Menschen verloren ihr Haus und jeden Besitz, Tausende wurden obdachlos und kamen in Notlagern unter. Und dann das Kraftwerk.

Fukushima ist heute jedem so bekannt wie Hiroshima. Trotzdem herrscht viel Unklarheit. Zunächst zur Erklärung: Fukushima Daiichi, das Atomkraftwerk, liegt ca. 60 km vor der Stadt Fukushima, die in der gleichnamigen Präfektur liegt.

Als sich die Katastrophe ereignete, trauten sich die Medien zunächst nicht in die Nähe des Reaktors, flüchteten aus Angst sogar aus Tokyo – das ungefähr 300 Kilometer entfernt liegt. Die ersten ungesicherten Meldungen, wie »Trinkwasser in Tokyo radioaktiv belastet«, wurden zu Fakten in den Köpfen. Hiobsbotschaften wie diese wurden nie revidiert – obwohl die Belastung des Wassers schon einen Tag später wieder auf einem normalen Level war. Die größeren Katastrophen waren eindeutig das Erdbeben und die Flutwelle – doch schon alleine der Name »Fukushima« ist als Bezeichnung für das Unglück in den Köpfen zementiert.

Ein halbes Jahr nach der Katastrophe war ich wieder in Fukushima, 20 Kilometer vom Reaktor entfernt. Die Betroffenen dort sind inzwischen vergessen. Für die meisten Menschen außerhalb Japans gilt das ganze Land als verstrahlt, was nicht stimmt. Die radioaktive Hintergrundstrahlung in Japan war vor Fukushima geringer als in Europa. Heute gleichen die Werte von Tokyo denen von Berlin. Selbst Rom ist stärker belastet als Tokyo.

In Japan sind die einzigen Erinnerungen an Fukushima regelmäßige Meldung über belastete Lebensmittel. Das Level erreicht nie eine gesundheitsgefährdende Höhe, trotzdem schockiert jede Meldung. Es fehlt in Japan noch eine Instanz, die Lebensmittel gründlich auf Strahlung kontrolliert.

Vieles, was zu Fukushima bekannt wurde, ist von der Realität überholt worden. Japan ist sicher und ungefährlich. Nur bei der Herkunft von Lebensmitteln sollte man aufpassen. Wer wirklich den Stand der radioaktiven Belastung in Japan anzweifelt, sollte aktuelle Messwerte anschauen. Die Zahlen sagen mehr, als panische Medienmeldungen.

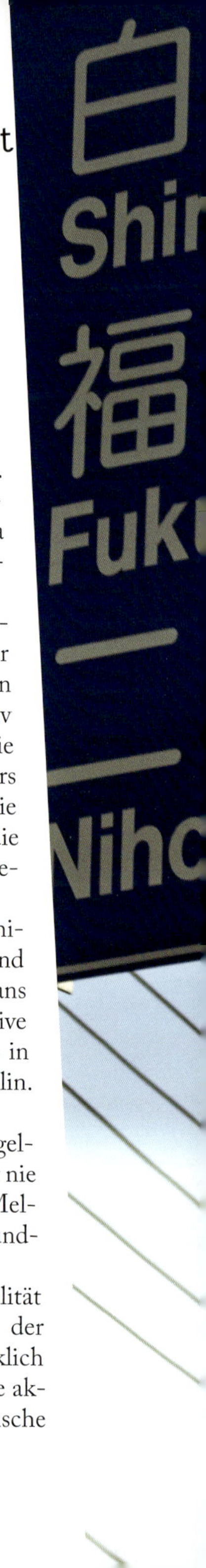

Fukushima – viele schrecken schon beim Klang des Namens zurück. Die Stadt ist 60 km vom havarierten Reaktor entfernt.

138 Omiyage

Die Last der Souvenirs

お土産 omiyage

»Halt warte!«, rief sie hinter mir her. »Ich brauche noch Souvenirs!« Genervt ging ich auf das Flehen meiner japanischen Begleiterin ein und fragte, für wen sie noch was besorgen wollte. »Für meinen Chef, für die Kollegen, für meine Eltern, meine Schwester, meine Mitbewohner, meinen alten Nachbarn, meinen Hausarzt, …« – sie zählte noch auf, als ich schon den Souvenirladen verließ.

Omiyage bedeutet Souvenir, beschreibt aber viel mehr die Kultur des Mitbringsels. Denn *omiyage* sind Pflicht. Sei es von der Urlaubsreise, vom Besuch bei Verwandten in der Heimat oder von einer Geschäftsreise: Man muss *omiyage* mitbringen – und zwar allen, die von der Reise wissen. Eine ganze Industrie lebt von den Souvenir-Großeinkäufen. An jedem touristisch erschlossenen Ort gibt es Geschäfte, die auf *omiyage* spezialisiert sind. Das beliebteste Mitbringsel ist etwas Essbares, wie Kekse oder Reiscracker. Sie müssen nicht mal schmecken, sondern nur eine lokale Spezialität sein oder den Aufdruck einer Sehenswürdigkeit auf der Verpackung haben. Das hat vor allem praktische Gründe: Es fehlt schlichtweg der Platz, um die vielen *omiyage* zu lagern, die man von Arbeitskollegen, Freunden und Verwandten in regelmäßigen Abständen bekommt. Was gegessen werden kann, ist weg. Auch regionaler Reiswein in ungewöhnlichen Flaschen ist ein beliebtes Mitbringsel.

Souvenirs gehen ins Geld. Die durchschnittliche Packung *omiyage*-Kekse kostet zwischen fünf und 50 Euro. Für den gesamten Souvenir-Einkauf sollte man mehr als 100 Euro und eine große Tüte für den Heimweg einplanen. Ältere Japaner finden es unhöflich und respektlos, wenn man sie nicht mit *omiyage* beschenkt. Jüngere Japaner sehen das lockerer. Von Ausländern wird es ohnehin nicht erwartet, aber schaden kann es nicht, *omiyage* aus der Heimat mitzubringen. Allerdings sollte man sich nicht wundern, wenn das Geschenk nicht sofort geöffnet wird. *Omiyage* wird zunächst weggepackt und erst konsumiert, wenn der Gast wieder weg ist.

Omiyage dienen der Harmonie der Gruppe. Eventuellem Neid wie »Du hast Urlaub und ich nicht!« wird vorgebeugt, indem man teure Sachen für alle mitbringt. Es ist aber mehr Zwang als ein ehrlich gemeinter, freundlicher Gedanke. Meine Begleiterin hasste ihren Chef, trotzdem brachte sie ihm einen langen Räucherfisch mit. Dass dieser bis zur Heimreise nicht korrekt gelagert werden konnte, war ihr egal. »Vielleicht bekommt der Fisch ihm dann nicht …«, überlegte sie. Mit einem Lächeln und schweren Tüten, verließ sie den Souvenirladen.

Süßigkeiten gelten als beliebte Souvenirs. Okonomiyaki Drops aus Hiroshima sollen nach Pfannkuchen mit Speck, Ei und Zwiebel schmecken.

139

Tanuki

Geht allen auf den Sack

狸 tanuki

Ein japanisches Kinderlied:
Tan Tan Tan,
Tanukis Glocken klingen.
Der Wind hört auf zu pusten,
doch sie schwingen, schwingen, schwingen!

Ein *tanuki* ist der japanische Marderhund. Mit seinen »Glocken« sind seine Hoden gemeint, denen magische Kräfte nachgesagt werden, die er nur für Blödsinn einsetzt. Zusammen mit dem Fuchs, genannt *kitsune*, ist er ein zentrales Motiv in der japanischen Folklore.

Beide haben übernatürliche Fähigkeiten. Sie können ihre Form verändern oder sich gar in Menschen verwandeln, um sie zu täuschen. Der Fuchs verfügt über sieben Verkleidungen oder Täuschungen, der *tanuki* sogar über acht. Sie stellen aber unterschiedliches mit ihren Kräften an. Füchse wollen Menschen zu ihrem eigenen Vorteil täuschen oder ihnen, wenn sie sich bedroht fühlen, sogar schaden. *Tanuki* geht es nur darum, Schabernack zu treiben und die Menschen dumm dastehen zu lassen. Ein Fuchs braucht zur Verwandlung ein Hilfsmittel, wie ein Blatt oder einen Stein. Ein *tanuki* bedient sich seiner »Glocken«. In folkloristischen Darstellungen wird der *tanuki* stets mit betont großen Hoden gezeigt. Oft trägt er auch einen Hut und eine Flasche Sake, um seine Verbindung zum Menschen zu zeigen, den er gerne nachahmt.

Füchse gelten als weise. Die Anzahl ihrer Schwänze, die bis zu neun betragen kann, zeigt ihre Macht. Ab dem Alter von 50 oder 100 Jahren lernen sie, sich in Menschen zu verwandeln. Der Ausdruck »ein Gesicht wie ein Fuchs machen« geht auf diese Sagengestalt zurück und beschreibt freche oder betrügerische Vorhaben. Früher galten Frauen, die man nachts alleine traf, als verkleidete Füchse. Um einen Fuchs zu erkennen, der sich als Mensch tarnt, musste man ihn nur betrunken machen und seinen buschigen Schwanz suchen. Den kann er nämlich trotz aller Zaubertricks nicht verstecken.

Beide Tiere, die als Sagengestalt und als reale Lebewesen in Japan existieren, werden nicht gejagt. Sie galten früher als heilig und werden heute noch, mehr oder weniger, als trickreiche Geister verehrt und gefürchtet. In der Popkultur sind sie auch sehr präsent. Spieleheld Super Mario kann sich zum Beispiel ein *tanuki*-Kostüm anziehen und damit fliegen. Dies können die Sagengestalten zwar eigentlich nicht – aber den trickreichen Rackern ist Vieles zuzutrauen.

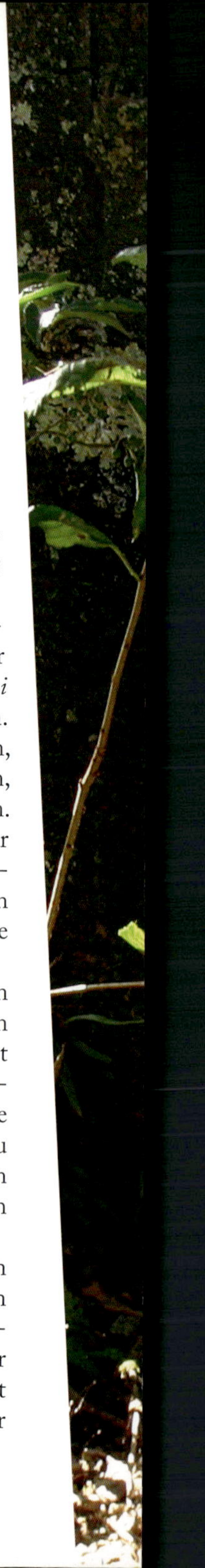

Folkloristische Darstellung des japanischen Marderhunds mit magischen »Glocken«

140

Izakaya

Ein Teller für alle

居酒屋 izakaya

Ich war zum Essen eingeladen. Ein Tisch stand schon bereit, an jedem Platz lag ein feuchtes Handtuch zur Reinigung von Händen und Gesicht. So ist es in jedem *izakaya* üblich.

Ein *izakaya* ist eine japanische Kneipe. Damit sind sowohl sehr traditionelle Einrichtungen gemeint, bei denen man auf Reismatten sitzt und auf einem flachen Tisch das Essen serviert bekommt, als auch westliche Kneipen oder billige Kaschemmen. Wenngleich die Betonung darauf liegt, dort auch zu essen, geht man nach Feierabend oder mit Freunden in ein *izakaya*, um gemütlich zu trinken. Das bestellte Essen wird auf einem großen Teller serviert, und jeder am Tisch kann sich davon etwas nehmen. Man bestellt also nicht nur für sich, sondern für alle. Das Teilen und gemeinsame Essen ist der Kern dieser japanischen Restaurants.

Ein Abend im *izakaya* dauert meist mehrere Stunden. Man bestellt kontinuierlich Essen und Getränke. Am Ende geht dann das Rechnen los. Es zahlt nicht jeder, was er bestellt oder gegessen hat, sondern man teilt die Summe für alle Getränke und Gerichte durch die Anzahl der Leute am Tisch. Am Ende zählt nur die Harmonie der Gruppe.

Die Variante, dass einer für alle zahlt, wird gerne genutzt, wenn die ganze Firma oder Abteilung in die Kneipe geht. Als ich in einem Restaurant gearbeitet habe, konnte ich die Diskussionen, wer nun zahlt, oft beobachten. Ich nenne es das *izakaya*-Ballet. Den Regeln nach zahlt entweder der Chef oder der Dienstälteste. Langwieriger wird es, wenn der Jüngste in der Abteilung zahlen muss. Die Regeln sind klar, und jeder kennt sie. Trotzdem gebietet es die Höflichkeit, lange Diskussionen zu führen: »Ich zahle!« – »Nein, ich zahle!«, und so weiter und so fort. Jeder der Beteiligten weiß, wer wirklich zahlen muss, trotzdem wird »getanzt«. Wer das vermeiden möchte, entschuldigt sich diskret, geht zur Toilette und bezahlt dann auf dem Rückweg, denn es wird niemals am Tisch gezahlt, sondern immer an der Kasse bei der Tür.

Nachdem die Teller auf unserem Tisch geleert waren, entschuldigte sich der ältere Herr, der mich eingeladen hatte und ging zur Toilette. Als er zurückkam meinte er nur diskret, dass wir nicht rechnen müssten. Das war mir auch recht, denn ich war zu voll mit Essen um den Kopf noch zu bemühen.

Das Menü befindet sich traditionell auf Holztafeln an der Wand.

141

Hikikomori

Für immer allein

引き篭り hikikomori

Michiko ist 35 Jahre alt – und hat seit vier Jahren ihr Zimmer nicht mehr verlassen. Sie lebt im Haus ihrer Eltern, die für sie sorgen.

Es vergehen teilweise Monate, in denen die Mutter ihre Tochter nicht sieht. Ihr Essen stellt sie immer vor Michikos Tür, wo sie Geschirr und Wäsche auch wieder abholen kann. Michiko ist ein *hikikomori*, ein modernerer Eremit, welcher der japanischen Gesellschaft entsagt hat.

Das Phänomen von Menschen, die sich in ihrem Zimmer einschließen und nicht mehr herauskommen, ist erstaunlich weit verbreitet. Schätzungen des japanischen Gesundheitsministeriums gehen von 700.000 bis 3,6 Millionen Menschen aus. Sie halten die sozialen Kontakte klein, verlassen Monate bis Jahre nicht ihr Zimmer und werden von ihren Eltern versorgt. Das Durchschnittsalter ist 31, es betrifft daher nicht nur Jugendliche oder junge Erwachsene.

Die Gründe, *hikikomori* zu werden, sind vielschichtig. Die meisten Jugendlichen wählen die Isolation wegen des Leistungsdrucks in der Schule oder aufgrund von Mobbing. Viele Universitätsabgänger lässt der unsichere Arbeitsmarkt verzweifeln und Sicherheit im Hotel Mama suchen. Ein Drittel aller *hikikomori* sollen Frauen über 31 Jahre sein, die meist unverheiratet sind und sich aus diesem Grund schämen.

Es ist kein rein japanisches Phänomen, aber hier sehr weit verbreitet. Das hohe finanzielle Einkommen der Mittelschicht erlaubt es Eltern, ihre Kinder lange durchzufüttern. Der hohe gesellschaftliche Druck, der die Harmonie der Gruppe betont und die Probleme des Individuums zurückstellt, belastet sehr viele. Zudem machen es moderne Medien möglich, alleine im Zimmer zu sein und durch Internet und Videospiele (siehe Seite 90) noch ein Minimum an sozialen Kontakten zu haben, die man zum Überleben braucht.

Michikos Nachbarn wissen nichts von ihrem Schicksal. Die Eltern sprechen nicht darüber, es gilt für alle nur als peinlich und unehrenhaft. *Hikikomori* sind ein extremes Ergebnis der strengen Regeln der Gesellschaft und des Leistungsdrucks. Sie sind die Verlierer des Wettbewerbs – und fühlen sich dementsprechend.

In der Anonymität großer Wohnkomplexe fällt ein Schicksal nicht auf.

142

Verbeugung

Der Nicker, die Respektbeuge und der Rückenkrümmer

お辞儀　ojigi

Für die Verbeugung gelten strenge Regeln. Sie wird formell und informell eingesetzt, als Begrüßung, zum Dank und zur Entschuldigung.

Sie sollte natürlich wirken. Übertriebenes Verbeugen spricht gegen seinen Zweck und kann sogar als unhöflich aufgefasst werden. Grob gilt: Hände flach an die Hüfte und den Rücken gerade. Durch die Verbeugung zeigt man seinem Gegenüber Respekt und Demut. Der Winkel gibt dabei den Grad der Höflichkeit an. Je höher, desto wichtiger die Person.

5 Grad: Auch bekannt als »freundliches Nicken« und meist nur eine angedeutete Verbeugung, ist es die informellste Begrüßung. Sie gilt engen Freunden oder Personen, die man auf dem Flur trifft, am gleichen Tag aber bereits formell begrüßt hat. Als schnelle Geste zum Dank oder als kurze Entschuldigung wird diese Verbeugung auch akzeptiert.

15 Grad: Die standardmäßige Begrüßung für alle, die gleichgestellt sind. Sie gilt Bekannten, die noch keine Freunde sind, denen man sich aber schon einmal vorgestellt hat.

30 Grad: Wenn man sich jemandem vorstellt oder es mit dem Chef zu tun hat, ist diese Verbeugung angebracht. Möchte man noch mehr Respekt zeigen, kann man auf 35 Grad erhöhen.

45 Grad: Die höchste Form der Verbeugung gilt dem Kaiser oder der Entschuldigung für einen großen Fehler. Auch wenn man jemandem eine große Leistung verdankt, ist sie angebracht. In Kriegszeiten grüßte man so Generäle. In allen anderen Fällen gilt diese Verbeugung heute jedoch als zynisch.

Knieend, Stirn berührt den Boden: Höflicher und respektvoller geht es nicht mehr. Allerdings ist diese Form kaum noch verbreitet und ist höchstens noch in Filmen zu sehen. Diese Verbeugung diente früher dazu, um sein Leben zu bitten oder dem Samurai (siehe Seite 64) seine Unterwerfung zu zeigen. Sie gilt heute als erniedrigend und peinlich.

Egal welcher Winkel, Hauptsache man wirkt nicht steif. Verbeugungen sind in Japan so natürlich, dass sie selbst bei Telefongesprächen vorkommen.

Die Verbeugung auf Knien ist die höchste Respektform.

Zur Begrüßung verbeugt man sich nur einmal, bei Entschuldigungen oder Dank können es auch mehrere Verbeugungen hintereinander sein. Von Ausländern wird nicht erwartet, dass sie sich korrekt verbeugen können. Die meisten Japaner strecken einem Ausländer sowieso die Hand zur Begrüßung entgegen. Sich darauf zu verbeugen und die Hand nicht anzunehmen, gilt als unhöflich. Verbeugungen sollte man allerdings erwidern.

Seinen Kopf neigt man auch in Tempeln und Schreinen, um den heiligen Geistern Respekt zu zeigen. Je nach Glaube, reicht hier ein Winkel von 15–30 Grad.

143 Meishi

Keine Vorstellung ohne Visitenkarte

名刺 meishi

In den ersten drei Tagen in Japan wurde ich bereits sechsmal nach meiner Visitenkarte gefragt. Das Stück Papier mit dem eigenen Namen und der Kontaktadresse ist so wichtig im japanischen Alltag wie die Verbeugung.

Die japanische Kartenvariante, *meishi* genannt, unterscheidet sich dabei in zwei Punkten: Sie ist mit 91 x 55 Millimetern länglicher als das westliche Format und – was wichtiger ist – die meisten *meishi* sind zweisprachig. Auf der Vorderseite Japanisch, auf der Rückseite Englisch. Dies gilt nicht nur für internationale Geschäftsleute. Die Umschrift des Namens aus den japanischen Zeichen ist im Englischen eindeutiger als im Original. Ist man sich also unsicher, wie der Name auf der Karte genau gelesen wird (und das passiert recht häufig), schaut man einfach auf die Rückseite.

Für die Übergabe der Visitenkarte gibt es strenge Regeln. Auf jeden Fall sollte man stehen und die Karte mit beiden Händen überreichen – und zwar so, dass der Empfänger sie sofort lesen kann. Auch er nimmt sie mit beiden Händen entgegen. Es ist Brauch, die Karte dann sofort vorzulesen. Dauert das Gespräch eine Weile, legt man die Karte parallel zur Kante auf den Tisch. *Meishi* werden nicht in die Hosen- oder Hemdtasche gesteckt – das gilt als unhöflich. Man sollte ein eigenes Etui besitzen, vorzugsweise aus Leder, in dem die Karten verstaut werden. Weder eigene noch fremde *meishi* dürfen beschmutzt oder geknickt werden. Auch darf man sie nicht beschreiben.

Bei der Vorstellung überreicht man die Karte allen Personen, welche die Vorstellung hören können. Ich kann mich an ein Meeting erinnern, zu dem ich eigentlich nur als stiller Gast geladen war. Am Ende der Versammlung hatte ich sechs *meishi* in meiner unhöflichen Jackentasche. Eingeladen wurde ich dort nie wieder.

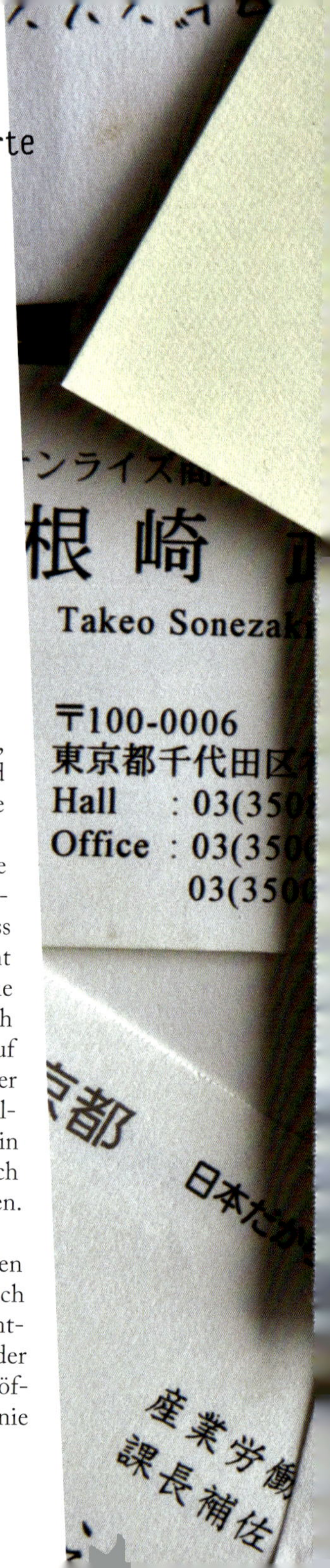

Sammlung japanischer Visitenkarten

144 Fisch

Vorbild und Frühstück

魚 sakana

Die ganze Straße roch nach Fisch. An ihrem Ende befand sich Tsukiji, der größte Fischmarkt der Welt.

Es war vier Uhr früh, und die frische Lieferung der Nacht erfüllte diese Gegend in Tokyo mit einem appetitlichen Geruch. Hier wird jeden Morgen der Fisch versteigert, der im Rest der Metropole zu Sushi (siehe Seite 60) und anderen Gerichten verarbeitet wird. Hier kann man die Begeisterung der Japaner für Fisch in der Luft schmecken.

Der Verzehr von Fisch liegt bei ungefähr 70 kg pro Jahr und Kopf. Der Großteil der fünf bis zehn Millionen Tonnen jährlich wird von den Japanern selbst gefangen. Fisch ist ein Grundpfeiler der japanischen Küche und bildet zum Beispiel die Basis von Miso-Suppe, die heute noch genau wie vor Hunderten von Jahren aus einer Brühe aus kleinen Fischen zubereitet wird. Vor der Industrialisierung war Fisch das einzige Fleisch, das in der breiten Bevölkerung verzehrt wurde. Heute zählt man mehr als 2.000 Fischereihäfen im Land, Fischer sind ein wichtiger Teil der japanischen Lebensmittelindustrie. Vor der Industrialisierung hatten sie einen ähnlich wichtigen Stellenwert wie die Reisbauern.

Am häufigsten landet Thunfisch im Sushi auf dem Tisch. Die großen, gefrorenen Thunfischkörper werden jeden Morgen auf dem Tsukiji-Fischmarkt in einer spektakulären Auktion versteigert. Die Bieter arbeiten im Auftrag von hochklassigen Restaurants, Hotels oder Lebensmittelketten. Sie schneiden eine Kerbe in die Hinterflosse und schätzen anhand der Farbe den Wert: Je rosiger, desto besser ist die Qualität und desto höher der Preis. Der Rekord liegt bei 56 Millionen Yen, umgerechnet mehr als 500.000 Euro – für einen einzigen Fisch.

Fisch hat als reales und als Fabeltier auch eine symbolische Funktion. Der Karpfen, der eigentlich auf dem Grund eines Gewässers lebt, aber tapfer an die Oberfläche schwimmt, gilt deswegen als selbstsicherer Krieger. Kleine Jungs sollen sich an ihm ein Beispiel nehmen, daher wird der Karpfen oft mit ihnen assoziert. Er findet sich als Motiv auf ihren Kimonos (siehe Seite 136) und wird als Flagge am 5. Mai, dem Tag der Jungs, im ganzen Land gehisst.

Tägliche Auktion von Thunfisch in Tokyo. Die Männer schauen an der Flosse nach der Qualität des Fisches.

Hungrige Koi-Karpfen

Cosplay

Des Kaiserreichs neue Kleider

145

コスプレ kosupure

Läuft man durch Tokyo, bekommt man manchmal den Eindruck, durch die bunte Welt des Anime (siehe Seite 86) zu gehen. Rosa Haare, lila Kleider und Uniformen aus fiktiven Weltraumschlachten. Cosplay ist tief verwurzelt in der Anime- und Manga-Kultur (siehe Seite 84) und bildet doch einen komplett eigenen Trend.

Dabei stammt Cosplay nicht einmal aus Japan. Produzent Nobuyuki Takahashi besuchte 1984 eine Science-Fiction-Messe in den USA. Dortige Fans verkleideten sich mit Kostümen aus *Star Trek* oder *Star Wars*. Das englische Wort für Kostüm und Spiel fügte der Japaner zu einem neuen Wort zusammen, um diesem merkwürdigen Verhalten einen Namen zu geben. Aus *costume* und *play* wurde so Cosplay – und ein Trend war geboren. Inzwischen assoziiert man das Anziehen von Kostümen von Figuren aus der Popkultur nur mit dem japanischen Cosplay, selbt wenn die Wurzeln in den USA liegen. Die Japaner haben es massentauglich gemacht, mit geschicktem Handwerk zur Perfektion gebracht und jenseits der Grenzen von Science-Fiction geführt.

Es gibt mittlerweile Geschäfte, die Cosplay-Ware und Kostüme von populären Charakteren, wie zum Beispiel *Sailor Moon*, verkaufen. Die meisten Player, wie sie sich nennen, machen ihre Kostüme allerdings selbst. In Tokyo gibt es pro Woche bis zu drei öffentliche Veranstaltungen, bei denen man sein Kostüm präsentieren kann. Große Termine der Anime- und Manga-Szene, wie der Comic-Markt Comiket, sind auch eng verbunden mit Cosplay. Player nehmen die Posen ihrer Charaktere ein und lassen sich fotografieren. Je weniger Stoff, desto mehr Fotografen, scheint die eiserne Regel zu sein. Cosplayer mit erotischen Inhalten grenzen sich als Unterkategorie von den reinen Anime- und Manga-Fans ab, die durch ihre Kostüme ihre Lieblinge aus der 2-D-Welt in die reale holen.

Mehrere Tage und Wochen Arbeit stecken in jedem Kostüm.

Je weniger Stoff, desto
mehr Aufmerksamkeit

146 Kabuki

Realitätsflucht in fünf Akten

歌舞伎 kabuki

Die Stadt Tokyo lud zum Theater. Eine große Bühne aus Zypressenholz war vor den 48 Stockwerken des Tokyoter Rathauses aufgebaut, und die Menge versammelte sich am Abend der Vorstellung. Eine japanische Klientin, die mir das traditionelle Theater erklärte, und ich waren auch dabei.

Kabuki-Theater setzt auf langsamen Sprechgesang und farbenfrohe Kostüme. Es entwickelte sich Anfang des 17. Jahrhunderts aus einem Tanz einer Geisha in Kyoto. Schnell sprach die ganze Stadt von ihr und sie musste vor dem Kaiser tanzen. Von da an wurde Kabuki zum Trend im gesamten Land. Der Erfolg des Theaters lässt sich durch den betont erotischen Unterton des Tanzes erklären. Daher auch der Name Kabuki, abgeleitet von *kabuku* »schockierend, nach vorne lehnen«. Früher spielten nur Frauen im Kabuki, von denen viele nach der Vorstellung als Prostituierte arbeiteten. Der Regierung wurde das Treiben allerdings zu bunt und fortan durften nur noch Männer im Kabuki spielen. Der Tanz wurde dadurch allerdings nicht weniger erotisch. Es sind viele Schlägereien bekannt, bei denen sich männliche Zuschauer um den schönsten Schauspieler prügelten.

Kabuki-Stücke thematisierten Legenden aus der Geschichte, Fabeln oder eigene Stücke. Die beliebteste Requisite ist ein großer Fächer, der dramatisch geschwungen werden kann. Populäre Stücke waren unglückliche Romanzen, die mit dem Tod des Paares endeten – ähnlich wie *Romeo und Julia*, das zur selben Zeit entstand. Vom Ende des 19. Jahrhunderts bis zum Zweiten Weltkrieg wurde Kabuki auch zu Propagandazwecken eingesetzt – aus diesem Grund war es nach Ende des Krieges auch recht unbeliebt. Das heutige Kabuki bezieht sich wieder auf den Stil des 17. Jahrhunderts. Männer spielen Frauenrollen, und die Aufführungen in fünf Akten dauern zwei bis fünf Stunden.

So lange wollten wir nicht bleiben. Die Schauspieler verließen nach und nach über eine schmale Brücke die Bühne, der erste Akt war vorbei. Meiner Begleitung reichte es an Kultur. Tatsächlich ist es üblich, einem Stück nur aktweise beizuwohnen, da der langsame Sprechgesang auch für Japaner nur sehr schwer zu verstehen ist. An der Kasse des Theaters zahlt man auch nur die Anzahl der Akte, die man sehen möchte. Im 14. Jahrhundert, zu Zeiten des No-Theaters, dem Vorgänger des Kabuki, dauerten Aufführungen sogar ganze Tage. Es galt als Urlaub oder Flucht vor dem Alltag, wenn man einen Tag im Theater des No lebte. Wir flüchteten aber lieber vor dem Theater.

Vorführung des No-Theaters vor dem Rathaus in Tokyo. No war der Vorgänger des Kabuki und ist die Basis für die Kunstform.

147

Manzai

Humor ist, wenn man höflich lacht

漫才 manzai

Die erste Begegnung mit einem japanischen Witz hatte ich bei einer Fernsehdokumentation. Sie analysierte Humor und bat weltweit Leute, einen Witz zu erzählen. In einem Schuhgeschäft in Tokyo wurde ein Verkäufer gefragt. Er überlegte kurz, grinste, streckte seine leere Hand aus und sagte: »Hier, zehn Ameisen«. Die Angestellte hinter ihm schmiss sich vor Lachen weg, und auch er kam aus dem Grinsen nicht mehr heraus.

Japanischer Humor ist, wie in jedem Land, speziell. Viele Witze basieren auf Wortspielen, auf gleich oder ähnlich klingenden Bezeichnungen, die aber eine andere Bedeutung haben. So kann aus einem Apfel (*ringo*) eine Bank werden (*ginko*) – und das ist der Witz. Der japanische Humor lebt auch von Überzeichnung. Im Kontrast zur allgemeinen Zurückhaltung im öffentlichen Leben, gelten übertriebene emotionale Ausbrüche oder Reaktionen als witzig oder unerwartet.

Eine komplett eigene traditionelle Komödiengattung nennt sich *manzai* und ist bereits mehr als tausend Jahre alt. Zu Neujahr verkündeten zwei Personen auf einer Bühne die Botschaft der Götter mit dem Segen für das kommende Jahr. Eine Person blieb dabei ernst, die andere machte witzige Bemerkungen über die Botschaft der Götter und stellte sie in Frage. Daraus hat sich eine Komödienform entwickelt, die heute noch überaus präsent ist. Die Aufteilung ist dabei gleich geblieben: Es gibt den ernsten Kerl, den *tsukkomi*, und seinen naiven Konterpart, *boke*. Beide werfen sich schnelle Wortfetzen zu. Der Humor entsteht dadurch, dass der *boke* nie versteht, worum es eigentlich geht und der *tsukkomi* ihn durch einen regelmäßigen Schlag auf den Hinterkopf, meist mit einem gefalteten Fächer aus Papier, genervt bestraft.

Bis heute hat sich die Tradition des Komikerduos erhalten. Zu Neujahr gibt es den großen Auftritt im Fernsehen, und jede Woche kann man Sendungen mit Komikerpaaren sehen. Die Aufteilung von ernst vs. naiv findet sich auch losgelöst von festen Programmen in Charakteren der Popkultur, wie Manga (siehe Seite 84) oder Filmen. Auch bei religiösen Veranstaltungen, Firmentreffen oder im Alltag wird versucht, mit dieser Art der Unterhaltung für Stimmung zu sorgen.

Japanischer Humor kann leicht missverstanden werden.

Am Ende der Dokumentation, die den besten Witz der Welt suchte, stand die Erkenntnis, dass die Deutschen am häufigsten lachen. Dafür sorgten allerdings auch gesellschaftliche Konventionen, wie zum Beispiel das Lachen über den Witz des Chefs aus Höflichkeit, hieß es erklärend. Wie viel in Japan aus Höflichkeit gelacht wird, vermag ich nicht zu sagen – die Dunkelziffer wird bei Witzen über nicht vorhandene Ameisen aber sicherlich groß sein.

148

Salaryman

Der moderne Leibeigene

サラリーマン Sararīman

Bei meiner ersten Fahrt in Tokyo war der Zug gefüllt mit Schlipsträgern und Aktenkoffern. Es waren *salaryman* auf dem Weg zur Arbeit.

Der Name stammt vom englischen *salary*, der Bezeichnung für ein regelmäßiges Gehalt. Der *salaryman* ist ein Angestellter einer Firma oder ein Beamter. Künstler, Ärzte und Politiker, die zwar auch ein regelmäßiges Gehalt bekommen, gelten nicht als *salaryman*.

Der japanische Geschäftsmann. Er dominiert das Stadtbild und ist doch nur eine Karikatur seiner selbst. *Salaryman* zu werden, war zwischen 1960 und 1980 das Ziel vieler junger Japaner. Ein anständiges, regelmäßiges Gehalt, einen Arbeitsplatz bei einer großen Firma, ein Schreibtischjob – alles versprach Sicherheit und ein angenehmes Leben. *Salaryman* waren die Wirtschaftskraft Japans. Loyal zur Firma, strebsam, fähig. In den 1990er-Jahren wandelte sich das öffentliche Bild. Das Leben des *salaryman* galt nun für viele als wenig erstrebenswertes Ziel. Lange Arbeitszeiten, viele Überstunden und langweilige Arbeit. Der *salaryman* gilt mittlerweile als Arbeitssklave, der nicht denkt, sondern nur funktioniert. In seiner Freizeit trinkt er nur und gibt sich dem Glücksspiel hin. Im Zug von der Arbeit nach Hause schläft er vor Erschöpfung ein. Seine Familie kennt er kaum noch, er ist verheiratet mit der Firma. Weil das Bild vom *salaryman* in der Gesellschaft so schlecht ist, fällt es vielen schwer, über ihre Probleme zu reden. Viele würden gerne kündigen, trauen sich aber nicht oder wollen ihren sicheren, wenn auch anstrengenden und langweiligen Arbeitsplatz nicht opfern.

Das Gegenstück zum *salaryman* ist die *career lady*, die Karrierefrau. Sie kann an der Spitze einer Firma oder einer Abteilung stehen, wenngleich dies in der stark patriarchischen Gesellschaft Japans eher selten ist. Häufiger ist daher die *office lady*, eine euphemistische Bezeichnung für weibliche Angestellte, welche »die Männer entlasten« sollen. Sie bekommen simple Tätigkeiten zugewiesen, wie Tee reichen und Dokumente kopieren, oder repräsentative Funktionen außerhalb des Büros. Es wird auch allgemein erwartet, dass *office ladies* nach der Heirat kündigen und nach dem Erreichen des 30. Lebensjahres nicht mehr arbeiten.

Die Angestellten prägen das Stadtbild. Uniformiert in Anzug mit Aktenkoffern repräsentieren sie das moderne Japan. *Salaryman* ist niemand so richtig gerne – und trotzdem sind es sehr viele.

Auf dem Weg nach oben und doch im Stillstand auf der Treppe – Angestellte in Japan haben kein leichtes Schicksal.

149

Karaoke

Rocken in der Box

カラオケ karaoke

Nein. Nicht. Niemals. Lange konnte ich mich davor drücken, in eine Karaoke-Bar zu gehen. Doch das Drängen meiner Mitbewohner wurde irgendwann schlimmer als der Amateurgesang, den ich fürchtete. Ich willigte ein.

Wer nun genau Karaoke erfunden hat, ist nicht gesichert. Der Name setzt sich zusammen aus dem Wort für leer (*karano*) und der Kurzform für Orchester (*oke*). Allgemein geht man davon aus, dass Musiker Daisuke Inoue 1971 den ersten Apparat entwickelte und ihn zur Marktreife brachte. Er erfand eine Maschine, die für eine 100-Yen-Münze seine Musik ohne die Tonspur mit seinem Gesang spielte. Der Vorschlag dazu stammte von den Besitzern der Bars und Restaurants, in denen Inoue damals spielte. Die offizielle Begründung war, dass die Gäste gerne mitsingen wollten. Ob ihnen vielleicht einfach nur sein Gesang nicht gefiel, ist nicht überliefert. Zur selben Zeit wurde auf den Philippinen ein ähnlicher Apparat entwickelt. Sein Erfinder klagte in den 1980er-Jahren gegen japanische Firmen – mit Erfolg. Mehr als 500 Millionen Dollar soll er erhalten haben. Daisuke Inoue ging leer aus, da er sich das Patent niemals schützen ließ.

Heute ist Karaoke weltweit beliebt, vor allem in Asien. In Japan gilt es als beliebteste Freizeitbeschäftigung für Gruppen. Stundenweise mietet man sich ein Zimmer in einem Karaoke-Studio und kann dort alle Songs im System durchsingen. Auch meine Mitbewohner hatten eine Box gemietet. Zu sechst fanden wir uns darin ein und meine Nachbarin aus dem ersten Stock nahm das Mikro in die Hand. Sie brauchte gar nicht auf den Bildschirm zu schauen, so sehr hatte sie den Popsong schon verinnerlicht. Bald sang nicht nur sie, sondern der gesamte Raum. Es wurde mit Servietten gewedelt, die Mädchen tanzten im Hintergrund – und ich saß fassungslos auf der Couch. Japanisches Karaoke hatte ich noch nie erlebt. Selbst der stille Nachbar aus Nr. 208, dem nie mehr Worte als »Nmorgen« und »Nabend« entwichen, rockte das Mikrofon.

Da weder Rio Reiser noch Nena in der Datenbank waren und sonst nur Schlager mit japanischen Untertiteln angeboten wurden, hatte ich eine willkommene Ausrede, um vor Menschen, mit denen ich am nächsten Morgen noch zusammenwohnen musste, nicht peinlich ins Mikro krächzen zu müssen. Die Party ging trotzdem weiter.

Karaoke-Bar im Westen von Tokyo

150 Kameras

Foto! Foto! Foto!

カメラ kamera

Der japanische Tourist mit Kamera ist das größte Klischee, das man mit dem Land verbindet. Heute stammen fast alle Kameras auf dem Markt von Canon, Nikon Fuji oder Sony – alle haben ihren Sitz in Japan. Und holt man einen Fotoapparat heraus, wird sofort gelächelt und mit dem Victoryzeichen posiert.

Die ersten Kameras gelangten Mitte des 19. Jahrhunderts durch niederländische Händler ins Land. Mit der Öffnung Japans zum Westen kamen auch Forscher und Touristen, die im Land fotografierten. Mit der Zeit erlernte man in Japan das fotografische Handwerk ebenfalls und entwickelte eigene Kameras. Vorlagen waren die Apparate aus Deutschland, dem damaligen Marktführer. Bis in die 1960er-Jahre galten japanische Kameras als minderwertig gegenüber den westlichen Apparaten. In den 1970er-Jahren kam die Wende: Das rasante Wirtschaftswachstum befeuerte den inländischen Markt, es standen mehr Gelder für die Entwicklung von neuen Geräten zur Verfügung. So wurden japanische Hersteller bereits in den 1980er-Jahren weltweit Martkführer. »Made in Japan« stand nun für Qualität und gute Bilder. Dieser Trend hält sich bis heute.

Bei meiner Arbeit als Fotograf habe ich bisher keine Gesellschaft erlebt, die sich Kameras gegenüber offener verhält. Wo man auch ist, sobald eine Kamera gesichtet wird, geht das Grinsen und Posieren los. Mit einer oder beiden Händen das V für Victory zu formen, gehört dabei zum guten Ton. Wahrscheinlich stammt die Geste noch aus Zeiten der amerikanischen Besatzung nach dem Zweiten Weltkrieg. Die Soldaten fotografierten sich im besiegten Land, und als Zeichen ihrer Überlegenheit schickten sie ein Foto mit Victoryzeichen als Symbol für ihren Sieg nach Hause. Die Japaner sollen das gesehen haben und als normale Reaktion beim Blick in die Kamera gedeutet haben – so heißt es. Heute ist das V-Zeichen nicht mehr wegzudenken und wird vor allem von jungen Japanern losgelöst von dem vermeintlichen historischen Hintergrund benutzt.

Und das Klischee vom japanischen Touristen mit Kamera? Wir kennen es vor allem von Touristen in Europa oder Amerika. Das ist eine weite und teure Reise von Asien aus. In den wenigen Urlaubstagen, die Japanern für ihre Reise zur Verfügung stehen, sollen daher so viele Eindrücke wie möglich aus dem fremden Land mitgenommen werden, um sie daheim allen zu zeigen, die so eine Reise nicht machen können. Der japanische Tourist mit Kamera unterscheidet sich also nur durch die mangelnde Zeit von seinen westlichen Kollegen.

Kameras und Pose sind immer dabei.

151

Ganbatte!

Zähne zusammen und durch!

がんばって ganbatte

In Tokyo quälte ich mein Fahrrad mal einen steilen Hügel hinauf. Eine Gruppe Jogger kam mir entgegen. Nach und nach riefen sie mir zu: »*Ganbatte!*« – »Halte durch!«

Wildfremde Menschen sahen die Anstrengung in meinem Gesicht und sprachen mir Mut zu. Einen Tag später war ich mit einem Platten im Fahrradladen. Zwischen mir und der Besitzerin gab es Kommunikationsschwierigkeiten. Sie konstatierte nur: »Japanisch ist schwer, nicht wahr? Du packst das schon. *Ganbatte!*«

Die Sprache eines Landes ist Mittel zum Verständnis der Gesellschaft. Die häufigsten Worte, die mir in Japan begegnen, sind »Danke« und »Entschuldigung«. Höflichkeit, Respekt und Rücksicht kann man daraus ablesen. Neben diesen Worten war der häufigste Ausruf »*Ganbatte!*«. Es heißt so viel wie »Tu dein Bestes«, »Halte durch« oder »Mach weiter so« und soll motivieren, Leistung anerkennen oder vom Aufgeben abhalten. Als Aufforderung wird es ebenso verwendet, wie als Beschreibung der eigenen Disziplin. »Japanisch ist schwer, aber ich gebe mir Mühe beim Lernen! *Ganbaru!*« Beim Sport wird damit der Sieg herbeigerufen (»*Nippon, ganbare!*« – »Japan, gewinne!«) und ermutigt, alles zu geben. Das Schöne an *ganbatte* ist aber, dass es weniger eine Floskel ist, auch wenn es zweifellos dafür eingesetzt wird. Dennoch – *ganbatte* bedeutet eine ehrliche Anteilnahme am eigenen Problem.

Sei es bei Anime (siehe Seite 86), Sport oder der eigenen Leidensgeschichte: Ich habe noch nie eine Gesellschaft erlebt, die so ehrlich begeisterungsfähig ist, wie die der Japaner. Sie möchten immer wissen, aus welchem Land man kommt und was man bei ihnen macht. Das Interesse ist dabei ehrlich und die Antworten sind noch Monate später nicht vergessen. *Ganbatte* wird in Krisenzeiten genutzt, um sich gegenseitig Mut zuzusprechen. Es lässt Konflikte überstehen und Torturen überdauern. Der simple Ausspruch soll zeigen, dass jemand an deinem Problem Anteil nimmt.

Japan und alle seine gesellschaftlichen Regeln sind sicherlich nicht einfach zu verstehen. Trotzdem: *Ganbatte!*

Die Weltmeisterinnen der japanischen Fußballnationalmannschaft bedanken sich für die Untersützung und vielen *ganbatte*-Rufe.

Bei den Länderdokumentationen 151 ebenfalls erschienen

Einblicke unter: www.1-5-1.de

»Statt langatmiger Abhandlungen hat die Autorin anhand von 151 Stichworten ein Wissen ausgebreitet, das man in den dicksten Wälzern nicht findet.« *(Eurasisches Magazin)*

Glaubacker: **Indien 151**
978-3-943176-02-5

»Hier geht's auf jeder Seite mitten hinein ins Leben. Australier würden sagen: *bloody well done.*« *(Tourististan)*

Lesweng: **Australien 151**
978-3-943176-67-4

»Ein schönes Buch, kenntnisreich geschrieben und reichhaltig bebildert.« *(Spanien Live)*

Hauser/Häring: **China 151**
978-3-943176-68-1

»Mit 15 Jahren Südafrika-Erfahrung ist mir dieses Buch eine uneingeschränkte Empfehlung wert.« *(kapstadt.de)*

Beis: **Südafrika 151**
978-3-943176-18-6

»Mit viel Lokalflair, kontroversen Eindrücken und leckeren Höhepunkten puzzelt sich Seite für Seite ein Bildermosaik zusammen, das zum Schluss ein echtes Stück Thailand ergibt.« *(inAsien)*

Thielke: **Thailand 151**
978-3-943176-43-8

»Einen besseren Reiseführer als Vietnam 151 kann es kaum geben.« *(Wormser Zeitung)*

Frogier: **Vietnam 151**
978-3-943176-42-1

CONBOOK
www.conbook-verlag.de

Von leblosen Lolitas und enthaupteten Hostessen

Andreas Neuenkirchens Japan-Krimis führen Sie zu den dunklen Seiten Tokios.

Andreas Neuenkirchen
Yoyogi Park – Yuka Satos erster Fall
ISBN 978-3-943176-62-9
ISBN 978-3-943176-82-7

Fünf Leichen in drei Tagen, eine Metropole voller Glanz und Gift – und ein gnadenloser Wettlauf gegen die Zeit. Yuka Satos erster Fall nimmt Sie mit in das moderne Tokio mit all seinen Verlockungen und Gefahren, seiner Pracht und seinen Abgründen.

»Mit Witz und Humor, Lolitas, Kirschblüten und Yakuza. Neuenkirchens Krimi-Debüt ist der Krimi für Fans japanischer Pop-Kultur!«
(Friederike Krempin, japanliteratur.net)

Frühling in Tokio: Im **Yoyogi Park** nimmt das jährliche Kirschblütenfest ein jähes Ende – die Leiche einer jungen Frau wird gefunden. Schnell stellt sich heraus, dass der Mord Teil eines größeren, weitaus dunkleren Geheimnisses ist. Eine tote Familie auf einem Dachboden, ein scheinbarer Selbstmord in einem Wohnheim und eine hoffnungsvolle junge Schauspielerin sind Teile eines Puzzles, das Sato schnell zusammensetzen muss. Denn weitere Leben stehen auf dem Spiel – auch ihr eigenes.

* * *

Andreas Neuenkirchen
Roppongi Ripper – Yuka Satos zweiter Fall
ISBN 978-3-943176-87-2
ISBN 978-3-95889-090-9

Sommer in Tokio: Ein Serienmörder macht das Viertel Roppongi unsicher. Geht es dem Täter wirklich nur um die Befriedigung dunkler Triebe oder stecken ganz andere Motive hinter seinen Taten? Waren die Opfer nur zur falschen Zeit am falschen Ort oder wurden sie gezielt ausgewählt? Ob unglücklicher Zufall oder geplanter Racheakt – der **Roppongi Ripper** mordet schnell und die Zeit rennt Yuka Sato davon. Als sie dann noch erfährt, dass der Mensch, dem sie am meisten vertraut, möglicherweise ihre Ermittlungsarbeiten sabotiert, gerät auch ihr eigenes Leben in Gefahr. Ihr bleibt nichts anderes übrig als unterzutauchen – ausgerechnet im Jagdrevier des Rippers ...

Yuka Satos zweiter Fall entführt Sie in die glanzvolle und grausame Halbwelt von Roppongi und Shinjuku, in das koreanische Viertel Tokios und in die junge und gar nicht unschuldige Millionenstadt Saitama.

CONBOOK
www.conbook-verlag.de